JN083829

データサイエンス応用基礎

モデルカリキュラム準拠

数理人材育成協会　編

培風館

は じ め に

　数理・データサイエンス・AI は現在の世の中を大きく変えようとしている．姉妹編である「データサイエンスリテラシー」[0] が低学年次学部生向けモデルカリキュラム「リテラシー」に準拠したものであるのに対し，本書では，高学年次向けモデルカリキュラムである「応用基礎」を扱う．文字どおり「応用」の「基礎」であり，AI 基礎を軸として，データサイエンスとデータエンジニアリングに両翼を広げた構成である．本書が目指すところは，AI がどのような未来を引き起こすのかを理解し，データ・AI の基礎を獲得して数理・データサイエンス・AI の知識を専門分野へ応用・活用して，現実の課題解決，価値創造を担うことができる幅広い人材の育成である．

　本書とモデルカリキュラムとの対応を述べる．「応用基礎モデルカリキュラム〜AI × データ活用の実践」は，「データサイエンス基礎」「データエンジニアリング基礎」「AI 基礎」の 3 つの部分に分かれている．

　「データサイエンス基礎」については，必須項目である「データ駆動型社会とデータサイエンス」を含めて大半が姉妹編 [0] にあり，その部分については本書では割愛した．ただし，必須項目である「分析設計」については [0] ではふれられなかったので，第 1 章で扱った．第 1 章の残りの一部は「データエンジニアリング基礎」の必須項目である「ビッグデータとデータエンジニアリング」を取り上げ，もう一つの必須項目である「データ表現」を第 3 章で取り上げる．

　モデルカリキュラムのなかで「AI 基礎」は要である．一部は [0] でも扱っているが，「応用基礎」たるべく，本書では重複をいとわずに，新たに全面的に書き下ろした．必須項目である「AI の歴史と応用分野」「AI と社会」は第 2 章で，「機械学習の基礎と展望」は第 1 章の一部で扱った．また，もう一つの必須項目「深層学習の基礎と展望」は第 6 章，第 7 章で特に詳細に論じている．以上がモ

デルカリキュラム必須項目のすべてになる.

　残りの章では，第 4 章で「データサイエンス基礎」，第 11 章，第 12 章で「AI 基礎」，第 13 章，第 14 章で「データエンジニアリング基礎」の該当項目を取り上げる．これに対して，第 5 章，第 8 章，第 9 章，第 10 章は姉妹編 [0] の発展・深化である．内容は高度ではあるが，現在では実用上不可欠なツールになっていることを鑑み，「応用基礎」である本書においてあえて取り上げた.

　データサイエンス・AI は使いこなせることが涵養である．モデルカリキュラムに準拠したこれら 2 冊の教科書をふまえ，標準的なツールを用い，様々な現実の課題を解決するためのプログラミングなど実践を盛り込んだ演習書の出版について準備を進めている.

　本書は，大阪大学において高野 渉特任教授，松原繁夫特任教授が展開する，全学に向けた AI 基礎，データサイエンス，データエンジニアリングの授業資料をもとに，数理人材育成協会 HRAM が全体を責任編集した．出版にあたって培風館編集部の岩田誠司氏にご尽力いただいた．ここに謝意を表する.

　　令和 4 年 6 月 吉日

鈴 木 貴　(編者)

目　　次

Part II　機械学習

Part Ⅲ　データサイエンス

Part IV　データエンジニアリング

Part I

序論と準備

1

データサイエンスと社会

　IoT がすべての人とモノをつなぎ，AI が必要な情報を必要なときに提供し，ロボットが人の可能性を広げ，ビッグデータが様々なニーズに対応する．現在はデータ駆動型社会である．高度に発達したセンサや計算機が膨大なデータ (ビッグデータ) を蓄積し，統計学や機械学習のアルゴリズムがそれらの関係性を抽出する．検索やウェブの閲覧，バスや鉄道を利用した移動，通販サイトでの購入など大量の履歴データは，機械学習，データ分析，高次元化した情報システムによって次々に分析され，日常生活は今，大きく変わろうとしている．本章では，ビッグデータ・データサイエンス・AI (人工知能) が利活用されている分野を概観し，データ関連技術が身近な存在であることを説明する．

1.1　IT の発展と受容

　データ駆動型社会をもたらした基盤は **IT** (Information Technology, 情報技術) にある．では，IT は社会にどのように導入され，受容されてきたのであろうか[1]．

　すでに 1970 年代には VAN (Value Added Network, 付加価値通信網) が登場し，IT は基幹システムとして産業界に浸透しはじめた．例えば，付加価値通信網は文字どおり何らかのサービスを付加した通信網のことであり，全国銀行データ通信システム (全銀システム) がその代表的なものである．このシステムは日本国内の金融機関相互の内国為替取引を計算機と通信回線を用いてオンライン処理できるようにした手形交換制度で，1973 年に稼働を開始している．

　1990 年代にはインターネットが普及し，IT がインフラとして社会へ浸透す

---

[1]　https://www.meti.go.jp/shingikai/sankoshin/shomu_ryutsu/joho_keizai/pdf/report01_02_00.pdf

る．電子商取引の拡大はその顕著な例であり，技術的には，サプライチェーン・マネジメントや電子データ交換，自動化された在庫管理システムなどが複合したものである．最初は B2B (企業間取引) として，次に B2C (企業対消費者) として，さらには C2C (消費者間取引) として発展した．

2000 年代になると，モバイルデバイスが普及し IT の浸透が個人に深化することになった．個の情報発信力が強化され，GAFA (Google, Amazon, Facebook, Apple) とよばれるプラットフォーマのエコシステムが拡大した．電子マネーなど iPhone や Android スマートフォンを前提とするサービスが増大し，各社のアプリは App Store や Google Play を通じて配布されるようになった．

現在は，**IoT** (Internet of Things, モノのインターネット)・**AI** (Artificial Intelligence, 人工知能) が著しく進化している時代である．コミュニケーションは人と人から，人とモノ，モノとモノ，モノと人へと拡大し，AI の技術があらゆるものを自動化している．**サイバー空間** (仮想空間) と**フィジカル空間** (現実空間) が融合して相互に連関した **CPS** (Cyber Physical System, サイバーフィジカルシステム) となり，CPS は社会のあらゆる領域に実装され，さらに大きな社会的価値を生み出している．

そのもととなるのは，データ収集 → データの蓄積・解析 → 現実世界の制御・サービスへの適用 → データ収集 → データの蓄積・解析，というサイクルである．そこでは，データ収集は IoT・モノのデジタル化・ネットワーク化が，データ解析は AI による高度化な判断や自律制御が受け持つ．例えば，スマートハウスでは，スマートメータによるデータ収集によって自動検針や遠隔での接続・切断操作が可能となり，収集されたデータの蓄積・分析によって，消費電力量の予測が可能となる．使用電力量の "見える化" により省エネ行動の促進や料金プランの推薦は，現実世界の制御を実現する．さらには，電力逼迫時のエアコン温度制御や高齢者の見守りなど，様々なことが実現する一方で，プライバシーやセキュリティ保護が課題になる．

第 5 期科学技術基本計画[2]において，日本が目指すべき未来社会の姿として **Society 5.0** が提唱された．これは，CPS の発展形として，経済発展と社会的課題の解決を両立する人間中心の Society (社会) の実現を目指すものである．狩猟社会を Society 1.0，農耕社会を Society 2.0，工業社会を Society 3.0，情

---

2) https://www8.cao.go.jp/cstp/society5_0/

報社会を Society 4.0 とみなし，これに続く新たな社会をさすものとして "5.0"
というバージョン名が付されている．

　これまでの Society 4.0 (情報社会) では，知識・情報の共有や連携が不十分
であり，個人個人のリテラシーが必要とされ，必要な情報の探索・分析が人間
にとって負担となっていた．さらには，年齢や障がいなどによる労働や行動範
囲の制約があり，地域の課題や高齢者ニーズなどに十分対応できていなかった．
そこでは，フィジカル空間で得られたデータをサイバー空間で処理できるよう
にするために，人がアクセスして情報を入手・分析しなければならなかった．さ
らにはその負荷を軽減するために，センサを用いた情報収集，AI を用いたビッ
グデータ分析，そこから得られた高付加価値な情報をフィジカル空間での指示
に変換する必要があった．

　Society 5.0 が目指すのは，経済発展と社会的課題解決の両立である．経済発
展にともない，エネルギーや食料の需要増加，寿命延伸・高齢化，国際的な競
争の激化，富の集中や地域間の不平等といった変化が発生している．一方で，
解決すべき社会的課題は複雑化している．例えば，温室効果ガス排出削減，食
料の増産やロスの削減，社会コストの抑制，持続可能な産業化，富の再配分や
地域間の格差是正など，これらの課題解決には複数の要因が影響している．ロ

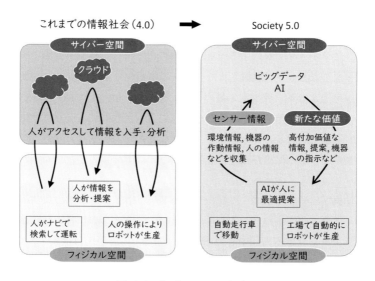

図 1.1　Society 5.0 のしくみ

ボット，AI 等の先端技術をあらゆる産業や社会生活に取り入れることで，経済発展と社会的課題解決の両立が実現する．それは，IoT ですべての人とモノがつながり，新たな価値がうまれる社会，AI により，必要な情報が必要なときに提供される社会，ロボットや自動走行車などの技術で，人々の可能性が広がる社会，イノベーションにより，様々なニーズに対応できる社会である (図 1.1).

　イノベーションによる新たな価値創出が，困難と思われる様々な問題を解決していく．エネルギーの安定的確保，温室効果ガス排出削減に関しては再生可能エネルギーを含めたエネルギーの多様化や地産地消の考え方，食料の増産・ロスの削減に関しては農作業の自動化や最適な配送の決定，健康寿命延伸・社会コストの抑制に関しては予防検診やロボット介護，持続可能な産業の推進，人手不足解消に関しては最適なバリューチェーン構築や自動生産といった具合である．

1.2　ビジネスにおけるビックデータ

　IoT により，商品やサービスをウェブサイトに掲載して販売する **EC** (Electric Commerce, 電子商取引) が盛んである．EC サイトにおいて，各商品のページを閲覧した訪問者や商品を購入した顧客の数などの消費者の行動ビッグデータを入手することで，人気商品の外観・機能・価格帯などを探索して商品開発へつなげたり，商品広告・掲載ページのデザインを改良する (A/B テスト) などのマーケティング活動をすることができる．

　購買行動データを巧みに利用して業績を上げているのが Amazon である．Amazon は書籍販売を主とした EC サイトの運営から出発したが，書籍のタイトル・概要・価格だけでなく，購入者が評価した点数やコメントなどの情報も付随させた．また，ユーザーが探している書籍に関するキーワードを入れると関連する書籍のリストが表示され，欲しい書籍がすぐに見つかるようにした．とりわけ**推薦システム**では，「この商品を買った人はこんな商品も買っています」という表示とともに他の商品を掲載する．Amazon ではページ閲覧の 30% は推薦からといわれており，売り上げの大半を推薦システムから得ているともいわれている．今では YouTube でも関連動画が表示され，表示形式はサイトによって異なるが，Netflix，iTunes，Spotify などでも同様に関連商品が掲示されている．また，Netflix で視聴される映画の 80% が推薦によるものといわれ

ており[3]，情報推薦は大きな経済的価値があるものと考えられているが，そこでは利用者の購買・視聴データを蓄積し，それを分析するというデータサイエンスの考え方が用いられている．

　この推薦システムは，価値ある情報・データの特定をコンピュータが支援するシステムであるが，その背景には，"情報洪水" と "ロングテール" の問題があった．**情報洪水**は，社会の高度情報化および情報発信コストの低下により，日々大量のデータが生成されている状況のことであり，**ロングテール** (long tail) は，ほとんど売れないニッチ商品の販売額合計が，売れ筋商品の販売額合計を上回るようになる現象のことである．

　情報推薦に関しては様々な手法がある．**協調フィルタリング**はその一つで，他人の意見を利用し，嗜好が似ている人の好きなアイテムを推薦する．そこでは何を軸にして似ていると考えるかで，"利用者間型" と "アイテム間型" の2つに分類できる．**利用者間型**では，当該利用者と嗜好パターンが類似している標本利用者が好むアイテムを推薦する．図 1.2 の例では，利用者 Z にはアイテム c を推薦しない．一方，**アイテム間型**では当該利用者が好むアイテムと，嗜好パターンの観点から類似しているアイテムを推薦する．図 1.2 の例では，利用者 V にアイテム f を推薦する．

　関連商品の推薦だけでなく，購買データや視聴データを分析すると新たな知識を発見することができる．例えば，あるデジタルカメラの購入者が，あるメ

アイテム間型

	アイテムa	アイテムb	アイテムc	アイテムd	アイテムe	アイテムf
利用者X	5		1	1		2
利用者Y		2		4		4
利用者Z	4	5		1	1	2
利用者V			1	5	2	
利用者W	2		1		4	4

利用者間型

評価値行列

図 **1.2**　協調フィルタリングのしくみ

　3) これらについては G. Linden, B. Smith and J. York, "Amazon.com recommendations: item-to-item collaborative filtering," in IEEE Internet Computing, vol.7, no.1, pp.76–80, Jan.-Feb. 2003, doi: 10.1109/MIC.2003.1167344 を参照せよ．

モリカードを購入することが十分に多いというデータがあるとすると，このデジタルカメラとメモリカードに互換性があると推測できる．データ分析から商品種類によって人の振る舞いが異なることが明らかになる場合もあるし，見ることと買うことの違いに関する知識を得ることも可能である．本や音楽などの低価格商品は見たものを購入する傾向が強いが，テレビなどの高額商品は見たものと購入するものが異なる．これは，比較はするが実際に購入するテレビは一台であることが多いことによる．また，ブルーレイプレイヤーなど生活を補完するものは購入されることが多い．

　最も簡単な場合では，顧客の嗜好を数値化したデータと商品の特徴を数値化したデータを記憶したデータベースを作成して，顧客の特徴を数値化したデータであるプロファイルと合致する商品を推薦する．例えば図 1.3 はデザイン・機能・色合い・価格帯・ブランド名の各商品の特徴を記述したデータで，各商品ごとに属性データが付与されている．商品 "P3" のプロファイルはデザイン性，機能性・価格は低く，色合いは黒・製造メーカーは "M2" といった具合である．シンプルで安いものが好きな顧客のプロファイルは "(機能性が低い・価格帯が低い)" と表示され，合致する商品は図 1.3 によって "P3" であるので，この顧客には商品 "P3" の購入を薦める．

		■をメタデータとよぶ　□を商品プロファイルとよぶ			
商品	デザイン性	機能性	色合い	価格帯	ブランド名
P1	高	高	シルバー	低	M1
P2	高	高	黒	高	M1
P3	低	低	黒	低	M2
P4	低	高	シルバー	低	M2
P5	低	低	黒	高	M1
P6	高	低	シルバー	高	M2

図 1.3　商品プロファイル

　このシステムを改良し，他の顧客が何を購入したかという情報も活用する．Aさんと B さんの嗜好が似ているときは，B さんが購入した商品を A さんにも薦める．図 1.4 は，各顧客が購入した商品に対して評価点を付けたデータである．例えば顧客 "U1" は，商品 "P2" が気に入らなくて 1 点と評価し，商品 "P4" には大満足して 5 点を付け，商品 "P1" は購入していないので該当箇所は空欄と

ユーザー＼商品	P1	P2	P3	P4	P5
U1		1	3	5	5
U2	2	1	2		5
U3	5	5			1
U4	4	4	5	2	1

購入していない部分は評価スコアがない

低評価 ① ←――――――――――→ ⑤
評価スコア

図 1.4　顧客ごとの商品への評価データ

なっている．さて，顧客 "U3" は，商品 "P3"，"P4" をまだ購入していない．この顧客の 2 つの商品の評価を予測してみよう．図 1.4 から顧客 "U3" に近い嗜好を有しているのは顧客 "U4" で，商品 "P3" に 5 点，商品 "P4" に 2 点を付けている．顧客 "U3" も同じ評価をすると仮定した図 1.5 に従って，顧客 "U3" には商品 "P3" を推薦することになるだろう．

　ビッグデータから顧客のプロファイルと商品のプロファイルを推定し，そこから顧客が各商品を嗜好する度合いを数値化する機械学習がこの協調フィルタリングで，マーケティングや商品推薦サービスとして広く利活用されている．

ユーザー＼商品	P1	P2	P3	P4	P5
U1		1	3	5	5
U2	2	1	2		5
U3	5	5	5	2	1
U4	4	4	5	2	1

図 1.5　顧客 "U3" の商品 "P3" および "P4" に対する評価点の予測

1.3　分析設計

　ビジネスにおけるデータ分析は次のように進んでいく．
(1) 解決すべき問題対象を理解する．
(2) データを収集する．既存データがあっても，明確な目的がなく収集されているものは信頼性を欠くので，再収集する．
(3) データ形式を変換し，クリーニングを施してデータを加工する．

(4) 機械学習によってモデルを選択する (モデリング).

(5) 精度やわかりやすさによってモデルを評価する.

(6) 課題に適用する.

　機械学習や AI を応用したビッグデータ分析というと，ニューラルネットワーク・決定木のようなモデリング手法に着目しがちであるが，データ収集やデータ加工も重要な過程である．また，上記の手続きは直線的には進まず，各過程を行きつ戻りつする.

●例 1.3.1. データ分析の進め方の例として New York のタクシー運行記録の分析を考える．データの一部を図 1.6 に示す．ニューヨークタクシーリムジン委員会は，米国情報公開法に従って，機密情報を削除したうえで，2009 年からのデータを公開している[4]．そのデータには，客の乗車ごとに乗車日時，降車日時，移動距離，乗車地点，降車地点，乗車料金，税，チップの額などが記録されている.

VendorID	tpep_pickup_datetime	tpep_dropoff_datetime	passenger_count	trip_distance	RatecodeID	store_and_fwd_flag	PULocationID	DOLocationID	payment_type	fare_amount	extra	mta_tax	tip_amount	tolls_amount	improvement_surcharge	total_amount	congestion_surcharge
1	2021/1/1 0:30	2021/1/1 0:36	1	2.1	1	N	142	43	2	8	3	0.5	0	0	0.3	11.8	2.5
1	2021/1/1 0:51	2021/1/1 0:52	1	0.2	1	N	238	151	2	3	0.5	0.5	0	0	0.3	4.3	0
1	2021/1/1 0:43	2021/1/1 1:11	1	14.7	1	N	132	165	1	42	0.5	0.5	8.65	0	0.3	51.95	0
1	2021/1/1 0:15	2021/1/1 0:31	0	10.6	1	N	138	132	1	29	0.5	0.5	6.05	0	0.3	36.35	0
2	2021/1/1 0:31	2021/1/1 0:48	1	4.94	1	N	68	33	1	16.5	0.5	0.5	4.06	0	0.3	24.36	2.5

図 1.6　New York のタクシーデータ

　データが入手できたとして，"良い分析を行うには良い問いをたてる" 必要がある．データ分析することで様々な知見を得ることができるが，何を知ることに価値があるかは分析者が決定しなければならない．タクシーの運用に関していえば，単価の高い客を拾うためにはどの地域を流せばよいか，一日の時間帯のなかで流す場所に違いがあるか，乗降地点が同じであるが乗車料金が大きく異なるデータがあるか (わざと遠回りすることがあるか)，どの地区で乗降する客がチップを気前よく支払うかといったような問いであり，タクシー乗務員の立場であるか，タクシー会社の立場であるかによって価値も異なる．都市の交通政策決定者の視点でみれば，交通規制のあり方やバスの増便などに関する知見を得るために，ラッシュアワーの時間帯はそれ以外の時間帯と比べて移動にかかる時間はどれくらい長くなるか，季節によって移動パターンに違いがある

---

4) https://www1.nyc.gov/site/tlc/about/tlc-trip-record-data.page

かといったことが，問いになるかもしれない．

　様々なデータ分析手法が存在するが，どのような手法を適用できるかはデータの種類によっても異なる．分類軸の一つは，構造化データと非構造化データである．**構造化データ**は 2 次元の表形式 (Excel 形式) になっているか，データの一部を見ただけで 2 次元の表形式への変換方法がわかるデータである．上述の New York のタクシーデータやカンマ区切りのテキストファイル形式である CSV 形式は構造化データである．**非構造化データ**は pdf，音声，画像，動画データのように，データ内に規則性に関する区切りがなく，データを見ただけで 2 次元の表形式に変換できないことがわかるデータである．構造化データと非構造化データの中間的なものとして**半構造化データ**がある．これは，データ内に規則性に関する区切りはあるものの，データの一部を見ただけでは 2 次元の表形式への変換可能性がわからないデータで，XML 形式や json 形式がこれに分類される．データ収集を行うときには，どのような形式で保存するか，どのような分析法を適用するかを検討しておかなければならない．

　同じ構造化データでも，構成するデータが数値であるかカテゴリであるかによって適用可能な分析手法が異なるので，データを機械学習の入力として与えるときは，種類によって適切な表現を選択する．**数値データ**は連続データと離散データに分類される．**連続データ**は身長や体重など連続値で表現されるデータである．**離散データ**は，タクシーの利用者数など離散値をとるデータである．一方，**カテゴリデータ**は 2 値データ，順序尺度データ，名義尺度データに分類される．男性か女性かといった性別などは **2 値データ**である．S, M, L といった服のサイズなどは**順序尺度データ**であり，S < M < L という順序関係が存在する．一方，髪の色，職業など調査対象の性質を説明するラベルをもつデータは**名義尺度データ**である．髪の色には黒，茶，赤，金，白などがあるが，服のサイズと異なり，そこに順序関係は存在しない．

　データの分析では，いきなり機械学習アルゴリズムを適用するのではなく，まず，要約統計量を観察して，データの概要を把握する．観察するものとしては，平均値，中央値，外れ値 (ほとんどのデータと大きく異なるデータ値)，分散，標準偏差，分布，ヒストグラム，相関，散布図などがある．カテゴリデータに対しても，最頻値や棒グラフで表現してデータの概要を観察する．

　課題　上述の New York のタクシーデータを用いて,移動距離や乗車料金の平均値や分散を計算したり,ヒストグラムを描いて分布の様子を観察し,外れ値と考えられるものがあるか確認してみよう.

　データの概要を把握したら,機械学習手法を適用する.そこには分類問題と回帰問題の二種類の問題がある.**分類問題**では有限個の離散的な選択肢の中の一つを選ぶ.一方,**回帰問題**は特定の数値を予測する問題である.同じ対象であっても,分類問題・回帰問題両方の方法でアプローチできる場合も多い.株価に関して,明日の日経平均株価は今日より上がるか下がるか予測するというように定式化したものは分類問題であり,明日の日経平均株価の値を予測するというような定式化は回帰問題になる.タクシーデータの場合には,目的地はどのゾーンか予測する問題は分類問題,目的地に到着するまでの所要時間を予測する問題は回帰問題である.

　本章では,データ駆動型社会とは何かを説明し,Society 5.0,ビジネスにおけるビックデータ,データ分析に関する手順としての分析設計について解説した.

2

AI

　我々の生活の身近なところに，AI やその技術を活用したものが普及している．Siri，Cortana，Google Assistant，Alexa などの AI アシスタントや，Amazon Echo，Google Home などのスマートスピーカーとは音声でやり取りが可能で，人の指示を計算機が理解しているようにみえる．家庭内では他に，ルンバなどの掃除ロボットも，障害物を避けたり，充電ステーションに自分で戻ったりと，知的な振る舞いをしているようにみえる．本章は，AI 概念の変遷とその研究史を概観する．

2.1　AI の概念

　AI が人の能力を凌駕する性能を発揮するという場面が多く出現している．アルファ碁 (AlphaGo) は 2016 年 3 月に囲碁におけるトップ棋士の一人である李九段 (韓国) との 5 番勝負に 4 勝 1 敗で勝利した．既にチェスでは米 IBM が開発した Deep Blue が 1997 年に当時の世界チャンピオンである Kaspalov に勝利していたが，囲碁はチェスに比べて盤面がより広くて対局のパターン数が桁違いに多く，AI が人の能力を上回るには時間がかかると考えられていた．しかし，囲碁も AI のほうが強いという時代になった．また，"リブラトゥス" はポーカーをプレイする AI システムであるが，2017 年 1 月にリブラトゥスがポーカーのトッププロ 4 人と競う試合が米国であり，20 日間の対戦で獲得したチップ額でプロに圧勝した．相手の持ち札がわからないポーカーは先を読むのが難しく，より複雑な判断が必要と考えられていたが，これも AI の勝利に終わった．アルファ碁やリブラトゥスに関するニュース報道は AI への関心を高めるのに役立った．

　"人工知能" に関連する用語 (人工知能，機械学習，深層学習，AI) に関して，Google の検索キーワードの人気度をみると 2014 年頃から上昇の傾向となり，

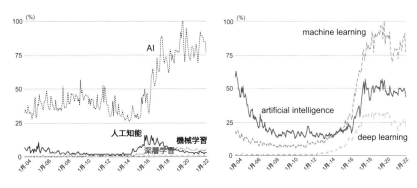

図 **2.1** 人工知能関連の検索キーワードの人気度動向

2019 年頃からは落ち着きをみせ下降傾向にある (図 2.1)．4 つの用語のなか
では，日本語では AI が多く (左図)，英語では機械学習に対応する machine
learning が多くなっている (右図)．

いずれにしても，AI への関心は大変高い状態にある．立場により様々である
が，AI の一つの定義として，「知的な計算機システムの設計に関係した計算機
科学の一分野」というものがある．"知的な計算機システム" とは，我々が知的
と感じる人間の行動 (言語理解，学習，推論，問題解決など) を代行するシステ
ムである．AI 研究は人間の知的な活動を観察して，そのモデルを計算機上に
構築する．初期にはチェスなどのゲームや数学の定理証明といったものが知的
な活動として取り上げられた．そこでは，人の振舞いのモデルを構築すること
で理解しようとする立場と工学的な応用を目指す立場が共存していたが，その
後，知覚，推論，行動を含む様々な活動を観察の対象とするようになり，前者は
認知科学として発展した．現在では，多くの人々が「知性の本質がシステムの
働きを洞察することにより解明される」と考えている．

AI のおもしろさ (難しさ) は，モデル化に方法論的しばりがないことである．
例えば，生物の神経回路網を観察して計算モデルを構築したものがニューラル
ネットワークである．けん玉を習得する脳の振舞いといったものはニューラル
ネットワークのメカニズムとしてある程度説明できる．しかし，知的な活動の
すべてをニューラルネットワークで説明するのは難しい．対話エージェントの
対話戦略の決定などでは，論理に基づく推論を用いるほうが扱いやすい．AI に
は人間の知的な活動を説明する様々なモデルがあり，用途に応じて使い分けが

行われている.

　説明に使えるモデルがあることは，必ずしも現実が実際にそのように動作していることを意味するわけではない．例えば，ライオンは狩りで**協調行動**をとる．風上から獲物を追うライオンと風下に潜んで逃げてくる獲物を待ち伏せするライオンが協調して獲物を捕らえる．狩りの協調行動を神経回路網の計算モデルで説明することは困難である．目標に基づく行動は**合理的な行動**とよばれ，論理を用いて説明するほうが容易である．しかし，ライオンの協調行動が論理を用いて説明できるとしても，ライオンが実際に論理を用いて行動選択しているとは考えにくい．

　AI 研究では人の知的活動を観察してモデルを構築しようとするが，あくまで発想を得るということであって，AI ではモデルの "科学的妥当性" はそれほど厳密に議論されず，心理学のように実験で検証することは要求されない．このため，様々な発想とアイデアが歓迎される．科学的妥当性というよりは，モデル化の結果として計算機上に実現された応用システムの成功がそのモデルの意義を表すものと考えられる．また，AI 研究の歴史はコンピュータ技術の進歩と同期している．近年の深層学習の成功も，GPU[1]や複数のコンピュータを結合したシステムである PC クラスタが比較的安価に利用できるようになったことと結びついている．

2.2　AI 研究の歴史

　AI 研究初期の計算機環境は非常に貧弱で，それを前提とした議論も多い．そのため，提案された当時の手法をそのまま適用するよりも効率の良い代替手法が存在する場合がほとんどである．一方で，新たな技術が次々と提案され，現在の最先端技術も次第に時代遅れになっていく．今後現れる新たな技術を理解するには，先駆となる研究者や開発者がどのようなマインドをもって概念や技

J. von Neumann[2]

---

1)　Graphic Processing Unit, グラフィックスプロセッサ (写真は第 7 章末)

2)　写真は https://commons.wikimedia.org/wiki/File:JohnvonNeumann-LosAlamos.gif より転載 (LANL, Attribution, via Wikimedia Commons).

術を提案したかを知り，研究開発の経緯を知ることが有用である．

計算機の計算速度や記憶容量が限られていた黎明期では，チェスやチェッカーなどのゲームが応用の対象であった．von Neumann は 1944 年に "Theory of Games and Economic Behaviors" で 2 人ゲーム探索の "Min-Max 法" を提案した．1950 年には，情報理論を確立した Shannon によるチェスに関する最初の論文が出版された．当時の計算機は深く先読みをすることができなかったので，その都度盤面を見て形勢を判断する評価関数が研究された．1943 年には，McCulloch と Pitts がニューラルネットワークの基礎となるモデルを提唱した．1947 年には，Wiener により "サイバネティクス" が提唱され，生物の動作や情報処理を神経回路網に基づく制御系としてモデル化した．情報と制御の観点からは，生体システムも人工システムも同じと考えられていた．

1956 年に米国ダートマス大学で開かれた会議をきっかけとして**第一次 AI ブーム**が勃興する．会議には McCarthy, Minsky, Shannon など情報科学・計算機科学の巨人達が参加していて，彼らの大勢の意見は，「人間の知的活動は機械で代行できる，その最良の道具はデジタル計算機」というものであった．この会議をもって，"AI" という用語が確立した．この時代は，ゲーム，定理証明，知能ロボットが研究対象とされる．1957 年

N. Wiener[3]

にパズルなどを解く一般問題解決器 (GPS) が，Newell と Simon らによって提案された[4]．彼らが作成した Logic Theorist というシステムは，N. Bourbaki による「数学原論」の第 2 章に書かれた 52 個の定理のうち，38 個の証明に成功した．1958 年には，McCarthy が記号処理言語 **LISP** を開発した．これは計算モデルの一つであるラムダ計算を基礎にした新しいプログラミング言語である．先に述べたように，理論と計算機のハード・ソフトが相互に影響を与え合う形で発展していることがみてとれる．近年は機械学習には **Python** などの言語が使われることが多いが，LISP は永らく AI 研究における主要言語であった．1960 年代に入ると，Rosenblatt が**パーセプトロン**とよばれるパターン認

---

3) 写真は https://ja.wikipedia.org/wiki/ファイル:Norbert_wiener.jpg より (CC BY-SA 2.0 DE).

4) なお，Simon はノーベル経済学賞受賞者でもある．

識を行うニューロンに似た素子を提案した．パーセプトロンはその後ニューラルネットワークの研究へとつながり，さらに深層学習の研究につながることになる．

　当初は，AI 研究に対して楽観的な見方がなされていた．しかし，予想に反して AI システム実現の試みはことごとく失敗し，1960 年後半から急速に鎮静化することになった．また，1969 年の Minsky と Papert によるパーセプトロンの研究では，学習能力に関する否定的な結論が示され，ニューラルネットワークに関する研究は冬の時代を迎えることになる．

　AI 技術が様々な場面に導入されている現代にあっても，計算機で知能が実現できるのかという点については多様な議論がある．この点に関して，1950 年に Turing が提案したものが**チューリングテスト**である．これは，「計算機では知能が実現できない」と主張する人達と議論するために "Computer Machinery and Intelligence" と題する論文で考案した思考実験である．そもそも知能をもつということに対する判断基準がなければ議論にならない．そこで，Turing

A. Turing[5]

は「知能をもつ」ことに対して客観的な定義を示した．電動機械式タイプライターであるテレタイプを 2 台用意する．1 台の向うに人間がいて，もう 1 台は計算機に接続されている．この 2 台に向かって実験者が質問をタイプし，2 台からの回答を受け取る．実験者が，どちらの出力が人間のものでどちらの出力が計算機のものかわからなければ，つまりプログラムが人間に化けることに成功したなら，この計算機プログラムは知能をもっていると考える．実験者はどのような質問をすることも許される．音声でのやり取りを想定すると音声認識精度などの問題が生じることから，チューリングテストでは，テレタイプ通信に限ることで記号処理に問題を限定していた．

　このチューリングテストに関して，1965 年に ELIZA とよばれるプログラムが発表され衝撃を与えた．これは簡単な構文的操作をするだけで自然な会話をするプログラムである．相手側の文章の一部を巧みに借りることによって，要はオウム返し的な返事をすることで，どのような会話でもこなすことができた．

5)　写真は https://ja.wikipedia.org/wiki/アラン・チューリング#/media/ファイル: Alan_Turing_Aged_16.jpg より (Public Domain).

では，ELIZA は知的なシステムであるといえるだろうか．人間のようにみえることが知的であるというならば ELIZA は十分に知的である．一方で，人間の合理的な行動を生じさせる計算過程が知的であるというなら，ELIZA にはそのような計算過程は組み込まれておらず，ELIZA は知的ではない．どちらも重要な要素であるが，AI 研究は主に後者に関心がある．Searle は 1980 年に「中国語の部屋」という設定を示し，チューリングテストに合格したとしても知能があるとはいえないと主張した．中国語の質問に対して完全な変換表を備えた部屋にいれば，質問に答えることができる．しかし，これでは中国語を理解しているとはいえない．人の思考を表面的に模倣するような「弱い AI」は多くが実現可能と考えられているが，心的内容 (意味理解) まで含むような**強い AI** が実現できるかどうかについては研究者でも意見が分かれている．

1970 年代になって，計算機の高速化にともない AI 研究が再興した．これは**第二次 AI ブーム**とよばれる．計算機の高速化につれて，チェスは探索を中心とする計算指向の研究に移った．このアプローチは，ひたすら深く読むことで人間の専門家に迫るまでに進化した．その現れが，当時の世界チャンピオンである Kaspalov に対する Deep Blue の勝利である (1997 年)．新たな計算機環境を利用することで，Winograd の言語理解システ

E.A. Feigenbaum[6]

ム SHRDLU，Winston の積木の世界 (視覚)，Feigenbaum の質量分析システム DENDRAL，Moses の数式処理システム MACSYMA など数々の有用なシステムが登場した．1975 年には，Minsky が知覚認識における知識の役割を示す "フレーム理論" を発表した．プログラミング言語に関しては，Colmerauer や Kowalski による論理型言語 **Prolog** とその処理系の提案がある (1972 年)．日本では**第五世代コンピュータ**の研究開発が論理型言語 Prolog を用いて行われた．

1977 年に Feigenbaum は**知識工学**を提唱した．計算機の豊富な記憶容量とヒューマンインタフェースの進歩を背景に，知識処理研究が勃興した．"Knowledge is Power!" といった標語が用いられ，人間の専門知識を記述するための知識表

6) 写真は https://ja.wikipedia.org/wiki/エドワード・ファイゲンバウム#/media/ファイル:27._Dr._Edward_A._Feigenbaum_1994-1997.jpg より (Public Domain).

現とその高度な利用を行う推論技術が，数々の**エキスパートシステム**を生み出した．医学，教育，評価，支援，診断，設計などの分野を対象として多数開発された．チェスのプログラムも定石や終盤データベースなど，膨大なデータ処理を行うようになる．しかし，計算機が必要な情報を自ら収集・蓄積することはできなかったため，必要な情報について，人が計算機に理解可能なように内容を記述する必要があった．こうした限界から，AI 研究は 1995 年頃から再び冬の時代を迎える．

　その後，「ビッグデータ」とよばれる大量のデータの蓄積を前提に，**深層学習**の研究が開花し，機械学習や AI 技術の社会実装が促進された．これが**第三次 AI ブーム**である．深層学習研究の爆発的広がりのきっかけの一つは，2006 年の Geoffrey Hinton による**自己符号化器** (第 6 章参照) の提案である．これは多層ニューラルネットワークの構築法に関する手法であり，従来人手でやる必要があった特徴量設計を AI が自ら習得することが可能となった．2012 年には物体の認識率を競う ILSVRC において，Hinton 率いるトロント大学のチームが深層学習によって従来手法 (エラー率 26%) に比べてエラー率 17% と，実に 10% もの劇的な進歩を遂げた．その後，画像認識だけではなく，音声認識や言語処理などの多くの分野で深層学習の援用が主流となっている．また，ソフト面だけではなく，GPU や PC クラスタの利用といったハード面の進歩も第三次 AI ブームの広がりに大きく貢献した．

2.3　AI 倫 理

　深層学習の成功を端緒として第三次 AI ブームが起こり，AI 技術が様々な場面，用途で実用化されるようになった．多くの人が利用するスマートフォンには，音声認識，画像認識，自然言語処理を含め様々な AI 技術が使われている．身近なスマートスピーカーや掃除ロボットに限らず，交通・運輸，流通，販売，医療・ケア，エンターテイメント，芸術，教育，育児，警察，軍事までありとあらゆる場面に AI 技術の応用が拡大している．大きな期待がある一方で，AI が人の仕事を奪うのではといった恐怖感も存在し，社会のもつ価値観や倫理との衝突の危惧から，AI 倫理への関心が高まっている．

　機械学習は AI の，深層学習は機械学習の一分野である．また，機械学習は**教師あり学習**と**教師なし学習**に分類される．教師あり学習はデータ (特徴量) と付随情報 (正解ラベル) からなる学習データをもとに学習モデルを獲得する．学習モデルの性能は，学習アルゴリズムと学習データに依存する．例えば，果物の分類タスクにおいて，リンゴといっても色は赤いもの／黄色いもの，大きさも，大きいもの／中くらいのもの／小さいものいろいろなものがある．学習データの中に黄色いリンゴが含まれなければ，そのようなリンゴの分類に失敗する可能性が高くなる．偏った学習データを与えてしまうと，機械学習アルゴリズムは偏った結果を学習してしまう．これが**アルゴリズムバイアス**である．

　公開されている 8 個の大規模な顔画像データセット[7])に関して，人種の構成を調べた結果がある．白人，黒人，ラテン系，東アジア，東南アジア，インド系，中東系に分けてそれらの比率が調査された．7 個中 5 つのデータセットでは白人の比率が 4 分の 3 を超えており，多くのデータセットが白人に大きく偏った顔画像で構成されていることが報告されている[8])．白人に偏ったデータセットを用いて学習すると，白人の顔画像に関しては高精度に分類できるが，他の人種に関しては分類精度が劣ることになる．人種による偏りに問題意識をもつ研究者が作成したデータセットには各人種がほぼ均等に含まれているが，そのようなものは少数派である．

　以下，AI 倫理に関して問題が生じた具体的な事例をみていく．

●**事例 1**　Google の写真保存・共有サービス Google Photos には，写真を自動的に分析し，様々な視覚的特徴や被写体を識別しタグ付けする機能がある．写真にタグが付いていれば，キーワード検索により見たい写真を簡単にみつけることができる．例えば，エッフェル塔が写っている写真に自動的に "エッフェル塔" というタグが付けば大変便利であるが，人手でタグを付けるのは面倒である．Google は機械学習，深層学習の技術を応用することで，タグ付け作業の自動化機能を提供している．この自動タグ付けは便利なものであるが，黒人の二人組の写真に対して "ゴリラ" という不適切なタグが付けられる不具合が発生

---

　7)　有名人のカラーの顔画像を 20 万枚以上集めている CelebA, (人種による偏りに問題意識をもつ研究者が作成したデータセットで) 各人種がほぼ均等に含まれている FairFace, その他 LFWA+, COCO, IMDB-WIKI, VGG2, DiF, UTK など．

　8)　K. Kärkkäinen and J. Joo, "FairFace: Face Attribute Dataset for Balanced Race, Gender, and Age for Bias Measurement and Mitigation," 2021 IEEE Winter Conference on Applications of Computer Vision (WACV), 2021, pp.1547–1557, doi: 10.1109/WACV48630.2021.00159 を参照．

した．Google の開発者が差別意識をもっていたということではなく，学習データに含まれる顔画像に関して人種ごとのデータ数に偏りがあったことが原因と考えられている．開発者はバグを排除しようとしたが，すぐに解決することはできなかった．ニューラルネットベースのシステムはルールベースのシステムとは異なり，個別の結果の制御が困難であることが影響していたのである．そこで Google はゴリラというタグ自体を削除する措置をとった．

●事例 2　次はジェンダーバイアスの事例である．GPT-3 という OpenAI という研究所が開発した高性能な言語モデルがある．この言語モデルは，ウェブから収集した 45 TB という膨大なデータをクリーニングして 570 GB のデータセットをもとに，深層学習を用いて作成した．言語モデルとは，単語の列に対してその出現確率を与えるものである．例えば，「明日の天気は」というフレーズに対して，「晴れ」と続く場合が 40%，「曇り」と続く場合が 30%，「雨」と続く場合が 15%，それ以外が 15% といった確率を与える．言語モデルによって，あるフレーズを与えると，それに続く単語を予測することができる．これを繰り返し適用すると記事や小説の自動生成が可能になる．ニュースの題目と副題を入力とし，人間の実験参加者に，この記事は機械によって書かれたものか，人によって書かれたものか尋ねる実験が行われた．なかには，88% の人が機械が生成した記事を人が書いたものと誤って判断してしまう記事もあった．

　この GPT-3 は，大量の学習データによって高品質なニュース記事を生成する．言語モデルとして非常に優れたものであるが，ジェンダー・人種・宗教に関するバイアスの存在が報告されている[9]．例えば，「銀行員は」というフレーズを与えると「男性です」という文章が生成される．一方，「看護師は」というフレーズを与えると「女性です」という文章が生成される．このように 388 種の職業を与えたときに，どのような文章が生成されるかが調べられた．その結果，高い教育レベルを示す職業や肉体労働を必要とする職業を与えると，その後に続く文章が男性に偏ることが，一方，助産師，看護師，受付係などは女性に偏ることが報告されている．本来，職業とジェンダーには固定的な結びつきはないはずであるが，このような出力になった．先ほどの写真のタグ付けの例とは異なり，ウェブ上に存在する文書を広く収集して学習させているにもかかわらずバイアスを排除できないのは，社会自体にジェンダーバイアスが存在し

---

　9)　Brown, T.B. *et al.* (July 22, 2020). "Language Models are Few-Shot Learners". arXiv:2005.14165 を参照.

てテキストデータに反映し，それが言語モデルに反映したからである．

●事例3　より実質的な被害が生じるおそれがあった事例もある．Amazon は，2014 年から 3 年間，AI による人材採用システムを開発した．過去 10 年にわたって同社に提出された履歴書を AI に学習させ，履歴書に 5 段階で評点を与えるシステムである．人間には思い込みや偏見があるため，AI が採用を判断することで公平になるとの期待があったが，開発されたシステムは女性嫌いという性質があり，ソフトウェア開発などの技術職で女性に対する評価が低くなるというバイアスが存在した．男性や女性というキーワードを排除して学習させても同様の結果である．その理由は，過去の履歴書には男性からのものが多く合格者も男性中心であるため，AI が男性を適した人材と判断したことが原因の一つと考えられている．ジェンダーに関する不公平があることは事前に発覚したが，この他にも開発者が気づいていない何らかの不公平がこの AI システムには存在しているかもしれないと考えて，Amazon は導入を断念した．AI システムの判断根拠の説明が求められる事例であったといえる．

●事例4　次は，実際に導入されている AI システムの事例である．米国の裁判所で採用しているものに，被告人の再犯可能性を評価する COMPAS というシステムがある．137 の質問に答えさせ，過去の犯罪データとの照合により，再び罪を犯す危険性を 10 段階の点数として割り出すシステムである．調べてみると，黒人は白人の約 2 倍の確率で再犯リスクが高いという判定がなされていたが，再犯リスクが高いと判定された人のその後の再犯率には，低いと判定された人との違いがないことが判明した．もともと人種による犯罪の発生件数が異なるためこのような偏った判定がなされることになったと考えられる．ある被告人が，「再犯予測プログラム」はアルゴリズムが明らかでなく信頼性を検証できないため，法の適正手続きを受けるべき被告の権利を侵害していると主張した．州最高裁の見解は，COMPAS による危険度評価の判決での使用については被告の権利を侵害していないが，量刑の軽重をこのプログラムのみに依拠してはいけないというものであった[10]．AI システムにおけるアルゴリズムの透明性が問われた事例である．

10）　Kirkpatrick, Keith (2017-01-23). "It's not the algorithm, it's the data". Communications of the ACM. 60 (2): 21-23.

　様々な事例は特定の企業ではなく，AI サービスの提供者すべてに起こりうる
問題である．AI の社会的受容性を高めるには，その振舞いが学習データに依存
することを理解する必要がある．バイアスを防ぐには学習データをできるだけ
偏りなく集めることが重要であるが，データを偏りなく集めたとしても，デー
タセットが我々の社会に存在する差別的な扱いを反映したものになっている危
険性に留意しなくてはならない．Google Photos には間違ってラベル付けされ
た画像の結果を削除できる機能が含まれている．このような情報を集め，新た
な学習データとして用いれば認識結果を改善することができる．AI システムは
半完成品であると考え，逐次改善していくという態度が必要である．

2.4　個 人 情 報

　AI，特に機械学習においては学習データの質がその性能を決定する．この点
でパーソナルデータが重要なものとなっている．パーソナルデータは新しい石
油，21 世紀の価値ある資源であるといわれる[11]．20 世紀は自動車や航空が重
要な産業となったが，そこで価値があったものは石油である．21 世紀にはそれ
がパーソナルデータになる．

　現在，スマートフォンをはじめ通販サイトや SNS サービスの利用など，行動
履歴や購入履歴，現在地情報などのパーソナルデータは，一人ひとりにあわせ
て個人化された体験を届けるうえで必要不可欠である．AI 技術の発展に関して
も，パーソナルデータを含めたビッグデータと深い関係がある．音声，顔画像
を含めた写真，テキストメッセージ，位置情報などのパーソナルデータが集め
られ，それらを学習データとすることで AI はその精度を高め，その精度が向
上することで利用者特性や関心を，より深くより正確に把握・予測することが
可能になっている．

　一方でパーソナルデータは個人に関する情報であり，その利用の仕方によって
は個々人の権利侵害も起こりえる．特に近年は大量の個人に関する情報の集積・
利用が進んでおり，また，IoT 機器の普及など広範な情報が収集されるようにな
り，プライバシー侵害に関する不安も大きくなっている．朝日新聞が 2020 年春

---

11)　https://comsocsrcc.com/data-is-the-new-oil/ "Data is the new oil." Clive
Humby により 2006 年に称えられた言葉.

に行った世論調査[12])によると，ビッグデータの活用に関心がある人は 58% と半数を超える一方で，プライバシー侵害に不安を感じる人は 73% に達している．

　私たちの暮らしでは，「個人情報」と「プライバシー」という言葉はあまり区別することなく使われている．この 2 つの言葉は深く関係しているが，厳密には意味が異なる．**パーソナルデータ**は個人にかかわる情報全般をさす広い概念であり，写真や動画などユーザーが作成したコンテンツ，購買などのアクティビティや行動データ，SNS 上の友人関係などのソーシャルデータ，GPS などの位置情報，年齢，性別，人種などの人口統計学的データ，名前や銀行口座などの識別データなど様々なデータを含む．それらパーソナルデータのなかで，**個人情報**は氏名や学生番号など "特定の個人を識別できる情報" である．例えば，メールアドレスであっても，「個人名@組織のドメイン名」という組合せであれば，メールアドレスから個人を特定できるので個人情報となる．一方，**プライバシー情報**は健康情報や収入など，本人がプライバシーだと思う情報である．個人情報とプライバシー情報には重なりがあるが，完全に一致するものではない．

　プライバシー問題は深刻化している．一つの要因は GAFA とよばれる巨大IT 企業，プラットフォーマによるパーソナルデータの寡占である．位置情報に関する時系列データを収集すると，利用者の自宅や職場を精度よく推定することができる．Google は個々の利用者の検索履歴やウェブの閲覧履歴，視聴した動画などの複数種類のパーソナルデータを大量に収集し分析して利用者特性や関心を把握し，それぞれに応じた広告を表示し，それで広告主から報酬を得ている．利用者が観光地を検索すれば，プラットフォーム側では利用者がその観光地に関心があることがわかる．詐欺事件の被害者名を検索すれば，プラットフォーム側は利用者が何らかの形でその事件に関心がある，場合によってはその事件に関与している可能性があると推測するかもしれない．捜査機関が特定のキーワードを検索した利用者の情報提供を求めることを**キーワード令状**とよぶ[13])．プラットフォーマはこのような令状に対処すべく厳格なプロセスで処理していると説明しているが，逆に利用者の自由を奪うのではないかという意見もある．

　我が国のデータ保護の法制度としては，2003 年に制定された**個人情報保護**

12) https://digital.asahi.com/articles/DA3S14476458.html
13) 米国での事例は https://forbesjapan.com/articles/detail/43675, https://en.wikipedia.org/wiki/Reverse_search_warrant などを参照.

法がある．その保護対象は，生存する個人に関する情報であり，当該情報に含まれる氏名，生年月日その他の記述等により特定の個人を識別することができるもの (識別性)，他の情報と容易に照合することができ，それにより特定個人を識別することができるものも含まれる (容易照合性) となっている．個人情報を所有する事業者には安全管理措置が求められる．

　2015 年には改正個人情報保護法が成立し 2017 年 5 月に施行された．この改正では，適切な加工をすることで個人の同意なしでデータを流通・利活用するための新しい枠組みが創設された．事業者間での流通が認められる匿名加工情報の新設，要配慮個人情報の導入，高い独立性をもつ個人情報保護委員会の設立などである．**匿名加工情報**は，個人の特定性を低減した情報であり識別可能性の排除は必ずしも必要としないが，提供先 (および提供元) において匿名加工情報からの個人の特定行為および加工したデータをもとに戻す行為を法的に禁止することで，個人情報を保護する枠組みである．**要配慮個人情報**とは，本人の人種，信条，社会的身分，病歴，犯罪の経歴，犯罪により害を被った事実その他本人に対する不当な差別，偏見その他の不利益が生じないようにその取扱いに特に配慮を要する情報である．要配慮個人情報を取得する際には，情報の本人から同意を得ることが必須となっている．

　このように，法律面での整備が進む一方，プライバシー侵害となる事案も発生している．

●**事例 5**　就職情報サイトの事業者がサイト登録者の内定辞退率のスコアを販売していたことが大きな注目を集めた[14]．図 2.2 に示すように，(1) 顧客企業から応募者の個人情報 (大学・学部・氏名) を提供してもらう，(2) サイト事業者が保有する情報と照合して個人を特定し，行動データを過去の利用者のものと照合し内定辞退率のスコアを算出する，(3) 内定辞退率スコアを顧客企業に納品するという流れである．対象となった学生は 7 万 4878 人で，このうち 7983 人からは「行動データを企業に提供する場合がある」ということに対する同意を得ていなかったが，サイト事業者は顧客企業の 34 社に内定辞退率スコアを納品していた．

　この事案に対して，個人情報保護委員会は事業者に対して勧告と指導を行い，企業からは認識欠如のお詫びが発表され，このサービスは廃止されることになっ

14)　リクナビ事件 (2019 年 8 月)

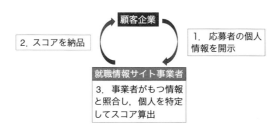

図 2.2　就職情報サイトでのプライバシー侵害

た．では，事前に利用者から同意を得ておけばそれでよかったのであろうか．
企業にとって優秀な人材の確保は非常に関心の高いことではあるが，内定辞退
率の売買が許容されるのかという議論もありえる．内定辞退スコアが企業に提
供されることがわかれば，就職情報サイトの利用の仕方を変える学生がでてく
るであろう．すると十分な企業情報をもたずに応募することになり，学生と企
業の双方にとって無駄なやり取りが増え，社会全体の便益が低下する．

　AI 技術の発達は，サイトの利用パターンから個人特性を精度良く特定する
プロファイリングも可能にする．米国マサチューセッツ州の例では，公開され
た医療データから氏名は削除されていたが，そこに含まれる性別，生年月日，郵
便番号などの情報と，別に公開されている投票者名簿を照合することで州知事
の医療情報を特定した[15]．AI 技術の発展により，複数のデータベースの照合
をより高速・高精度に行うことができるようになり，昨日までは大丈夫と思わ
れていたものも，明日には大丈夫でなくなってくる．

　以上のようなプライバシー侵害を防ぐために，ポリシーの整備のような運用策
に頼るだけでなく，技術的な解決策も提案されている．サービス開発者にとっ
て，絵文字の利用頻度に関するデータを分析したい，あるいは，レストランの混
雑情報を提供したいといったことがあるが，利用者がやり取りするメッセージの
内容を閲覧したり，利用者の正確な位置情報を追跡し続けるとプライバシー侵害
になる．**差分プライバシー**は，パーソナルデータが推測されるリスクの大きさ
を理論的に定義する指標で，利用者側の端末でランダムなノイズを加え，ある種
の嘘を作ってわからなくする．利用者の個人情報を十分に保護したままデータ

---

15)　L. Sweeney. k-anonymity: a model for protecting privacy. International Journal
on Uncertainty, Fuzziness and Knowledge-based Systems, 10 (5), 2002; 557–570 参照.

を収集して学習データとして用いることが可能で, Google, Apple, Microsoft などはこの技術を用いてデータ収集していることを公表している.

●**事例 6** 例えば, 給与データを含むデータベースがあるとする. ここで情報を盗み出そうとする攻撃者がいて, 4 月に A さんが入社し, 会社全体で 100 人が在籍していることを知っていたとする. このときデータベースに以下の質問をする. 質問 1 は "4 月の給与の平均値" である. 回答は平均値であり, A さんの給与が漏れることはない. 質問 2 は "3 月の給与の平均値" である. 3 月に A さんは勤務していないので A さんの給与が漏れることはない. 質問 1 の回答が 39.9 万円, 質問 2 の回答が 40 万円であったとすると, 100 人の総額が 3990 万円, A さんを除いた 99 人の総額が 3960 万円と計算でき, 結果 A さんの給与が 30 万円であることが攻撃者に知られてしまう. このように平均額しか回答しなくても, 攻撃者が何らかの補助情報をもっていると情報が漏れ出してしまう. そこで質問 1 の回答に, ノイズとして 1000 円を加えると, 4 月の給与の平均値は 40 万円と真値とあまり変わらない値になる. 一方, 質問 2 の回答と合わせると A さんの給与は 40 万円と計算され, 真値は攻撃者から秘匿される. つまり, 個人のプライバシーは保護されるが, 他業種との給与比較といった分析は問題なく行えることになる.

　この例では平均値に関して考えたが, 該当する件数を数えてそれを回答するといった場合についても同様である.
　差分プライバシー以外にも, **匿名化**, **秘密計算**などの様々な手法があり, プライバシーに配慮した形でのデータ利活用の方法が検討されている.

2.5 AI ガイドライン

　ガイドライン　　AI 社会原則・倫理指針の策定が国内外で進められている[16]. これらの利活用ガイドラインは開発者・事業者それぞれにおいて AI 開発利用原則を策定することを期待し, その際に参照する解説文書となっている. ガイドラインの策定が進む背景には, AI の便益を増進させるにはリスクを抑制する

[16) 内閣府統合イノベーション戦略推進会議による "人間中心の AI 社会原則", 総務省 AI ネットワーク社会推進会議による "AI 利活用ガイドライン／AI 利活用原則", 人工知能学会による "人工知能学会倫理指針", EU による "Ethics Guideline for Trust-worthy AI", 電気・情報工学分野の学術研究団体である IEEE による "Ethically Aligned Design" など.

とともに，人々の AI に対する不安を取り除き信頼を醸成することが必要であること，そのために AI の開発者，利用者やデータ提供者が留意すべき事項等を整理することが有効であるという事情がある．

総務省が 2019 年に公表した **AI 利活用ガイドライン**[17]では，人間中心の AI 社会においては，社会，とりわけ国や自治体など，立法・行政機関が留意すべき原則が示されている．基本理念として，「人間中心の社会の実現」，「AI 利活用における多様性の尊重・包摂」，「AI ネットワーク化による持続可能な社会の実現」，「便益とリスクの適正なバランスの確保」，「ステークホルダ[18]間の知識・能力相応の役割分担」，「指針やベストプラクティス[19]の国際的な共有」，「不断の見直し・柔軟な改定」，また，以下の 10 の原則があげられている．

(1) **適正利用**．利用者は，人間と AI システムとの間及び利用者間における適切な役割分担のもと，適正な範囲及び方法で AI システム又は AI サービスを利用するよう努める．

(2) **適正学習**．利用者及びデータ提供者は，AI システムの学習等に用いるデータの質に留意する．

(3) **連携**．AI サービスプロバイダ，ビジネス利用者及びデータ提供者は，AI システム又は AI サービス相互間の連携に留意する．また，利用者は，AI システムがネットワーク化することによってリスクが惹起・増幅される可能性があることに留意する．

(4) **安全**．利用者は，AI システム又は AI サービスの利活用により，アクチュエータ等を通じて，利用者及び第三者の生命・身体・財産に危害を及ぼすことがないよう配慮する．

(5) **セキュリティ**．利用者及びデータ提供者は，AI システム又は AI サービスのセキュリティに留意する．

(6) **プライバシー**．利用者及びデータ提供者は，AI システム又は AI サービスの利活用において，他者又は自己のプライバシーが侵害されないよう配慮する．

(7) **尊厳・自律**．利用者は，AI システム又は AI サービスの利活用において，人間の尊厳と個人の自律を尊重する．

---

17) https://www.soumu.go.jp/maincontent/000809595.pdf
18) 利害関係者のこと．
19) 最善慣行のこと．

(8) **公平性**. AI サービスプロバイダ，ビジネス利用者及びデータ提供者は，AI システム又は AI サービスの判断にバイアスが含まれる可能性があることに留意し，また，AI システム又は AI サービスの判断によって個人及び集団が不当に差別されないよう配慮する．

(9) **透明性**. AI サービスプロバイダ及びビジネス利用者は，AI システム又は AI サービスの入出力等の検証可能性及び判断結果の説明可能性に留意する．

(10) **アカウンタビリティ**. 利用者は，ステークホルダに対しアカウンタビリティを果たすよう努める．

　ここで (3) の "連携" について補足する．連携とは，ここでは AI サービス相互間の連携を意味する．例えば，金融市場では何の前触れもなく突然価格の変動幅が急激に拡大し，価格が一瞬にして急落/急騰するという "フラッシュクラッシュ" という現象が知られており，これはコンピュータによる取引に原因があるのではないかといわれている．金融取引の場にも AI の応用が進んでおり，1 つの AI では小さな影響しかなくても，多数の AI の動きが連動すると，全体として市場に大きな影響を与え制御不能となるおそれがあり，このようなリスクに留意する必要がある．次に，(7) の "尊厳・自律" に関して，AI は人間の活動を支援するものであるとの認識をもつこと，また，AI システムまたは AI サービスにより意思決定や感情が操作されるリスク，AI システムまたは AI サービスに過度に依存するリスクに留意し，その対策を講じることが期待される．

　公平性　　AI が不公平な結果をもたらす可能性があることは，2.3 節で説明した．その対策の一つは，公平性の観点から，ジェンダーや人種など考慮すべき "属性を明確化" することである．別の対策は，公平性の "基準を明確化" することである．公平性の基準といっても様々なものが考えられる．例えば，性別に関する属性を取り除いてアルゴリズムを適用するといったことが考えられる．また，アルゴリズムによる採否予測の分布 (比率等) を男女間で同一となるよう調整するといったことも考えられる．

　ここで**公平性**に関連する**モラル・マシン**とよばれる興味深い実験を紹介する．ジェンダーによる不公平は良くない，人種による不公平は良くないといったことは多くの人が同意するが，人によって判断が異なるものもある．モラル・マシンは，自動運転車を用いた AI の道徳的な意思決定に関して，人間の視点を

収集するためのプラットフォームとなっている[20]．実験参加者は事故を観察する第三者として，イラストで示される 2 つのシナリオのうち，より容認可能であるほうを選択するよう求められる．例えば，「老人の歩行者 3 人が犠牲となるか，または運転者と 2 人の乗客が犠牲となるか」といった，自動運転車が避けられない 2 つの事故のうち，どちらか 1 つの選択しないといけない状況が提示される[21]．生存者と犠牲者の数だけでなく，性別，年齢，人間かペットか，健康状態，社会的地位，交通規則の順守といった要素を様々に変えたシナリオが提示され，全部で 13 回の選択を求められる[22]．実験参加者は他者の回答と比較することで，自身の道徳的意思決定がどのような価値観のもとに成り立っているかを確認できる．

全体として共通する価値観は，「動物よりは人間，少人数よりは多人数，高齢者よりは若者」を優先するというものである．ただし，国・地域により何を重視するか異なることが報告されている[23]．結果を分析すると 3 つのクラスターが存在し，日本は中国や中東諸国の同じクラスターに分類される．日本を含むクラスターは，他のクラスターに比べて歩行者を助ける傾向が強いという結果がでている．この分析が公平性に関する直接の答えを与えるわけではないが，このように道徳的意思決定に関するデータを収集・可視化することで，公平性に関する議論が活性化することが期待できる．

説明可能性　AI の説明可能性も重要な点である．説明可能性に関することは AI 利活用原則の透明性の原則 (9) でふれられている．深層学習はブラックボックスであるといわれている．これはどんな振舞いをするか動作保証ができないことをさす言葉であり，AI システムを利用することで事故が発生しても，原因解明や責任判断ができないことにつながる．例えば，医師は患者に診断結果や治療法の選択に関して説明することを求められる．AI 診断システムの精度

20) モラル・マシンの HP は https://www.moralmachine.net/hl/jp
21) 「トロッコ問題」を知っている読者は，それを自動運転車の問題に置き換えたものと考えるとよい．
22) この調査は日本語を含め 10 言語が用意され，2019 年時点で 4000 万人近くが回答している (WIRED, 2019.01.02 https://wired.jp/2019/01/02/moral-machine/)．最近の研究論文として：E. Awad, S. Dsouza, A. Shariff, I. Rahwan, J.-F. Bonnefon (2020). Universals and variations in moral decisions made in 42 countries by 70,000 participants. Proceedings of the National Academy of Sciences. 117(5) がある．
23) Awad, E., Dsouza, S., Kim, R. *et al.* The Moral Machine experiment. Nature 563, 59–64 (2018). https://doi.org/10.1038/s41586-018-0637-6 を参照．

が高いとしても，その判断根拠が医師に理解できるものでなければ，そのような システムが使われるのは難しいといえる．また，金融分野ではローンの可否 判断や保険金額の見積もりなど，その判断根拠を顧客に説明することが求められる．このように単に判定結果を提示するだけでなく，その根拠の説明が求められる場面は多くある．説明可能な AI に関する研究が注目を集めており，判断に大きな影響を与えた入力特徴を提示する手法などが研究されている[24]．

頑健性　　AI の頑健性についても考える必要がある．AI 利活用原則においては安全 (4) とセキュリティ (5) に関連するものである．AI システムには脆弱性が存在することが知られている．これは人間には気にならない程度の加工で誤認識を誘発できるという問題である．

●**事例 7**　図 2.3 は AI が交通標識の認識を誤る例を示している．

図 **2.3**　AI の頑健性[25]

　上段の画像がもともとの画像で，下段の画像が少し加工された画像である．人間の目からすると，上段の画像も下段の画像もそれぞれ時速 80 km の速度制限，時速 120 km の速度制限と見える．しかし，Sitawarin が行った学習モデル

24)　Arrieta, A.B. *et al.*, Explainable Artificial Intelligence (XAI): Concepts, tax-onomies, opportunities and challenges toward responsible AI, Information Fusion, Volume 58, 2020, Pages 82–115, `https://doi.org/10.1016/j.inffus.2019.12.012` または `https://www.ai-gakkai.or.jp/resource/my-bookmark/my-bookmark_vol34-no4/` などを参照．

25)　Sitawarin, C. *et al.*, DARTS: Deceiving Autonomous Cars with Toxic Signs. arXiv:1802.06430 [cs], 2018, Figure 2 より引用 (`https://arxiv.org/pdf/1802.06430.pdf`)．

では，上段の画像は正しく認識できるが，下段の画像は 80 と見えるものは "停止標識" に，120 と見えるものは "時速 30 km の速度制限" と認識された．これは少し汚れが付着した画像はすべて停止や 30 km の速度制限と認識されるというわけではなく，誤認識するようにわざとノイズを加えて生成された画像である．深層学習などの技術は高い認識精度を示すものの，学習データから外れるデータに対してどう振舞うかは保証されていない．このような脆弱性があることに留意が必要である．

　最後に，さらに付け加えるとすれば，国際協調ということがあげられる．技術は一国の国内に限定されるものではない．一方で学習データに依存するという点を考えれば，国や地域ごとの特徴があるものとも考えられ，両面性をもつものといえる．ガイドラインの作成に加え，課題の発見や解決策の共有など国際的に協調して知恵を集結させることがより重要になってくる．また，AI システムを作ることの敷居も下がってきている．サービスの受け手という立場だけでなく，自身がサービス提供者になったときにどうするか，それも含めての検討が必要である．

3

知 識 表 現

　データとは事実の集合であり，情報はデータに文脈を与え，意味付けしたもので
ある．数字の並びである　9.7, 14.6, 12.8, 12.4, 12.6, 12.7, 10.9　はデータであ
り，大阪市の 2021 年 10 月 24 日からの最低気温　9.7 ℃, 14.6 ℃, 12.8 ℃, 12.4
℃, 12.6 ℃, 12.7 ℃, 10.9 ℃　は情報である．知識とは情報を分析して得られた
汎用的規則であり，意思決定に活用できるものである．よく晴れた風の弱い夜間に
気温が下がりやすい (放射冷却) というのは知識である．"知識表現" とは，計算機
が推論を導けるような知識の表現，および，その方法に関する AI 研究の一つであ
り，命題論理は知識表現の方法である．本章では知識表現について説明する．

3.1　命 題 論 理

　数理論理学は知識を表現し，推論を可能とする方法である．デジタル大辞泉[1]
では，「論理は考えや議論などを進めていく筋道，思考や論証の組み立て，思考
の妥当性が保証される法則や形式」という説明が与えられている．日常の言葉
による表現は曖昧性を含むため，それを用いて厳密な議論をすることが難しい．
一方，論理は厳密性・普遍性を支えるものであり，情報の表現を考えるうえで
論理 (学) は重要である．論理には，命題論理，述語論理，様相論理，時相論理
などがあるが，ここでは様々な論理体系の基礎となる命題論理を取り上げる．

　命題とは真または偽を判定できる文や式である．「$3 \geq 0$」は命題であり，こ
れは真である．「57 は素数である」は命題であり，これは偽である．一方，「3
は小さい数である」は命題でない．なぜなら，小さい数とは何かが定義されて
いないため，その真偽を判定できないためである．真の場合 1，偽の場合 0 と
いう数値を割り当て，これを**真理値**とよぶ．

---

1)　https://daijisen.jp/digital/

　いくつかの命題 (単純命題) を論理演算子で結合することで，より複雑な表現が可能となる．これを**複合命題**とよぶ．論理演算子を以下にあげる．単純命題 P に対して，

- 否定 $\neg P$ 「P でない」
  $\neg P$ は P が真のとき偽，P が偽のとき真となる．
- 論理和 $P \vee Q$ 「P または Q」
  P, Q の少なくとも一方が真であれば $P \vee Q$ は真となる．
- 論理積 $P \wedge Q$ 「P かつ Q」
  P, Q 両方が真であれば $P \wedge Q$ は真となる．
- 含意 $P \to Q$ 「P ならば Q」
  P が偽，あるいは，P が真ならば Q も真のとき，$P \to Q$ は真となる．
- 同値 $P \leftrightarrow Q$ 「P と Q は同値」
  P, Q がともに真，あるいは，ともに偽のとき真となる．

　ここで含意の解釈については注意が必要である．含意の真理値表を表 3.1 に示す．含意に関しては，P が偽，あるいは P が真ならば Q も真のとき，$P \to Q$ は真となる．P が偽ならば，Q の真偽にかかわらず $P \to Q$ が真になるという部分は直観的でないかもしれない．条件部 P が成立しなければ，帰結 Q がどうなるかわからないため，Q の値によらず $P \to Q$ は真であると考える，ということである．

表 3.1　含意の真理値表

P	Q	$P \to Q$
1	1	1
1	0	0
0	1	1
0	0	1

3.2　導出原理

　導出原理とは，命題論理によって推論する方法である．鳥は卵を産む．ダチョウは鳥である．よって，ダチョウは卵を産む．このような推論を**三段論法**という．一般的に記述すると，A, B, C を命題論理式として，三段論法より $A \to B$ と $B \to C$ から $A \to C$ が導かれる．

　ここで，$A \to B$ は

$$\neg A \vee B$$

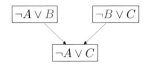

図 **3.1** 三段論法

と書き換えできる．これは真理値表を書けば確認できる．この書き換えを行って，上記の関係を図式的に表現したものが図 3.1 である．

　この図の，B と $\neg B$ の部分に着目しよう．B が真のとき $\neg B$ は偽となるため，C は真でなければならない．一方，B が偽のとき $\neg B$ が真となるため，C の真偽はどちらでもよいが，$\neg A$ は真でなければならない．よって，B の真偽がいずれであっても，$A \to B$ と $B \to C$ が成り立つ場合，$\neg A \vee C$ は真となる．推論を行う手続きとしては，2 つの節 $\neg A \vee B, \neg B \vee C$ から基本論理式 B とその否定 $\neg B$ を消去して，残りの部分の論理和 (**選言**) を作成すればよい (図 3.1)．

　導出原理は反駁による証明を行う．論理式 P が真であることと，$\neg P$ が偽であることは同値である．よって，P が真であることを示したければ，$\neg P$ から矛盾 (□) を導けばよい．

　A, B, C から D を証明したいとする．$(A \wedge B \wedge C) \to D$ の否定は

$$\neg((A \wedge B \wedge C) \to D) \quad \leftrightarrow \quad \neg((A \wedge B \wedge C) \vee D)$$
$$\leftrightarrow \quad (A \wedge B \wedge C) \wedge \neg D$$

のように変形できる．したがって，前提に結論の否定 $\neg D$ を付け加えた論理式の集合が矛盾することを示せばよい．これを**ロビンソンの導出原理**とよぶ．導出原理を用いて矛盾 (□) を導出する過程を**反駁** (論駁) とよぶ．

　導出原理の適用例を図 3.2 に示す．ここでは，前提 $(P \to Q) \wedge P \wedge R$ から結論 $Q \wedge R$ が導けることを示す．図の最上段には，前提の各節 $\neg P \vee Q, P, R$ と結論の否定 $(\neg Q \vee \neg R)$ が書かれている．P と $\neg P$ があるので，それらを消去して新たな節 Q を作成する．次に，Q と $\neg Q$ があるので，それらを消去して新たな節 R を作成する．次に，R と $\neg R$ があるので，矛盾 (□) が導かれる．これにより，前提 $(P \to Q) \wedge P \wedge R$ から結論 $Q \wedge R$ が導けることを証明できた．[2]

---

　2)　なお，命題を削除する順序はここで示したものに限らず，最初に R と $\neg R$ を削除するといったことも可能である．

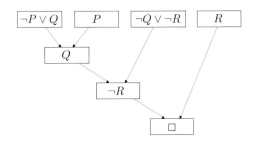

図 **3.2** 導出原理の適用例

　ここまでの議論では，暗黙のうちに "推論の単調性" を仮定してきた．単調性とは，新たな知識の学習によって既に存在する知識が減ることがないことを意味する．単調推論においては，真である言明の数は時間とともに増加し，真になった言明はずっと真である．しかし，"情報の不完全性" などにより単調性が成立しない場合がある．

●例 3.2.1．非単調性の例として，ダチョウの例をあげる．Fred は鳥である．鳥類は空を飛ぶ．よって，Fred は空を飛ぶ．この推論を行った後，Fred はダチョウであることが判明したとする．この場合，Fred は空を飛ぶという推論は撤回されなければならない．

●例 3.2.2．非単調性が問題となるより実際的な例をあげる．World Travel Agency (WTA) は New York から Paris, Rome へのツアーを扱う．Paris で一部の乗客を降ろし，Rome で残りの乗客を降ろす．ここでテロが発生し，Paris 空港が封鎖される．12:00 に当局よりすべての Paris 便の着陸地変更を通知される．このとき，12:00 の Rome 支社の推論は以下である．旅行グループは出発した (A)．テロが Paris で発生した (B)．着陸地は London に変更された (P, 推測)．A, B からの結論として，旅客は今夜 London に到着と推測する．14:00 に続報があり，旅行グループの飛行機は New York で 2 時間遅れていたことが判明する．14:00 の Rome 支社は以下のように推論する．旅行グループの出発は遅れていた (C)．飛行機は New York に戻った (P, 推測)．A, B, C からの結論として，旅客は今夜 London に到着しないと推論する．

　実世界では，このように情報が段階的に得られるため，非単調性が問題となる．非単調な推論を扱う枠組みも様々なものが提案されている．

3.3 意味ネットワーク

意味ネットワークは，人間の記憶の一種である意味記憶の構造を表すモデルである．論理に基づくものとは異なる知識表現で，概念を**節点**で，その間の関係を**枝**とラベルで表す．

図 3.3 はその例である．Hobbes は tigers の実例 (instanceOf) である．tigers は mammals の部分クラス (subclassOf) である．意味ネットワークでは，上位概念の属性を引き継ぐと考えるため，Hobbes は mammals であるといえる．これを**継承**といい，個々の個体に属性値を与える必要がなくなる．同様に，Hobbes の locomotion は walk であるといえる．

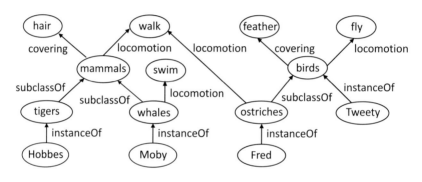

図 **3.3** 意味ネットワーク

意味ネットワークにおける 2 種類の関係について説明する．まず，Class/Instance 関係について述べる．a が x の instance で，x のすべての instance の属性 p の値が v であれば，a の属性 p の値も v である．これは，

$$\mathrm{instanceOf}(a, x) \land \mathrm{certain}(x, p, v) \quad \rightarrow \quad \mathrm{value}(a, p, v)$$

と表現できる．例えば，すべての鳥が羽をもち，Fred が鳥なら，Fred は羽をもつということを表現できる．また，a が x の instance で，x の instance が属性 p の典型的な値として v をもてば，a も例外でない限り属性 p の値として v をもつ．これは，

$$\mathrm{instanceOf}(a, x) \land \mathrm{default}(x, p, v) \land \lnot \mathrm{ab}(a, x) \quad \rightarrow \quad \mathrm{value}(a, p, v)$$

と表現できる．例えば，鳥は典型的には飛び，Fred が鳥なら，Fred は例外でない限り飛ぶということを表現できる．

次に，Superclass/Subclass 関係について説明する．a が x の instance で，x が y の subclass であるならば，a は y の instance である．これは

$$\mathrm{subclassOf}(x, y) \land \mathrm{instanceOf}(a, x) \quad \rightarrow \quad \mathrm{instanceOf}(a, y)$$

と表現できる．また，x が y の subclass で，y が z の subclass であれば，x は z の subclass である．これは

$$\mathrm{subclassOf}(x, y) \land \mathrm{subclassOf}(y, z) \quad \rightarrow \quad \mathrm{subclassOf}(x, z)$$

と表現できる．

意味ネットワークを用いた推論は，意味ネットワークの枝をたどることで行われる．「Fred の移動手段は」という問いに対しては，Fred から枝をたどることで，「Fred の locomotion は walk である」と回答できる．もし ostriches に locomotion という枝が付いていなければ，birds までたどり，そこから fly に locomotion の枝が付いているので，「Fred の locomotion は fly である」と回答することになる．

このように種に特有なことにはそこで属性を与え，それ以外のことは上位のクラスで属性を与えることで非単調推論を扱うことができるようにもみえる．ただし，枝をたどることに対する明確な意味論が必要である．例えば，距離が近いところに書かれた属性値を優先するというのは一つの考え方であるが，これがつねに正しい推論を与えるとは保証できない．

意味ネットワークは概念，および，概念間の関係を表現したものである．インターネットをみると，個々のページとそのリンクからなるネットワーク構造をもっている．よって，インターネットを意味ネットワークの発展形と考え，そのうえで推論を行うという考え方が現れてくる．しかし，初期のウェブは単にデータの集合にすぎず，人間がデータを解釈して初めて意味のある情報になるものであった．計算機が意味情報を解釈して処理することは困難であったのである．そこで，ウェブの発明者である Tim Berners-Lee によって**セマンティックウェブ**が提唱された．セマンティックウェブとは，ウェブ上の情報の意味をソフトウェアに理解させ，知的処理を行うことを目的とした一連の技術ならびに研究分野である．セマンティックウェブは意味ネットワークの一種であるが，ウェブの要素技術に即した形で知識を表現することで，大規模化と実用を目指す点に特徴がある．

セマンティックウェブにおいては，ウェブページにメタデータを付加することで，計算機が意味情報を解釈・処理することを目指す．ここで，「雪国の作者は川端康成である」という情報を自然言語で表すと「川端康成が雪国を書いた」，「雪国は川端康成によって作られた」など様々な表現の仕方が存在し，同一の意味を表していると計算機が理解することは難しい．この問題を解決するため，計算機が理解可能な形式でメタデータを記述する枠組みとして **RDF** (Resource Description Framework) が提案された．RDF は

〈 リソース，属性，属性の値 〉

の 3 つ組で様々な関係を表現する．雪国の例は

〈 雪国，作者，川端康成 〉

と表現される．ただし，リソース，属性，属性の値に，記述者が好き勝手な単語を使うと結局自然言語での表現と変わらなくなる．そこで，それらに使える単語 (語彙) の共通化・標準化が行われている．そのことを**オントロジー**とよぶ．

オントロジーはもともとは哲学用語で "存在論" のことである．単語を列挙するだけでは意味を記述したとはいえず，単語間の関係を定義することが必要である．

●例 3.3.1. 例えば小説は，作者，出版社，出版年，ジャンルなどの属性をもつ．**OWL** (Web Ontology Language) はオントロジー (単語間の関係を定義するもの) を記述するための言語である．川端康成は文豪であるという直接的な表現がなくても，「文学賞受賞者は文豪である」という関係がオントロジーに記述されていれば，「川端康成はノーベル文学賞受賞者である」という情報とあわせて「川端康成は文豪である」という推論が可能となる．

セマンティックウェブの各要素技術は研究開発が現在も進められている段階である．

3.4 　一階述語論理

最初に述べたように，命題論理は真または偽を判定できる文や式を扱うものであり，例えば「57 は素数である」という命題は偽と判定される．命題論理は変数を含むことができないため，個々の単文 (**原子命題**) の内部構造に立ち入った表現や推論は扱えない．この点での拡張を図ったものが一階述語論理である．

一階述語論理では，例えば「ソクラテスは人間である」，「プラトンは人間である」といった「もの」の「関係」を述語として表現する．これを命題としての表現すると，"Socrates is human"，"Platon is human"となる．一方，述語 Human を用いて表現すると，"Human(Socrates)"，"Human(Platon)"となる．命題表現では，ソクラテスやプラトンといった特定の対象に対する表現しかできないが，述語 Human を用いると，"すべての個体について"といった表現や，"ある性質を満たす個体が存在する"といった，集合に対する表現が可能になる．「すべての個体について」を表す場合は**全称限量子** $\forall$ を，「ある個体について」を表す場合は**存在限量子** $\exists$ を用いることで，「もの」を一般化して表すことができる．

一階述語論理としての表現例を以下に示す．

- A は B の部分集合である: $\forall x(x \in A \to B)$
- A は空集合である: $\neg \exists x \neg(x \in A)$
- $A = B \cap C$: $\forall x(x \in A \leftrightarrow x \in B \wedge x \in C)$
- $A = B \cup C$: $\forall x(x \in A \leftrightarrow x \in B \vee x \in C)$
- $A = B^c$ (B の補集合): $\forall x(x \in A \leftrightarrow \neg(x \in B))$

一階述語論理において，推論を行う方法の一つが限量子消去である．**限量子消去**とは，代数的な一階述語論理式から限量子 $\exists, \forall$ を取り除き，それと等価で限量子のない式を出力することである．例えば，変数 x を実数としたとき，

$$\forall x(x^2 + bx + c > 0)$$

に対して，それと等価な

$$b^2 - 4c < 0$$

を返すといったことである．

●**例 3.4.1.** 数学の問題を解く場合，限量子を用いた表現が与えられていなくても，限量子消去という操作を行っていると考えることができる．計算機で行うには，多項式

$$x^2 + bx + c > 0$$

が同じ符号をとる (もしくは 0 になる) ような部分集合に実数 $\mathbb{R}$ を分割する．例えば，

$$x^2 + bx + c = 0$$

が 2 つの実数解 α, β $(\alpha < \beta)$ をもつときには，

$$(-\infty, \alpha), \quad \{\alpha\}, \quad (\alpha, \beta), \quad \{\beta\}, \quad (\beta, \infty)$$

と分割できる．分割した区間のなかから一階述語論理式を満たすものを集める
ことで，限量子のない論理式を求めることができる．このような処理は Mathematica などの数式処理システムとして発展している．

●例 3.4.2. 東ロボくんは，国立情報学研究所が中心となって 2011 年から行わ
れたプロジェクト「ロボットは東大に入れるか」で研究・開発が進められた AI
の名称である．プロジェクトでは，東大に合格できるだけの能力をもつ AI の
開発が目標とされた．2015 年 6 月の進研模試「総合学力マーク模試」で，「数
IA」で偏差値 64 (前年 46.9)，「数 IIB」で 65.8 (同 51.9) を記録している．数学
に関しては，問題文に対して言語解析・意味合成を行って形式表現を獲得し，形
式表現から円の面積の公式など知識による論理式の書き換えを行ってソルバー
に入力し，数式処理，限量子消去を行うことで解答を得るという処理の流れに
なっている．

4

数 学 準 備

本章では，現代のデータサイエンス・AI 技術の数学的基盤である確率論，線形代数，計画数学の初歩のなかから後に必要となる事項を解説する．

4.1 確 率

ここでは，関連性のある複数のデータの分析やノイズの除去で必要となる条件付き確率およびベイズの定理について解説する．

事象 a, b がともに生じる確率を**共起確率**とよぶ．2 つの事象 a, b が互いに影響を与えずに**独立**であるとき，$P(a, b)$ は各事象の確率 $P(a)$ と $P(b)$ の積となる．

$$P(a, b) = P(a)P(b) \tag{4.1.1}$$

●例 4.1.1. 2 つのサイコロ A と B を振る場合を考えて

　　事象 a　サイコロ A の目が 1，
　　事象 b　サイコロ B の目が偶数

とする．サイコロ A, B を同時に振ったとき，A の目が 1，B の目が偶数になる確率 $P(a, b)$ を求める．2 つのサイコロの目のすべての場合の数は

$$(A, B) = (1, 1), (1, 2), \cdots, (6, 5), (6, 6)$$

の 36 通り，そのうちサイコロ A の目が 1，サイコロ B の目が偶数となる場合の数は

$$(A, B) = (1, 2), (2, 4), (1, 6)$$

の 3 通りである．したがって A の目が 1，B の目が偶数になる確率は

$$P(a, b) = \frac{3}{36} = \frac{1}{12}$$

であるが，サイコロ A の目が 1 となる確率は $P(a) = 1/6$，サイコロ B の目が偶数となる確率は $P(b) = 3/6 = 1/2$ であり，これら 2 つの確率の積は共起確率と等しい．

$$P(a) \times P(b) = \frac{1}{6} \times \frac{1}{2} = \frac{1}{12} = P(a,b)$$

これは上記の場合の数の数え方において「サイコロ A の目が 1 となる」事象 a と「サイコロ B の目が偶数となる」事象 b が独立としているからである．

　事象 a が起こるという条件の下で事象 b が起こる確率を条件付き確率とよび，$P(b|a)$ と書く．$P(b|a)$ は事象 a が起こる確率に対する事象 a と b が同時に起こる割合に等しい．

$$P(b|a) = \frac{P(a,b)}{P(a)}$$

この式から

$$P(a,b) = P(a)P(b|a) = P(b)P(a|b) \qquad (4.1.2)$$

が得られる．また事象 a,b が独立であるときは，(4.1.1) より

$$P(b|a) = P(b), \quad P(a|b) = P(a)$$

となる．

●例 4.1.2. 赤玉 3 個，青玉 4 個が入っている箱から 2 回玉を取り出す．ただし，1 回目に取り出した玉は箱に戻さないものとして

　　事象 a 1 回目に赤玉を取り出す，

　　事象 b 2 回目に青玉を取り出す

とする．1 回目に赤玉を取り出し，2 回目に青玉を取り出す確率 $P(a,b)$ を求める．1 回目に取り出す玉の場合の数は 7 通り，1 回目に取り出した玉を除いた 6 個の玉から 2 回目に取り出す玉の場合の数は 6 通りであり，1 回目と 2 回目に玉を取り出すすべての場合の数は $7 \times 6 = 42$ 通りである．一方，1 回目に赤玉を取り出す場合の数は 3 通り，残り赤玉 2 個，青玉 4 個の箱から青玉を取り出す場合の数は 4 通りであり，1 回目に赤玉，2 回目に青玉を取り出す場合の数は $3 \times 4 = 12$ 通りである．以上から 1 回目に赤玉を取り出し，2 回目に青玉を取り出す確率は $P(a,b) = 12/42 = 2/7$ である．

　一方，1 回目に赤玉を取り出す確率は $P(a) = 3/7$ であり，その状態 (赤玉 2 個，青玉 4 個が箱の中にある状態) で 2 回目に青玉を取り出す確率は $P(b|a) =$

$4/6 = 2/3$ である．これら 2 つの確率の積は

$$P(a) \times P(b|a) = \frac{3}{7} \times \frac{2}{3} = \frac{2}{7}$$

となって，事象 a, b の共起確率 $P(a, b)$ と等しい．

(4.1.2) から得られる

$$P(a|b) = \frac{P(a)P(b|a)}{P(b)}$$

を**ベイズの定理**という．ベイズの定理は 「事象 b が起こった条件の下で事象 a が起こる」確率 $P(a|b)$ は「事象 a が起こった条件の下で事象 b が起こる」確率 $P(b|a)$ を用いて求められることを示している．

4.2 ベクトルと行列

　ビッグデータの分析や機械学習では，多変量データやその相関をベクトルと行列で表して統計的な処理を施す．ここでは，そのベクトルと行列について説明する．以下では，n 次元ベクトル $\boldsymbol{x} \in \mathbf{R}^n$ は数字が縦に並んだ列ベクトルとし，行列やベクトルの転置は右肩に T を書いて

$$\boldsymbol{x} = \left(x_1, x_2, \cdots, x_n\right)^T$$

のように表示する．また，$\mathbf{R}^{m \times n}$ を $m \times n$ 行列全体とする．

　n 個 の未知数 $x_1, x_2, \cdots, x_n$ と m 個の方程式からなる連立方程式

$$\begin{cases} y_1 &= a_{11}x_1 + a_{12}x_2 + \cdots + a_{1n}x_n \\ y_2 &= a_{21}x_1 + a_{22}x_2 + \cdots + a_{2n}x_n \\ &\vdots \\ y_m &= a_{m1}x_1 + a_{m2}x_2 + \cdots + a_{mn}x_n \end{cases}$$

は，ベクトル

$$\boldsymbol{y} = \begin{pmatrix} y_1 \\ y_2 \\ \vdots \\ y_m \end{pmatrix} \in \mathbf{R}^m, \quad \boldsymbol{x} = \begin{pmatrix} x_1 \\ x_2 \\ \vdots \\ x_n \end{pmatrix} \in \mathbf{R}^n$$

と行列

$$A = \begin{pmatrix} a_{11} & a_{12} & \cdots & a_{1n} \\ a_{21} & a_{22} & \cdots & a_{2n} \\ \vdots & \vdots & \ddots & \vdots \\ a_{m1} & a_{m2} & \cdots & a_{mn} \end{pmatrix} \in \mathbf{R}^{m \times n}$$

を用いて

$$\boldsymbol{y} = A\boldsymbol{x} \tag{4.2.1}$$

で書き表すことができる. (4.2.1) において $m = n$ で A が逆行列 A^{-1} をもつ (正則) とき, 解 $\boldsymbol{x}$ は一意的に存在して

$$\boldsymbol{x} = A^{-1}\boldsymbol{y}$$

となる. $m > n$ のときを**過剰決定系**, $m < n$ のときを**不足決定系**という. 不足決定系では解が無数にあり, 過剰決定系では解が存在しないことがある. 以後, 行列 A の**階数**を $\mathrm{rank}\, A$ と書く.

定理 (行列の階数と方程式の可解性). 方程式 (4.2.1) が解をもつための必要十分条件は

$$\mathrm{rank}\, (A\ \boldsymbol{y}) = \mathrm{rank}\, A \tag{4.2.2}$$

である. ここで $(A\ \boldsymbol{y})$ は行列 A に列ベクトル $\boldsymbol{y}$ を横に並べた $m \times (n+1)$ 行列である.

実際,

$$A = (\boldsymbol{a}_1, \boldsymbol{a}_2, \cdots, \boldsymbol{a}_n),\ \boldsymbol{a}_k \in \mathbf{R}^m, \quad \boldsymbol{x} = (x_1, x_2, \cdots, x_n)^T$$

とすると (4.2.1) は

$$\boldsymbol{y} = (\boldsymbol{a}_1, \boldsymbol{a}_2, \cdots, \boldsymbol{a}_n) \begin{pmatrix} x_1 \\ x_2 \\ \vdots \\ x_n \end{pmatrix} = x_1 \boldsymbol{a}_1 + x_2 \boldsymbol{a}_2 + \cdots + x_n \boldsymbol{a}_n \tag{4.2.3}$$

で与えられ, このことは, $\boldsymbol{y}$ が $\boldsymbol{a}_1, \boldsymbol{a}_2, \cdots, \boldsymbol{a}_n$ の線形結合であることを示している. したがって, $\boldsymbol{a}_1, \boldsymbol{a}_2, \cdots, \boldsymbol{a}_n$ が並んだ行列 A に $\boldsymbol{y}$ を追加した行列 $(A\ \boldsymbol{y})$ を作っても, 独立な列ベクトルの数は変わらないので, (4.2.2) が成り立つ.

逆に (4.2.2) が成り立てば, $x_1, x_2, \cdots, x_n \in \mathbf{R}$ が存在して (4.2.3) を満たす.

このことから上記の定理が得られる.

(4.2.1) において,条件 (4.2.2) が成り立たない場合には,誤差の 2 乗

$$\Phi(\boldsymbol{x}) = \|A\boldsymbol{x} - \boldsymbol{y}\|^2$$

を最小にする $\boldsymbol{x} \in \mathbf{R}^n$ を選ぶ.これを**最小 2 乗解**という.ただし,$\|\cdot\|$ はベクトルの長さ (ノルム)

$$\|\boldsymbol{z}\|^2 = \sum_{i=1}^m z_i^2, \quad \boldsymbol{z} = (z_1, z_2, \cdots, z_m)^T \in \mathbf{R}^m$$

である.一方,条件 (4.2.2) が成り立つ場合には最小 2 乗解は厳密解になる.この場合も含めて,最小 2 乗解はつねに存在するが一意とは限らない.最小 2 乗解 $\boldsymbol{x}$ のうちで,そのノルム $\|\boldsymbol{x}\|$ を最小にするものがただ一つ存在する.この $\boldsymbol{x}$ を $\boldsymbol{x}^\dagger$ と書き,行列 $A^\# \in \mathbf{R}^{n \times m}$ を

$$\boldsymbol{x}^\dagger = A^\# \boldsymbol{y}$$

で定め,A の**疑似逆行列**という.この $A^\#$ は逆行列の概念の一般化であり,正方・正則でない一般の行列に対して逆行列と同じ役割をはたすことから,大量データや不十分なデータから法則をみつけだすデータ駆動型モデリングにおいて有用である.なお,正則正方行列 A の逆行列 A^{-1} は A の疑似逆行列となる.

ここで 2 次関数

$$\Phi(\boldsymbol{x}) = \|\boldsymbol{y} - A\boldsymbol{x}\|^2 = (\boldsymbol{y} - A\boldsymbol{x})^T (\boldsymbol{y} - A\boldsymbol{x})$$

を最小とする $\boldsymbol{x}$ は,次節で述べる 1 次の最適性条件

$$\frac{\partial \Phi(\boldsymbol{x})}{\partial \boldsymbol{x}} = -2 (\boldsymbol{y} - A\boldsymbol{x})^T A = 0 \tag{4.2.4}$$

で定めることができる.(4.2.4) は

$$A^T \boldsymbol{y} = A^T A \boldsymbol{x} \tag{4.2.5}$$

を意味し,$m > n$, $\text{rank}\, A = n$ であれば $A^T A$ が正則であるので,過剰決定系に対する次の定理の (2) が得られる.下記のいずれかの場合,行列 A を**フルランク**,そうでないときは**ランク落ち**という.

定理 (擬似逆行列の計算 [1]).以下が成り立つ.

(1) $A \in \mathbf{R}^{m \times n}$, $m < n$, $\text{rank}\, A = m$ ならば $A^\# = A^T (AA^T)^{-1}$.

(2) $A \in \mathbf{R}^{m \times n}$, $m > n$, $\text{rank}\, A = n$ ならば $A^\# = (A^T A)^{-1} A^T$.

(3) $A \in \mathbf{R}^{m \times n}$, $m = n$, $\operatorname{rank} A = m = n$ ならば $A^{\#} = A^{-1}$.

不足決定系 $m < n$ の場合 (1) のみを示す．行列 A に対し，$\operatorname{Ker} A$, $\operatorname{Ran} A$ を
それぞれその核，値域とし，部分空間の直交補空間を $\perp$ で表す．実際，$n < m$
で $\operatorname{rank} A = n$ ならば AA^T は正則で，(4.2.5) は (4.2.1) と同等，また

$$\boldsymbol{x}^{\dagger} = A^T (AA^T)^{-1}$$

は (4.2.1) を満たす．したがって，(4.2.1) の任意の解 $\boldsymbol{x}$ は $\boldsymbol{x}^{\dagger\dagger} \in \operatorname{Ker} A$ を用
いて

$$\boldsymbol{x} = \boldsymbol{x}^{\dagger} + \boldsymbol{x}^{\dagger\dagger}$$

で表されるが，$\boldsymbol{x}^{\dagger} \in \operatorname{Ran} A^T = (\operatorname{Ker} A)^{\perp}$ より

$$\|\boldsymbol{x}\|^2 \geq \|\boldsymbol{x}^{\dagger}\|^2$$

となり，定理が示される．

●例 4.2.1. 方程式

$$\boldsymbol{y} = A\boldsymbol{x}, \quad \text{ただし,} \quad A = \begin{pmatrix} 1 & 0 & -1 \\ 0 & 1 & 0 \end{pmatrix}, \quad \boldsymbol{y} = \begin{pmatrix} 0 \\ 1 \end{pmatrix}$$

を考える．行列 A の擬似逆行列は，$AA^T = \begin{pmatrix} 2 & 0 \\ 0 & 1 \end{pmatrix}$ より，

$$A^{\#} = A^T (AA^T)^{-1} = \frac{1}{2} \begin{pmatrix} 1 & 0 \\ 0 & 2 \\ -1 & 0 \end{pmatrix}$$

となり，方程式の解は，$\operatorname{Ker} A = \left\langle \begin{pmatrix} 1 \\ 0 \\ 1 \end{pmatrix} \right\rangle$ より，$z \in \mathbf{R}$ をスカラーとして

$$\boldsymbol{x} = \begin{pmatrix} 0 \\ 1 \\ 0 \end{pmatrix} + z \begin{pmatrix} 1 \\ 0 \\ 1 \end{pmatrix}$$ となる．$z = 0$ のとき $\|\boldsymbol{x}\|$ は最小である．

一般に，$A = BC$ ならば $A^{\#} = C^{\#} B^{\#}$ なので，ランク落ちしている行列に
対しては**階数分解**が有効である．

> **定理** (擬似逆行列の計算 [**2**]). 行列 $A \in \mathbf{R}^{m \times n}$ に対して行列 $X \in \mathbf{R}^{n \times m}$
> と $r \leq \min(m, n)$ が存在して, フルランクの行列 $B \in \mathbf{R}^{m \times r}$, $C \in \mathbf{R}^{r \times n}$
> に対して $A = BC$ を満たすとき, 次が成り立つ.
> $$A^{\#} = C^T \left(CC^T \right)^{-1} \left(B^T B \right)^{-1} B^T \tag{4.2.6}$$

疑似逆行列は, 行列の**特異値分解**によって陽に表示することができる.

> **定理** (特異値分解). 階数 r の行列 $A \in \mathbf{R}^{m \times n}$ は直交行列 $U \in \mathbf{R}^{m \times m}$,
> $V \in \mathbf{R}^{n \times n}$, 非負の対角行列 $\Sigma \in \mathbf{R}^{m \times n}$ を用いて次のように**特異値分解**される.
> $$A = U \Sigma V^T \tag{4.2.7}$$

(4.2.7) を図 4.1 のように表す. ただし,

$U = \begin{pmatrix} U_r \ U_{m-r} \end{pmatrix}, \quad U_r \in \mathbf{R}^{m \times r}, \ U_{m-r} \in \mathbf{R}^{m \times (m-r)},$

$V^T = \begin{pmatrix} V_r{}^T \\ V_{n-r}{}^T \end{pmatrix}, \quad V_r{}^T \in \mathbf{R}^{r \times n}, \ V_{n-r}{}^T \in \mathbf{R}^{(n-r) \times n},$

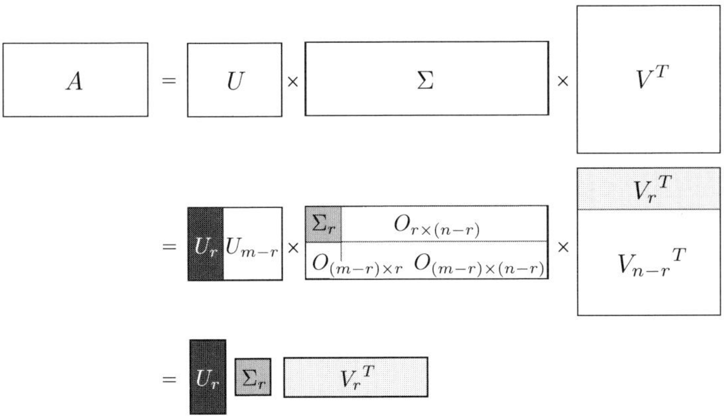

図 **4.1**　特異値分解

$$\Sigma = \begin{pmatrix} \Sigma_r & O_{r \times (n-r)} \\ O_{(m-r) \times r} & O_{(m-r) \times (n-r)} \end{pmatrix}, \quad \Sigma_r = \begin{pmatrix} \sigma_1 & & & \mathbf{0} \\ & \sigma_2 & & \\ & & \ddots & \\ \mathbf{0} & & & \sigma_r \end{pmatrix}, \ \sigma_i > 0$$

$$(4.2.8)$$

である. ここで O は零行列であり, $\sigma_i,\ i = 1, 2, \cdots, r$ を**特異値**とよぶ. このとき, (4.2.7) の下で

$$A^{\#} = V\Sigma^{-1}U^T \tag{4.2.9}$$

が成り立つ.

実際, (4.2.7) において $B = U\Sigma,\ C = V^T$ はフルランクの行列であるので, (4.2.6) より

$$A^{\#} = C^T \left(CC^T \right)^{-1} \left(B^T B \right)^{-1} B^T = V \left(V^T V \right)^{-1} \left(\Sigma U^T U \Sigma \right)^{-1} \Sigma U^T$$

$$= V \left(\Sigma^2 \right)^{-1} \Sigma U^T = V\Sigma^{-1}U^T$$

となる. ここで U, V は直交行列なので, E を単位行列として

$$V^T V = E, \quad U^T U = E$$

が成り立つことを用いた. なお, (4.2.9) の導出は, 以下のように $B = U, C = \Sigma V^T$ として (4.2.6) を適用してもよい.

$$A^{\#} = V\Sigma \left(\Sigma V^T V \Sigma \right)^{-1} \left(U^T U \right)^{-1} U^T = V\Sigma \left(\Sigma^2 \right)^{-1} U^T = V\Sigma^{-1}U^T$$

定理 (特異値分解と固有値・固有ベクトル). 行列 A の特異値分解と, 行列 AA^T および $A^T A$ の固有値・固有ベクトルには以下の関係がある.

- 行列 A の特異値は行列 AA^T の固有値と等しい. 行列 U の列ベクトルは行列 AA^T の固有ベクトルと一致する.
- 行列 A の特異値は行列 $A^T A$ の固有値と等しい. 行列 V の列ベクトルは行列 $A^T A$ の固有ベクトルと一致する.

実際, AA^T に $A = U\Sigma V^T$ を代入すると

$$AA^T = \left(U\Sigma V^T \right) \left(U\Sigma V^T \right)^T = U\Sigma^T V^T\ V\Sigma U^T = U\Sigma\Sigma^T U^T.$$

両辺に右から U をかければ

$$\left(AA^T\right)U = U\Sigma\Sigma^T U^T U = U\Sigma\Sigma^T$$
$$= U \begin{pmatrix} \Sigma_r{}^2 & O_{r,m-r} \\ O_{m-r,r} & O_{m-r,m-r} \end{pmatrix}.$$

ここで $U = \left(\boldsymbol{u}_1, \boldsymbol{u}_2, \cdots, \boldsymbol{u}_m\right)$, $\boldsymbol{u}_i \in \mathbf{R}^m$, $i = 1, 2, \cdots, m$ を代入すると

$$\left(AA^T\right)\boldsymbol{u}_i = \sigma_i{}^2 \boldsymbol{u}_i \tag{4.2.10}$$

となり，行列 A の特異値 σ_i が AA^T の固有値の平方根で，行列 U の列ベクトル $\boldsymbol{u}_i$ は行列 AA^T の固有ベクトルになる．同様に $A^T A$, $A = U\Sigma V^T$ より

$$A^T A = \left(U\Sigma V^T\right)^T \left(U\Sigma V^T\right) = V\Sigma^T U^T\, U\Sigma V^T = V\Sigma^T \Sigma V^T$$

であり，両辺に右から V をかけると

$$\left(A^T A\right)V = V\Sigma^T \Sigma V^T V = V\Sigma^T \Sigma = V \begin{pmatrix} \Sigma_r{}^2 & O_{r,n-r} \\ O_{n-r,r} & O_{n-r,n-r} \end{pmatrix}$$

となり，$V = \left(\boldsymbol{v}_1, \boldsymbol{v}_2, \cdots, \boldsymbol{v}_n\right)$, $\boldsymbol{v}_i \in \mathbf{R}^n$, $i = 1, 2, \cdots, n$ を代入して

$$\left(A^T A\right)\boldsymbol{v}_i = \sigma_i{}^2 \boldsymbol{v}_i \tag{4.2.11}$$

が得られ，A の特異値 σ_i が $A^T A$ の固有値の平方根で，V を構成するベクトル $\boldsymbol{v}_i$ は $A^T A$ の固有ベクトルであることがわかる．

疑似逆行列は次の性質をもつ．

定理 (擬似逆行列の性質). 擬似逆行列の擬似逆行列はもとの行列にもどり，擬似逆行列と転置の操作は交換できる．

$$(A^\#)^\# = A, \quad (A^T)^\# = (A^\#)^T$$

また，$X = A^\# \in \mathbf{R}^{n \times m}$ は次を満たす．

$$AXA = A, \ XAX = X, \ (AX)^T = AX, \ (XA)^T = XA$$

行列 $A \in \mathbf{R}^{m \times n}$ に対して，関係

$$AXA = A$$

を満たす行列 $X \in \mathbf{R}^{n \times m}$ を，行列 A の**一般化逆行列**とよぶ．疑似逆行列は一般化逆行列である．

ここで，自分自身との積が自分自身に一致する行列，すなわち

$$P^2 = P$$

を満たす行列 P を**冪等行列**という.

一般化逆行列は一意には定まらないが，次の性質をもつ.

補題 (**一般化逆行列と冪等性**). 行列 A の一般化逆行列 $X = A^-$ に対し，AA^- および $A^- A$ は**冪等行列**である.

証明は次の式変形による.

$$(AA^-)^2 = AA^- AA^- = AA^-, \quad (A^- A)^2 = A^- AA^- A = A^- A$$

定理 (**一般化逆行列の一般形**). A^- が行列 $A \in \mathbf{R}^{m \times n}$ の一般化逆行列であるとき，

$$X = A^- + U - A^- AUAA^-$$

も一般化逆行列である. ただし，$U \in \mathbf{R}^{n \times m}$ を任意の行列とする.

証明は次の式変形による.

$$
\begin{aligned}
AXA &= A(A^- + U - A^- AUAA^-)A \\
&= AA^- A + AUA - AA^- AUAA^- A \\
&= A + AUA - AUA = A
\end{aligned}
$$

ビッグデータは高次元のベクトルで表され，行列の理論は連立 1 次方程式の解法から発展した. 解が存在しなかったり一意でないような問題から解を選び出す工夫から生まれたのが擬似逆行列であり，行列の特異値分解によって表示されるのである.

4.3　数理最適化

最適化は，与えられた条件の下で，与えられた関数を最大 (または最小) にすることで，機械学習や回帰分析で用いられている.

$$\underset{\boldsymbol{x}}{\text{maximize}} \ f(\boldsymbol{x}), \quad \text{subject to} \ \boldsymbol{x} \in S$$

$f(\boldsymbol{x})$ を目的関数，S を実行可能領域，$\boldsymbol{x} \in S$ を制約 (または拘束) 条件，目的関数 $f(\boldsymbol{x})$ を最大とする変数 $\boldsymbol{x}^{\dagger}$ を最適解とよぶ．なお，目的関数 $f(\boldsymbol{x})$ を最大化する最適化問題は，目的関数 $-f(\boldsymbol{x})$ を最小化する最適化問題と等価である．

$$\operatorname*{minimize}_{\boldsymbol{x}} \{-f(\boldsymbol{x})\}, \quad \text{subject to } \boldsymbol{x} \in S$$

次の例は，材料を加工して製品を作り，最大の利益を生み出すための製造業における最適化問題である．

● 例 4.3.1. 2 種類の材料 1, 2 がそれぞれ d_1, d_2 [kg] あり，これらを用いて 3 種類の製品 1, 2, 3 をそれぞれ x_1, x_2, x_3 [kg] 製造する．ただし 1 kg 当たりの製品 j に必要な材料 i の重量は c_{ij} である．また 1 kg 当たりの製品 j の利益を a_j とする．すべての材料を使い切り (在庫をなしにする)，利益を最大にするためには，各製品をどれだけ製造すればよいか．

ここでは利益を目的関数とし，材料をすべて消費することを制約条件とする．

$$\operatorname*{maximize}_{x_1, x_2, x_3} \{a_1 x_1 + a_2 x_2 + a_3 x_3 \mid x_1, x_2, x_3 \geq 0\},$$

$$\text{subject to } c_{11}x_1 + c_{12}x_2 + c_{13}x_3 = d_1, \ c_{21}x_1 + c_{22}x_2 + c_{23}x_3 = d_2$$

この問題は目的関数・制約条件が 1 次関数である線形計画問題で

$$\boldsymbol{x} = \begin{pmatrix} x_1 \\ x_2 \\ x_3 \end{pmatrix}, \ \boldsymbol{a} = \begin{pmatrix} a_1 \\ a_2 \\ a_3 \end{pmatrix}, \ \boldsymbol{d} = \begin{pmatrix} d_1 \\ d_2 \end{pmatrix}, \ C = \begin{pmatrix} c_{11} & c_{12} & c_{13} \\ c_{21} & c_{22} & c_{23} \end{pmatrix}$$

を用いて

$$\operatorname*{maximize}_{\boldsymbol{x} \geq 0} \boldsymbol{a}^T \boldsymbol{x}, \quad \text{subject to } C\boldsymbol{x} = \boldsymbol{d}$$

と書き表すことができる．最小解を数値的に求めるときは

step 1 初期値 $\boldsymbol{x}_0$ を選び，$f(\boldsymbol{x}_1) < f(\boldsymbol{x}_0)$ となる $\boldsymbol{x}_1$ を探索する．

step 2 $f(\boldsymbol{x}_2) < f(\boldsymbol{x}_1)$ となる $\boldsymbol{x}_2$ を探索する．

step 3 $f(\boldsymbol{x}_3) < f(\boldsymbol{x}_2)$ となる $\boldsymbol{x}_3$ を探索する．

$\vdots$

として，目的関数が減少するように変数 $\boldsymbol{x}$ を逐次選ぶ．通常，$\boldsymbol{x}_k$ に対して微小な変位を加えた

$$\boldsymbol{x}_{k+1} = \boldsymbol{x}_k + \delta\boldsymbol{x}_k \tag{4.3.1}$$

を用い，目的関数が小さくなるように $\delta\boldsymbol{x}_k$ をみつける．

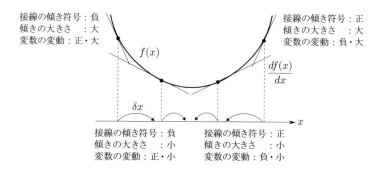

図 **4.2** 最急降下法

目的関数 $f(x)$ の変数 x が 1 変数の場合には，図 4.2 のように接線の傾き $\dfrac{df(x)}{dx}$ が負の場合は x を少し増やし，接線の傾きが正の場合は x を少し減らすことを繰り返していくと目的関数 $f(x)$ が局所的に最小値となる点をみつけることができる．目的関数が最小に近くなったときは接線の傾きも小さくなるので，δx を小さくして慎重に接近する必要がある．逆に，最小から大きく離れた領域では δx を大きくして効率的に最小値に接近する．接線の傾きの符号だけでなく，大きさも考慮して x の変動量を

$$\delta x_k = -\alpha \frac{df(x_k)}{dx_k}, \quad \alpha > 0$$

と定める．

一方，$\boldsymbol{x} = (x_1, x_2, \cdots, x_n)$ が多変数の場合には，$f(\boldsymbol{x})$ の n 次元ベクトル $\boldsymbol{x} = (x_1, x_2, \cdots, x_n)^T$ による偏微分を，n 次元の行ベクトルで表して用いる．

$$\frac{\partial f(\boldsymbol{x})}{\partial \boldsymbol{x}} = \left(\frac{\partial f(\boldsymbol{x})}{\partial x_1}, \frac{\partial f(\boldsymbol{x})}{\partial x_2}, \cdots, \frac{\partial f(\boldsymbol{x})}{\partial x_n} \right)$$

最急降下法 $\alpha > 0$ を定数とし，(4.3.1) に以下の更新則を適用する．

$$\delta \boldsymbol{x}_k = -\alpha \left(\frac{\partial f(\boldsymbol{x})}{\partial \boldsymbol{x}} \right)^T, \quad \alpha > 0 \tag{4.3.2}$$

最急降下法 (4.3.1)–(4.3.2) の下で

$$f(\boldsymbol{x}_{k+1}) = f(\boldsymbol{x}_k + \delta \boldsymbol{x}_k)$$

$$= f(\boldsymbol{x}_k) + \frac{\partial f(\boldsymbol{x}_k)}{\partial x}\delta\boldsymbol{x}_k + O(\|\delta\boldsymbol{x}_k\|^2)$$

$$= f(\boldsymbol{x}_k) - \alpha\frac{\partial f(\boldsymbol{x}_k)}{\partial \boldsymbol{x}}\left(\frac{\partial f(\boldsymbol{x}_k)}{\partial x}\right)^T + O\left(\alpha^2\left\|\frac{\partial f(\boldsymbol{x}_k)}{\partial \boldsymbol{x}}\right\|^2\right)$$

$$= f(\boldsymbol{x}_k) - \alpha\left\|\frac{\partial f(\boldsymbol{x}_k)}{\partial \boldsymbol{x}}\right\|^2 + O\left(\alpha^2\left\|\frac{\partial f(\boldsymbol{x}_k)}{\partial \boldsymbol{x}}\right\|^2\right)$$

であり，$\dfrac{\partial f(\boldsymbol{x}_k)}{\partial \boldsymbol{x}} \neq 0$ のときは，$0 < \alpha \ll 1$ において

$$f(\boldsymbol{x}_{k+1}) < f(\boldsymbol{x}_k)$$

となって目的関数 $f(\boldsymbol{x})$ は減少する．ただし $Q = O(R)$ は $R\downarrow 0$ に対する**オーダー記号**で，定数 $C > 0$ が存在して $|Q| \leq CR$ が成り立つことをいう．[1]

　局所的最大，最小をそれぞれ**極大**，**極小**という．目的関数が極大，極小をとる条件と接線の傾きには次の関係がある．

定理 (1 次の最適性必要条件). 目的関数 $f(\boldsymbol{x})$ が $\boldsymbol{x} = \boldsymbol{x}^\dagger$ において微分可能で極小 (極大) となり，その近傍で制約条件がないときは次が成り立つ．

$$\frac{\partial f(\boldsymbol{x}^\dagger)}{\partial \boldsymbol{x}} = 0 \qquad (4.3.3)$$

　この (4.3.3) は $\boldsymbol{x}^\dagger$ が最適解であるための必要条件で，これを**1 次の最適性必要条件**とよぶ．また (4.3.3) を満たす $\boldsymbol{x}^\dagger$ を $f(\boldsymbol{x})$ の**停留点**という．特に，制約条件がなく目的関数が微分可能であれば，$f(\boldsymbol{x})$ を最小にする最適解において 1 次の最適性必要条件が満たされる．ただし，1 次の最適性必要条件が満たされていても，その点で目的関数が極小や極大になるとは限らない．

●**例 4.3.2.** 2 変数の目的関数

$$f(\boldsymbol{x}) = x_1{}^2 + 2x_2{}^2 + 3, \quad f(\boldsymbol{x}) = -x_1{}^2 + 2x_2{}^2 + 3, \quad \boldsymbol{x} = (x_1, x_2)^T$$

に対し，1 次の最適性必要条件を満たす $\boldsymbol{x}$ はどちらも $(x_1, x_2) = (0,0)$ である．前者では $f(\boldsymbol{x})$ がそこで最小となるが，後者では極小でも極大でもない (図 4.3, 4.4).

---

1)　後述で現れる同じく $q = o(R)$ は，$\displaystyle\lim_{R\downarrow 0}\frac{q}{R} = 0$ であることを示す．

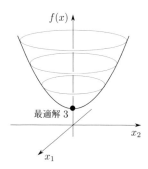
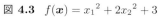
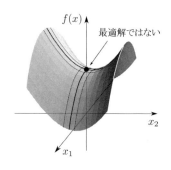

図 **4.3** $f(\boldsymbol{x}) = x_1{}^2 + 2x_2{}^2 + 3$ 図 **4.4** $f(\boldsymbol{x}) = -x_1{}^2 + 2x_2{}^2 + 3$

●例 4.3.3. n 変数の 2 次形式は

$$f(\boldsymbol{x}) = \boldsymbol{x}^T P \boldsymbol{x} + \boldsymbol{q}^T \boldsymbol{x} + r, \quad \boldsymbol{x} \in \mathbf{R}^n, \ \boldsymbol{q} \in \mathbf{R}^n, \ P \in \mathbf{R}^{n \times n}, \ r \in \mathbf{R}$$

で与えられる．ただし P は対称行列である．$f(\boldsymbol{x})$ の停留点は 1 次の最適性必要条件より

$$\frac{\partial f(\boldsymbol{x})}{\partial \boldsymbol{x}} = 2\boldsymbol{x}^T P + \boldsymbol{q}^T = 0.$$

したがって，P が正則ならば停留点は

$$\boldsymbol{x}^\dagger = -\frac{1}{2} P^{-1} \boldsymbol{q}$$

である．停留点近傍の点 $\boldsymbol{x}^\dagger + \delta\boldsymbol{x}$ に対し

$$
\begin{aligned}
f(\boldsymbol{x}^\dagger + \delta\boldsymbol{x}) &= (\boldsymbol{x}^\dagger + \delta\boldsymbol{x})^T P (\boldsymbol{x}^\dagger + \delta\boldsymbol{x}) + \boldsymbol{q}^T (\boldsymbol{x}^\dagger + \delta\boldsymbol{x}) + r \\
&= \boldsymbol{x}^{\dagger T} P \boldsymbol{x}^\dagger + 2\boldsymbol{x}^{\dagger T} P \delta\boldsymbol{x} + \delta\boldsymbol{x}^T P \delta\boldsymbol{x} + \boldsymbol{q}^T \boldsymbol{x}^\dagger + \boldsymbol{q}^T \delta\boldsymbol{x} + r \\
&= \boldsymbol{x}^{\dagger T} P \boldsymbol{x}^\dagger - \boldsymbol{q}^T P^{-1} P \delta\boldsymbol{x} + \delta\boldsymbol{x}^T P \delta\boldsymbol{x} + \boldsymbol{q}^T \boldsymbol{x}^\dagger + \boldsymbol{q}^T \delta\boldsymbol{x} + r \\
&= \boldsymbol{x}^{\dagger T} P \boldsymbol{x}^\dagger - \boldsymbol{q}^T \delta\boldsymbol{x} + \delta\boldsymbol{x}^T P \delta\boldsymbol{x} + \boldsymbol{q}^T \boldsymbol{x}^\dagger + \boldsymbol{q}^T \delta\boldsymbol{x} + r \\
&= \boldsymbol{x}^{\dagger T} P \boldsymbol{x}^\dagger + \boldsymbol{q}^T \boldsymbol{x}^\dagger + r + \delta\boldsymbol{x}^T P \delta\boldsymbol{x} \\
&= f(\boldsymbol{x}^\dagger) + \delta\boldsymbol{x}^T P \delta\boldsymbol{x}
\end{aligned}
$$

が得られる．P が正定値ならば任意の $\delta\boldsymbol{x} \neq 0$ に対して $\delta\boldsymbol{x}^T P \delta\boldsymbol{x} > 0$ であり，

$$f(\boldsymbol{x}^\dagger + \delta\boldsymbol{x}) > f(\boldsymbol{x}^\dagger)$$

となる．すなわち，この場合 $\boldsymbol{x} = \boldsymbol{x}^\dagger$ において $f(\boldsymbol{x})$ は最小値をとる．また，行列 P が負定値行列ならば，$f(\boldsymbol{x})$ は最大値をとる．

次に, **2 次の最適性必要条件**は, 関数 $f(\boldsymbol{x})$ の 2 階偏導関数 (ヘッセ行列)

$$\frac{\partial^2 f(\boldsymbol{x})}{\partial \boldsymbol{x}^2} = \begin{pmatrix} \dfrac{\partial^2 f(\boldsymbol{x})}{\partial x_1{}^2} & \dfrac{\partial^2 f(\boldsymbol{x})}{\partial x_1 \partial x_2} & \cdots & \dfrac{\partial^2 f(\boldsymbol{x})}{\partial x_1 \partial x_n} \\ \dfrac{\partial^2 f(\boldsymbol{x})}{\partial x_2 \partial x_1} & \dfrac{\partial^2 f(\boldsymbol{x})}{\partial x_2{}^2} & \cdots & \dfrac{\partial^2 f(\boldsymbol{x})}{\partial x_2 \partial x_n} \\ \vdots & \vdots & \ddots & \vdots \\ \dfrac{\partial^2 f(\boldsymbol{x})}{\partial x_n \partial x_1} & \dfrac{\partial^2 f(\boldsymbol{x})}{\partial x_n \partial x_2} & \cdots & \dfrac{\partial^2 f(\boldsymbol{x})}{\partial x_n{}^2} \end{pmatrix}$$

を用いて次のように述べられる.

定理 (2 次の最適性必要条件). 目的関数 $f(\boldsymbol{x})$ が $\boldsymbol{x} = \boldsymbol{x}^\dagger$ において 2 階微分可能でその近傍で制約条件がなく, $f(\boldsymbol{x})$ がその点で極小または極大であれば (4.3.3) が成り立ち, さらに, $\dfrac{\partial^2 f(\boldsymbol{x}^\dagger)}{\partial \boldsymbol{x}^2}$ は半正定値行列である.

実際, (4.3.3) より, $\boldsymbol{x}^\dagger$ の近傍の点 $\boldsymbol{x}^\dagger + \delta \boldsymbol{x}$ において

$$f(\boldsymbol{x}^\dagger + \delta \boldsymbol{x}) = f(\boldsymbol{x}^\dagger) + \left(\frac{\partial f(\boldsymbol{x}^\dagger)}{\partial x} \right) \delta \boldsymbol{x} + \frac{1}{2} \delta \boldsymbol{x}^T \left(\frac{\partial^2 f(\boldsymbol{x}^\dagger)}{\partial \boldsymbol{x}^2} \right) \delta \boldsymbol{x} + o(\|\delta \boldsymbol{x}\|^2)$$

$$= f(\boldsymbol{x}^\dagger) + \frac{1}{2} \delta \boldsymbol{x}^T \left(\frac{\partial^2 f(\boldsymbol{x}^\dagger)}{\partial \boldsymbol{x}^2} \right) \delta \boldsymbol{x} + o(\|\delta \boldsymbol{x}\|^2)$$

が成り立つ. ここで, $\dfrac{\partial^2 f(\boldsymbol{x}^\dagger)}{\partial \boldsymbol{x}^2}$ が半正定値行列でないとすれば,

$$\boldsymbol{v}^T \frac{\partial^2 f(\boldsymbol{x}^\dagger)}{\partial \boldsymbol{x}^2} \boldsymbol{v} < 0$$

となるベクトル $\boldsymbol{v} \in \mathbf{R}^n \setminus \{0\}$ が存在する. $|\alpha| \ll 1$ に対して $\delta \boldsymbol{x} = \alpha \boldsymbol{v}$ は

$$f(\boldsymbol{x}^\dagger + \delta \boldsymbol{x}) = f(\boldsymbol{x}^\dagger) + \frac{\alpha^2}{2} \boldsymbol{v}^T \left(\frac{\partial^2 f(\boldsymbol{x}^\dagger)}{\partial \boldsymbol{x}^2} \right) \boldsymbol{v}^T + o(\alpha^2)$$

$$< f(\boldsymbol{x}^\dagger) \tag{4.3.4}$$

を満たし, $f(\boldsymbol{x})$ が $\boldsymbol{x} = \boldsymbol{x}^\dagger$ において極小であることに反する. したがって $\dfrac{\partial^2 f(\boldsymbol{x}^\dagger)}{\partial \boldsymbol{x}^2}$ は半正定値行列である.

上記の定理の証明から, 次の 2 次の最適性十分条件も得られる.

定理 (**2 次の最適性十分条件**). 目的関数 $f(\boldsymbol{x})$ が $\boldsymbol{x} = \boldsymbol{x}^\dagger$ において 2 階微分可能でその近傍で制約条件がなく,次の条件を満たせば $\boldsymbol{x} = \boldsymbol{x}^\dagger$ で $f(\boldsymbol{x})$ は極小となる.

$$\frac{\partial f(\boldsymbol{x}^\dagger)}{\partial \boldsymbol{x}} = 0, \quad \frac{\partial^2 f(\boldsymbol{x}^\dagger)}{\partial \boldsymbol{x}^2} \text{ が正定値行列} \tag{4.3.5}$$

2 次の最適性十分条件を満たさない極小も存在する.

●例 4.3.4. 目的関数
$$f(\boldsymbol{x}) = x_1{}^4 + x_2{}^4, \quad \boldsymbol{x} = (x_1, x_2)^T$$
は $\boldsymbol{x}^\dagger = (0,0)^T$ で最小値をとる.そこでは 1 次の最適性必要条件

$$\frac{\partial f(\boldsymbol{x}^\dagger)}{\partial \boldsymbol{x}} = (4x_1{}^3, 4x_2{}^3)\big|_{x_1=0, x_2=0} = 0$$

を満たし,ヘッセ行列

$$\frac{\partial^2 f(\boldsymbol{x}^\dagger)}{\partial \boldsymbol{x}^2} = \begin{pmatrix} 12x_1{}^2 & 0 \\ 0 & 12x_2{}^2 \end{pmatrix}\bigg|_{x_1=0, x_2=0} = \begin{pmatrix} 0 & 0 \\ 0 & 0 \end{pmatrix}$$

も半正定値であるが,正定値ではない.

実対称行列の正定値性はその固有値の符号で定まる.

定理 (**正定値性と固有値**). 対称行列 $S \in \mathbf{R}^{n \times n}$ が正定値であることと,そのすべての固有値が正であることは同値である.したがって,S が負定値であることと,そのすべての固有値が負であることとは同値である.

実際,S は実対称行列なのでその固有値はすべて実数である.これらを
$$\lambda_1 \geq \lambda_2 \geq \cdots \geq \lambda_n$$
とおく.固有値に対応する規格化された固有ベクトルを $\boldsymbol{u}_1, \boldsymbol{u}_2, \cdots, \boldsymbol{u}_n$ とすると,これらは $\mathbf{R}^n$ の正規直交基底となる.

$$\boldsymbol{u}_i{}^T \boldsymbol{u}_j = \delta_{ij}$$

ここで,δ_{ij} はクロネッカーのデルタ $\delta_{ij} = \begin{cases} 1 & (i = j), \\ 0 & (i \neq j) \end{cases}$ である.

次に,ベクトル $\boldsymbol{x} \in \mathbf{R}^n \setminus \{0\}$ に対する S のレイリー商を

$$R_S(\boldsymbol{x}) = \frac{\boldsymbol{x}^T S \boldsymbol{x}}{\boldsymbol{x}^T \boldsymbol{x}} \tag{4.3.6}$$

で定める. $\boldsymbol{x}$ の固有ベクトル $\boldsymbol{u}_k$ による展開

$$\boldsymbol{x} = \alpha_1 \boldsymbol{u}_1 + \alpha_2 \boldsymbol{u}_2 + \cdots + \alpha_n \boldsymbol{u}_n$$

により,

$$R_S(\boldsymbol{x}) = \frac{(\alpha_1 \boldsymbol{u}_1 + \alpha_2 \boldsymbol{u}_2 + \cdots + \alpha_n \boldsymbol{u}_n)^T S(\alpha_1 \boldsymbol{u}_1 + \alpha_2 \boldsymbol{u}_2 + \cdots + \alpha_n \boldsymbol{u}_n)}{(\alpha_1 \boldsymbol{u}_1 + \alpha_2 \boldsymbol{u}_2 + \cdots + \alpha_n \boldsymbol{u}_n)^T (\alpha_1 \boldsymbol{u}_1 + \alpha_2 \boldsymbol{u}_2 + \cdots + \alpha_n \boldsymbol{u}_n)}$$

$$= \frac{(\alpha_1 \boldsymbol{u}_1 + \alpha_2 \boldsymbol{u}_2 + \cdots + \alpha_n \boldsymbol{u}_n)^T (\lambda_1 \alpha_1 \boldsymbol{u}_1 + \lambda_2 \alpha_2 \boldsymbol{u}_2 + \cdots + \lambda_n \alpha_n \boldsymbol{u}_n)}{(\alpha_1 \boldsymbol{u}_1 + \alpha_2 \boldsymbol{u}_2 + \cdots + \alpha_n \boldsymbol{u}_n)^T (\alpha_1 \boldsymbol{u}_1 + \alpha_2 \boldsymbol{u}_2 + \cdots + \alpha_n \boldsymbol{u}_n)}$$

$$= \frac{\lambda_1 {\alpha_1}^2 + \lambda_2 {\alpha_2}^2 + \cdots + \lambda_n {\alpha_n}^2}{{\alpha_1}^2 + {\alpha_2}^2 + \cdots + {\alpha_n}^2}$$

となり,

$$\frac{\lambda_1 \sum_i {\alpha_i}^2}{\sum_i {\alpha_i}^2} \geq R_S(\boldsymbol{x}) \geq \frac{\lambda_n \sum_i {\alpha_i}^2}{\sum_i {\alpha_i}^2}$$

が得られるので, $\lambda_1 \geq R_S(\boldsymbol{x}) \geq \lambda_n$, したがって

$$\lambda_1 \boldsymbol{x}^T \geq \boldsymbol{x}^T S \boldsymbol{x} \geq \lambda_n \boldsymbol{x}^T \boldsymbol{x}$$

となる. これより, S のすべての固有値が正ならば

$$\boldsymbol{x}^T S \boldsymbol{x} > 0$$

となり, S は正定値になる. 逆は, この不等式において $\boldsymbol{x} = \boldsymbol{u}_n$ とすればよい.

●例 4.3.5. 目的関数

$$f(\boldsymbol{x}) = {x_1}^3 - {x_1}^2 + x_1 x_2 + {x_2}^2, \quad \boldsymbol{x} = (x_1, x_2)^T$$

の停留点は

$$\frac{\partial f(\boldsymbol{x})}{\partial \boldsymbol{x}} = \begin{pmatrix} 3{x_1}^2 - 2x_1 + x_2 \\ x_1 + 2x_2 \end{pmatrix}^T = (0, 0)$$

より, $\boldsymbol{x} = (0, 0)^T$ または $\boldsymbol{x} = \left(\dfrac{5}{6}, -\dfrac{5}{12} \right)^T$ である.

$$\frac{\partial^2 f(\boldsymbol{x})}{\partial \boldsymbol{x}^2} = \begin{pmatrix} 6x_1 - 2 & 1 \\ 1 & 2 \end{pmatrix}$$

より, $\boldsymbol{x} = (0, 0)^T$ におけるヘッセ行列は

$$\frac{\partial^2 f(\boldsymbol{x})}{\partial \boldsymbol{x}^2} = \begin{pmatrix} -2 & 1 \\ 1 & 2 \end{pmatrix}$$

で，この行列の固有値は $\lambda = \pm\sqrt{5}$ である．したがってこの停留点は 2 次の最適性必要条件を満たさないので，目的関数は $\boldsymbol{x} = (0,0)^T$ において極小でも，極大でもない．一方，$\boldsymbol{x} = \left(\dfrac{5}{6}, -\dfrac{5}{12}\right)^T$ におけるヘッセ行列は

$$\frac{\partial^2 f(\boldsymbol{x})}{\partial \boldsymbol{x}^2} = \begin{pmatrix} 3 & 1 \\ 1 & 2 \end{pmatrix}$$

であり，この行列の固有値は $\lambda = \dfrac{5 \pm \sqrt{5}}{2}$ となってともに正である．したがってこの停留点は 2 次の最適性十分条件を満足し，目的関数は $\boldsymbol{x} = \left(\dfrac{5}{6}, -\dfrac{5}{12}\right)^T$ で極小値となる．

ニュートン法　　最急降下法で目的関数を極小にしようとすると，変数の修正量によっては最適解に収束するまでに時間がかかってしまう場合がある．計算時間を短縮して効率的に最適解を求めるために，1 次の最適性必要条件 (4.3.3) に着目する．

$$\left(\frac{\partial f(\boldsymbol{x})}{\partial \boldsymbol{x}}\right) = \left(\frac{\partial f(\boldsymbol{x})}{\partial x_1}, \frac{\partial f(\boldsymbol{x})}{\partial x_2}, \cdots, \frac{\partial f(\boldsymbol{x})}{\partial x_n}\right)$$
$$= \left(h_1(\boldsymbol{x}), h_2(\boldsymbol{x}), \cdots, h_n(\boldsymbol{x})\right), \quad \boldsymbol{x} \in \mathbf{R}^n$$

より，(4.3.3) は $\boldsymbol{h}(\boldsymbol{x}) = 0$ を意味する．

そこで k 次の近似変数 $\boldsymbol{x}_k$ が求められているとき，その点でのベクトル値関数 $\boldsymbol{h}(\boldsymbol{x})$ の 1 次近似式が 0 になる点を $k+1$ 近似変数 $\boldsymbol{x}_{k+1}$ とする (図 4.5)．実際，$\boldsymbol{x}$ まわりの $\boldsymbol{h}(\boldsymbol{x})$ の 1 次近似式は

$$\boldsymbol{g}(\boldsymbol{x}) = \boldsymbol{h}(\boldsymbol{x}_k) + \frac{\partial \boldsymbol{h}(\boldsymbol{x}_k)}{\partial \boldsymbol{x}}(\boldsymbol{x} - \boldsymbol{x}_k)$$

であり，$\boldsymbol{g}(\boldsymbol{x}) = 0$ となる $\boldsymbol{x}$ は

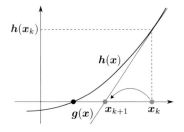

図 4.5　ニュートン法

$$\boldsymbol{x} = \boldsymbol{x}_k - \left(\frac{\partial \boldsymbol{h}(\boldsymbol{x}_k)}{\partial \boldsymbol{x}}\right)^{-1} \boldsymbol{h}(\boldsymbol{x}_k)$$

$$= \boldsymbol{x}_k - \left(\frac{\partial^2 f(\boldsymbol{x}_k)}{\partial \boldsymbol{x}^2}\right)^{-1} \left(\frac{\partial f(\boldsymbol{x}_k)}{\partial \boldsymbol{x}}\right)^T \tag{4.3.7}$$

で求めることができる．この $\boldsymbol{x}$ を $\boldsymbol{x}_{k+1}$ とし，同様の計算によって $\boldsymbol{x}$ を更新する計算方法がニュートン法である．

ニュートン法を用いた最適解の探索　最適解近傍の $\boldsymbol{x}_k$ において (4.3.1) に以下の更新則を適用する．

$$\delta \boldsymbol{x}_k = - \left(\frac{\partial^2 f(\boldsymbol{x}_k)}{\partial \boldsymbol{x}^2}\right)^{-1} \left(\frac{\partial f(\boldsymbol{x}_k)}{\partial \boldsymbol{x}}\right)^T \tag{4.3.8}$$

このとき，$\boldsymbol{x}_{k+1} = \boldsymbol{x}_k + \delta \boldsymbol{x}_k$ での目的関数の値は，$o(\|\delta \boldsymbol{x}_k\|)$ を無視すると近似的に

$$f(\boldsymbol{x}_{k+1}) \approx f(\boldsymbol{x}_k) + \frac{\partial f(\boldsymbol{x}_k)}{\partial \boldsymbol{x}} \delta \boldsymbol{x}_k$$

$$= f(\boldsymbol{x}_k) - \frac{\partial f(\boldsymbol{x}_k)}{\partial \boldsymbol{x}} \left(\frac{\partial^2 f(\boldsymbol{x}_k)}{\partial \boldsymbol{x}^2}\right)^{-1} \left(\frac{\partial f(\boldsymbol{x}_k)}{\partial \boldsymbol{x}}\right)^T \tag{4.3.9}$$

で表される．行列 $\dfrac{\partial^2 f(\boldsymbol{x}_k)}{\partial \boldsymbol{x}^2}$ が正定値のときは，その逆行列 $\left(\dfrac{\partial^2 f(\boldsymbol{x}_k)}{\partial \boldsymbol{x}^2}\right)^{-1}$ も正定値であり，(4.3.9) の第 2 項は $\dfrac{\partial f(\boldsymbol{x}_k)}{\partial \boldsymbol{x}} = 0$ でない限り負となって，$\|\delta \boldsymbol{x}_k\| \ll 1$ において

$$f(\boldsymbol{x}_{k+1}) < f(\boldsymbol{x}_k)$$

が成り立つ．しかし，$\dfrac{\partial^2 f(\boldsymbol{x}_k)}{\partial \boldsymbol{x}^2}$ が正定値でないときは，ニュートン法で極小値が得られるとは限らない[2]．

　等式で表される制約条件の下で，目的関数を最適化する問題は

$$\underset{\boldsymbol{x}}{\text{minimize}} \; f(\boldsymbol{x}), \quad \text{subject to } h_l(\boldsymbol{x}) = 0, \; l = 1, 2, \cdots, r$$

で与えられる．$f(\boldsymbol{x})$ が目的関数，$h_l(\boldsymbol{x}), l = 1, 2, \cdots, r$ が制約関数である．

---

[2]　そのための方策として，準ニュートン法は $\dfrac{\partial^2 f(\boldsymbol{x}_k)}{\partial \boldsymbol{x}^2}$ に修正を加え，この場合にも正定値対称行列が得られるように工夫したものである．

　変数 $\boldsymbol{x}$ での目的関数 $f(\boldsymbol{x})$ の値と，微小距離 $\delta\boldsymbol{x}$ だけ離れた $\boldsymbol{x}+\delta\boldsymbol{x}$ での目的
関数 $f(\boldsymbol{x}+\delta\boldsymbol{x})$ の値が同じであるとすると

$$f(\boldsymbol{x}+\delta\boldsymbol{x}) = f(\boldsymbol{x}) + \frac{\partial f(\boldsymbol{x})}{\partial \boldsymbol{x}}\delta\boldsymbol{x} + o(\|\delta\boldsymbol{x}\|)$$

より，近似的に

$$\frac{\partial f(\boldsymbol{x})}{\partial \boldsymbol{x}}\delta\boldsymbol{x} = 0 \tag{4.3.10}$$

が成り立つ．このことは，$\dfrac{\partial f(\boldsymbol{x})}{\partial \boldsymbol{x}}$ が目的関数 $f(\boldsymbol{x})$ の等高線に沿ったベクトル
$\delta\boldsymbol{x}$ と直交すること，すなわち，$\dfrac{\partial f(\boldsymbol{x})}{\partial \boldsymbol{x}}$ が目的関数 $f(\boldsymbol{x})$ の等高線の法ベクトル
であることを意味する (図 4.6)．

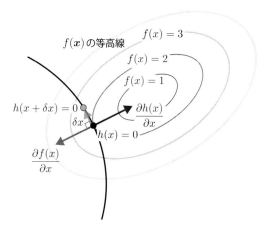

図 **4.6** 最適解における目的関数 $f(\boldsymbol{x})$ と制約条件の関係

　同様に，制約条件 $h(\boldsymbol{x}) = 0$ の下で，目的関数 $f(\boldsymbol{x})$ を極小とする点を $\boldsymbol{x}^{\dagger}$ と
し，$\boldsymbol{x}^{\dagger}+\delta\boldsymbol{x}$ をこの点の近傍における制約条件を満たす点とすれば，近似的に

$$\frac{\partial h(\boldsymbol{x}^{\dagger})}{\partial \boldsymbol{x}}\delta\boldsymbol{x} = 0 \tag{4.3.11}$$

となる．条件数が 1 つの場合，(4.3.11) を満たす任意の $\delta\boldsymbol{x}$ に対して (4.3.10)
が成り立つためには，$\dfrac{\partial f(\boldsymbol{x}^{\dagger})}{\partial \boldsymbol{x}}$ と $\dfrac{\partial h(\boldsymbol{x}^{\dagger})}{\partial \boldsymbol{x}}$ が平行でなければならない．このこ
とを複数の制約条件に拡張したのが次の定理である．

定理 (等式制約条件付き最適化問題の最適解条件). $\boldsymbol{x}^{\dagger} \in \mathbf{R}^n$ は制約条件付き最適化問題

$$\operatorname*{minimize}_{\boldsymbol{x}} f(\boldsymbol{x}), \quad \text{subject to } h_l(\boldsymbol{x}) = 0, \ l = 1, 2, \cdots, r \quad (4.3.12)$$

の最適解とする. ただし $r < n$ である. また, $f(\boldsymbol{x}), h_1(\boldsymbol{x}), \cdots, h_r(\boldsymbol{x})$ は $\boldsymbol{x}^{\dagger}$ 近傍で連続微分可能で,

$$\frac{\partial h_1(\boldsymbol{x}^{\dagger})}{\partial \boldsymbol{x}}, \cdots, \frac{\partial h_r(\boldsymbol{x}^{\dagger})}{\partial \boldsymbol{x}} \in \mathbf{R}^n$$

は 1 次独立とする. このとき

$$\frac{\partial f(\boldsymbol{x}^{\dagger})}{\partial \boldsymbol{x}} = \sum_{l=1}^{r} \mu_i \frac{\partial h_l(\boldsymbol{x}^{\dagger})}{\partial \boldsymbol{x}} \quad (4.3.13)$$

を満たす $\boldsymbol{\mu} = \left(\mu_1, \mu_2, \cdots, \mu_r\right)^T$ が存在する.

次の定理は上の定理のいい換えで, (4.3.14) は未知数と方程式数がともに $n+r$ である連立方程式である. 制約付き最適化問題をこのように連立方程式の問題に変換する方法を**ラグランジュの未定乗数法**とよび, $\boldsymbol{\mu}$ を**ラグランジュ乗数**という.

定理 (ラグランジュの未定乗数法). 最適化問題 (4.3.12) に対し, 変数 $\boldsymbol{\mu} = \left(\mu_1, \mu_2, \cdots, \mu_r\right)^T$ を導入して**ラグランジュ関数**

$$L(\boldsymbol{x}, \boldsymbol{\mu}) = f(\boldsymbol{x}) - \sum_{l=1}^{r} \mu_l h_l(\boldsymbol{x})$$

を定めると, (4.3.12) の解 $\boldsymbol{x}^{\dagger} \in \mathbf{R}^n$ に対して $\boldsymbol{\mu}^{\dagger} \in \mathbf{R}^r$ が存在し, 次を満たす.

$$\frac{L(\boldsymbol{x}^{\dagger}, \boldsymbol{\mu}^{\dagger})}{\partial \boldsymbol{x}} = 0, \quad \frac{L(\boldsymbol{x}^{\dagger}, \boldsymbol{\mu}^{\dagger})}{\partial \boldsymbol{\mu}} = 0 \quad (4.3.14)$$

実際,

$$\frac{L(\boldsymbol{x}^{\dagger}, \boldsymbol{\mu}^{\dagger})}{\partial \boldsymbol{x}} = \frac{\partial f(\boldsymbol{x}^{\dagger})}{\partial \boldsymbol{x}} - \sum_{l=1}^{r} \mu_l \frac{\partial h_l(\boldsymbol{x}^{\dagger})}{\partial \boldsymbol{x}}$$

であり, (4.3.14) の第 1 式は最適解の条件 (4.3.13) と一致する. また

$$\frac{L(\boldsymbol{x}^{\dagger}, \boldsymbol{\mu}^{\dagger})}{\partial \boldsymbol{\mu}} = -\left(h_1(\boldsymbol{x}^{\dagger}), h_2(\boldsymbol{x}^{\dagger}), \cdots, h_r(\boldsymbol{x}^{\dagger})\right)$$

より，(4.3.14) の第 2 式は制約条件 $h_l(\boldsymbol{x}) = 0,\, l = 1, 2, \cdots, r$ を意味する．

●例 4.3.6. 3 つのゴミ焼却場でゴミを処分する．各焼却場で重量 x トンのゴミ
を処分するのに要するコストは x^2 で，総重量 c トンのゴミをすべて処分する．
コストを最小にするために，各焼却場に分配するゴミの量を求める．

　各焼却場で処分するゴミの重量を x_1, x_2, x_3 とすると，この問題は制約条件
付き最適化問題

$$\underset{x_1, x_2, x_3}{\text{minimize}} \{x_1{}^2 + x_2{}^2 + x_3{}^2\}, \quad \text{subject to } x_1 + x_2 + x_3 = c$$

である．ラグランジュ乗数 μ を導入して関数

$$L(x_1, x_2, x_3, \mu) = x_1{}^2 + x_2{}^2 + x_3{}^2 - \mu(x_1 + x_2 + x_3 - c)$$

を定め，各変数で偏微分すると

$$\frac{\partial L(x_1, x_2, x_3, \mu)}{\partial x_i} = 2x_i - \mu, \quad i = 1, 2, 3,$$

$$\frac{\partial L(x_1, x_2, x_3, \mu)}{\partial \mu} = x_1 + x_2 + x_3 - c$$

となり，これらを 0 とおいて

$$\mu = \frac{2}{3}c, \quad x_1 = x_2 = x_3 = \frac{1}{3}c$$

が得られる．すなわち，各焼却場にゴミを等分配すればよい．

●例 4.3.7. 制約条件付き 2 次最適化問題

$$\underset{\boldsymbol{x}}{\text{minimize}} \{\boldsymbol{x}^T A \boldsymbol{x} + \boldsymbol{b}^T \boldsymbol{x}\}, \quad \text{subject to } C\boldsymbol{x} + \boldsymbol{d} = 0$$

の解を求める．ただし $r < n$ に対して

$$\boldsymbol{x} \in \mathbf{R}^n, \quad A \in \mathbf{R}^{n \times n}, \quad \boldsymbol{b} \in \mathbf{R}^n, \quad C \in \mathbf{R}^{r \times n}, \, \boldsymbol{d} \in \mathbf{R}^r$$

であり，A は正定値対称行列，行列 C はフルランク，すなわち $\text{rank}\, C = r$ と
する．

　ラグランジュの未定乗数法を適用するために，ラグランジュ乗数 $\boldsymbol{\mu}$ を導入し
て関数

$$L(\boldsymbol{x}, \boldsymbol{\mu}) = \boldsymbol{x}^T A \boldsymbol{x} + \boldsymbol{b}^T \boldsymbol{x} - \boldsymbol{\mu}^T (C\boldsymbol{x} + \boldsymbol{d})$$

を定める．最適解の満たす条件は以下のようになる．

$$\frac{\partial L(\boldsymbol{x}, \boldsymbol{\mu})}{\partial \boldsymbol{x}} = 2\boldsymbol{x}^T A + \boldsymbol{b}^T - \boldsymbol{\mu}^T C = 0, \quad \frac{\partial L(\boldsymbol{x}, \boldsymbol{\mu})}{\partial \boldsymbol{\mu}} = (C\boldsymbol{x} + \boldsymbol{d})^T = 0$$

ベクトル，行列を用いて表せば

$$\begin{pmatrix} 2A & -C^T \\ C & O \end{pmatrix} \begin{pmatrix} \boldsymbol{x} \\ \boldsymbol{\mu} \end{pmatrix} = - \begin{pmatrix} \boldsymbol{b} \\ \boldsymbol{d} \end{pmatrix},$$

よって $\boldsymbol{x}, \boldsymbol{\mu}$ は

$$\begin{pmatrix} \boldsymbol{x} \\ \boldsymbol{\mu} \end{pmatrix} = - \begin{pmatrix} 2A & -C^T \\ C & O \end{pmatrix}^{-1} \begin{pmatrix} \boldsymbol{b} \\ \boldsymbol{d} \end{pmatrix}$$

となり，方程式を解いて

$$\boldsymbol{\mu} = \left(CA^{-1}C^T \right)^{-1} \left(CA^{-1}\boldsymbol{b} - 2\boldsymbol{d} \right), \quad \boldsymbol{x} = \frac{1}{2}A^{-1} \left(C^T\boldsymbol{\mu} - \boldsymbol{b} \right)$$

が得られる．

本章では，データサイエンスで用いられる数学基礎として，共起確率，擬似逆行列，最適性必要条件を中心に解説した．

Part II

機械学習

5

回 帰 分 析

　本章から機械学習の様々な手法について説明する．機械学習は AI の，また深層学習は機械学習の一分野である．**機械学習**は，"明示的にプログラミングすることなく，コンピュータに学ぶ能力を与えようとする研究分野"[1)]であり，"教師あり学習" と "教師なし学習" に分類される．本章で学ぶ回帰分析は，典型的な教師あり学習で，よく用いられる方法である．

5.1　機械学習とは

　コンピュータに文字認識させるには，画像の明暗が急峻に変化するエッジを検出し，エッジの組み合わさり方をもとに，アルファベットの A であるかないかと判定する文字認識用プログラムが必要となる．一方，人の学習ではアルファベット A に関して字体，形，大きさ，色などが異なる様々なサンプルを見て，A の認識ができるようになったと考えられる．小学校や中学校でアルファベット A の書き方を学ぶかもしれないが，それより前に読むことができていたという読者も多いかもしれない．いくつかサンプルを与えて，その特徴を抽出するプログラムを作っておけば，アルファベット A を認識する専用プログラムを書く必要はなくなる．また，アルファベット B や C，さらには漢字，画像，音声などの認識にも応用できる．これが冒頭に書いた「明示的にプログラミングすることなく」という意味である．

　機械学習は，データ分析や情報システム設計に用いることができる．前者の活用例としては，年齢，性別，BMI，血圧，コレステロール値と糖尿病罹患の関係を分析するなど，データに潜む関係性を見いだすことがあげられる．後者

---

1)　1959 年 A. Samuel による定義.

に関しては，例えば，画像認識への応用である Google レンズは，花を撮ると花の名前を提示するなど被写体を認識してその情報を提示してくれる．音声認識への応用としては，スマートフォンやスマートスピーカーに組み込まれている Siri，Google アシスタント，Alexa などがある．他にもルンバといった掃除ロボットの制御などが例としてあげられる．

　機械学習は，教師あり学習と教師なし学習に分類される．教師あり学習は，データおよび学習すべき付随情報が与えられているときに，付随情報がない新たなデータに対する付随情報を予測する問題を扱う．学習すべき付随情報が学習データに含まれているという点で，これを教師あり学習とよぶ．教師あり学習には分類問題と回帰問題がある．文字認識，画像認識，音声認識などの問題は教師あり学習に分類できる．例えば，リンゴ，バナナ，ブドウの画像データに対してリンゴであれば「はい」，リンゴでなければ「いいえ」という付随情報が付いている．この訓練データを機械学習アルゴリズムに与える．そうすると，機械学習アルゴリズムは訓練データに含まれるルール，パターンを抽出する．いったんルールが獲得されれば，そのルールを用いて予測が可能となる．付随情報のない新たな画像データが与えられたとき，得られたルールに従ってリンゴであるかないかを予測できる．

　一方，教師なし学習は，学習すべき付随情報なしでデータのみが与えられ，データの分布などからデータの特徴的パターンを発見する問題を扱う．データのクラスタリングなどが主要な問題である．例えば，クレジットカードの不正利用を発見する問題を考える．これまで国内でしか利用実績がない人が，外国のお店でしかも大量に商品を購入していれば，不正利用が疑われる．しかし，不正利用パターンは様々であり，この利用パターンは不正，この利用パターンは不正でないといった付随情報を付すことは難しく，また，網羅的にデータを収集することも難しい．この場合，何らかの基準でデータ間の類似性を測定してクラスタリングし，主要なクラスターから外れたものを不正利用の疑いありと判定できる．このように教師なし学習は異常値検知などの応用に多く用いられている．

5.2 単回帰分析

　回帰とは実数の関数値 $y = f(x)$ を予測する問題であり，教師あり学習の代表的問題である．x を独立変数あるいは**説明変数**とよび，y を従属変数あるいは**目的変数**とよぶ．統計学の分野では説明変数が 1 つの場合を単回帰，2 つ以上の要素からなるベクトルの場合を重回帰として区別するが，機械学習の分野ではあまり区別しない．例えば，家賃を予測する場合，部屋の広さ，駅からの徒歩時間，築年数など複数の要因に影響されると考えられ，多くの予測問題では重回帰分析となるが，回帰分析の原理の理解が容易となるよう，ここではまず単回帰について考える．

表 **5.1**　大阪市の日最高気温と飲料支出金額

月	1	2	3	4	5	6
日最高気温 (℃)	10.1	11.4	14.8	19.7	26.4	28.4
飲料支出金額 (円)	3,883	4,066	4,227	4,527	4,964	5,897
月	7	8	9	10	11	12
日最高気温 (℃)	30.5	33.7	31.2	24.8	18.6	13.2
飲料支出金額 (円)	4,868	5,057	5,217	4,707	4,410	4,389

　表 5.1 は大阪市の日最高気温と飲料支出金額を表している．ここでは，日最高気温が与えられたときに飲料支出金額を予測する問題として定式化する．例えば，今年の夏は猛暑と予想されているとき，飲料メーカは商品をどれだけ生産すればよいか検討している状況である．

　このようなデータが与えられたとき，いきなり機械学習アルゴリズムにデータを入力することは間違いである．まず，変数間の関係 (相関) をグラフに描く

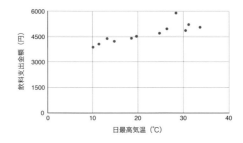

図 **5.1**　日最高気温と飲料支出金額のグラフ表現

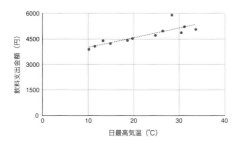

図 **5.2** 日最高気温と飲料支出金額の直線による近似

などしてデータの性質を観察することが必要である．日最高気温を x 軸，飲料支出金額を y 軸としてデータを描いたものを図 5.1 に示す．グラフを観察すると，x, y の関係が 1 次関数 (直線) で表現できそうである．図 5.2 は，データ上に直線を引いたものである．直線を引くと，例えば気温が 23 ℃になった場合など，元データにない場合の飲料支出金額を予測できる．ここで考えるべきことは，どのように直線を引くとよいかである．データが一つの直線上にすべて乗るということはまずありえない．直線の位置や傾きを変えると，あるデータ点とは近づくが別のデータ点とは離れるといったことが生じる．

そこで，まず回帰分析のモデルを提示し，次に適切な係数の決定法について述べる．変数 x と y の間に線形関係を仮定すると (線形回帰)

$$y = w_0 + w_1 x$$

と表現できる．前述したように，y は従属変数 (目的変数)，x は独立変数 (説明変数) である．また，w_0, w_1 を回帰係数とよぶ．ここでは x を入力として与えたときに y を予測したいので，データ点 $(X_1, Y_1), (X_2, Y_2), (X_3, Y_3), \cdots$ が与えられたときに，適切な回帰係数 w_0, w_1 を選ぶことが課題となる．

最小 2 乗法とは，予測誤差の 2 乗和が最小となる直線を選ぶ方法である．データの個数 $n = 3$，データ点を $(X_1, Y_1), (X_2, Y_2), (X_3, Y_3)$ とすると，各点での真値と予測値の誤差 $\varepsilon_1, \varepsilon_2, \varepsilon_3$ は次のようになる．

$$\varepsilon_1 = Y_1 - (w_0 + w_1 X_1), \quad \varepsilon_2 = Y_2 - (w_0 + w_1 X_2), \quad \varepsilon_3 = Y_3 - (w_0 + w_1 X_3)$$

図 5.3 は上記の関係を示している．そこで，誤差の 2 乗の総和 $\varepsilon_1^2 + \varepsilon_2^2 + \varepsilon_3^2$ が最小となる w_0, w_1 を求めればよい[2]．

---

2) ここで，誤差を 2 乗する意味は，2 乗せずそのまま足すと誤差が大きくても正負で相殺 (→)

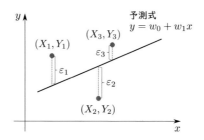

図 **5.3**　最小 2 乗法による回帰係数の選択

データ数 n，データ点 (X_i, Y_i), $i = 1, 2, \cdots, n$ の場合は

$$S = \sum_{i=1}^{n} (Y_i - (w_0 + w_1 X_i))^2$$

とする．4.3 節で述べたように，w_0, w_1 の関数 S を最小化したいときは，S を変数 w_0, w_1 で偏微分した式を 0 とおく．すると必要条件が得られる．いまの場合，S は下に凸な 2 次関数で，傾き 0 となる点が最小となる．

$$S = \sum_{i=1}^{n} \varepsilon_i^2 = \sum_{i=1}^{n} ((Y_i - (w_0 + w_1 X_i))^2$$

1 次の最適性必要条件を求めるため，各回帰係数で偏微分して 0 とおく．

$$\frac{\partial S}{\partial w_0} = -2 \sum_{i=1}^{n} (Y_i - (w_0 + w_1 X_i)) = 0,$$

$$\frac{\partial S}{\partial w_1} = -2 \sum_{i=1}^{n} (Y_i - (w_0 + w_1 X_i)) = 0$$

整理すると，w_0, w_1 の連立方程式が得られる．

$$n w_0 + \left(\sum_{i=1}^{n} X_i \right) w_1 = \sum_{i=1}^{n} Y_i,$$

$$\left(\sum_{i=1}^{n} X_i \right) w_0 + \left(\sum_{i=1}^{n} X_i^2 \right) w_1 = \sum_{i=1}^{n} X_i Y_i$$

この連立方程式を解くと

$$w_0 = \bar{Y} - w_1 \bar{X}, \quad w_1 = \frac{\sum_{i=1}^{n} (X_i - \bar{X})(Y_i - \bar{Y})}{\sum_{i=1}^{n} (X_i - \bar{X})^2}$$

(→) されてしまう場合があるからである．絶対値を足すという考え方もあるが，回帰係数の導出がやりにくくなる．

となる．ただし，$\bar{X} = \frac{1}{n}\sum_{i=1}^{n} X_i$, $\bar{Y} = \frac{1}{n}\sum_{i=1}^{n} Y_i$ は X_i, Y_i の平均値を表す．w_1 については，

$$(X と Y の共分散) \div (X の標準偏差の 2 乗)$$

になっている．

では，先の大阪市の飲料支出金額データを使って実際に計算する (各自計算してみよ)．

$$\bar{X} = 21.9, \quad \bar{Y} = 4684, \quad w_1 = 56.64, \quad w_0 = 4684 - 56.64 \times 21.9 = 3444$$

結局，以下の式が得られた．

$$y = 3444 + 56.64x$$

ここまでの議論で，説明変数と目的変数の 2 変数の関係が線形近似できること，すなわち，直線で表現できることを仮定したが，この仮定の下では表現できる対象が限られる．線形近似以外にも，多項式近似，指数近似，対数近似などがある．また，変数変換を行うことで線形近似できる場合もある．例えば，指数関数 $y = ax^b$ によって変数間の関係が近似できる場合，両辺の対数をとれば，$\log y = \log a + b \log x$ となる．この場合，変数 x の代わりに $\log x$ を用いることで線形回帰モデルで表現できる．[3]

5.3 重回帰分析

前節で，説明変数が 1 つである場合の回帰である単回帰について説明したが，実際の応用場面では，1 つの説明変数ではなく，複数の説明変数を扱う場合が多い．住宅価格は広さに加え，築年数も影響するし，病気の罹患確率は血液検査の 1 指標だけでなく，喫煙習慣なども影響するだろう．そのような場合でも，複数の要因から一つずつ説明変数を選び，そのもとで単回帰を行うというやり方もできなくはないが，どの要因の影響が大きいかといった要因間の関係がわからないことになる．そこで，**重回帰分析**を適用する．

---

3) 回帰分析については，Python や R でプログラミングしなくても，Excel でも分析結果を得ることが可能である．ただし，アドインとして分析ツールを有効にする必要がある．アドインとして分析ツールが有効になると，データタブ，データ分析の順にクリックすると分析ツールの選択を要求される．その中から回帰分析を選択し，入力 Y 範囲と入力 X 範囲を指定すると分析結果が表示される．

例として，図 5.4 に示す水稲の都道府県別収穫量予測を考える．ここでは目的変数は収穫量であり，気温，降水量，日照時間が説明変数となる．

	収穫量	気温	降水量	日照時間		収穫量	気温	降水量	日照時間		収穫量	気温	降水量	日照時間
北海道	541	9.3	1,360	1,819	石川県	519	15.7	2,391	1,802	岡山県	526	16.6	1,513	1,996
青森県	586	11	1,390	1,622	福井県	519	15.6	2,027	1,733	広島県	523	17.2	2,124	1,897
岩手県	534	11.2	1,318	1,824	山梨県	547	15.7	1,125	2,188	山口県	504	16.5	2,493	1,781
宮城県	531	13.5	1,209	1,896	長野県	621	13.1	923	2,022	徳島県	474	17.6	1,715	2,099
秋田県	573	12.5	1,796	1,674	岐阜県	488	16.9	1,988	2,135	香川県	499	17.5	1,286	2,029
山形県	595	12.7	1,244	1,683	静岡県	521	17.6	2,442	2,099	愛媛県	498	17.6	1,584	1,925
福島県	542	14.2	1,172	1,818	愛知県	507	17	1,686	2,168	高知県	458	18.1	2,823	2,097
茨城県	524	14.8	1,426	2,062	三重県	500	16.9	1,786	2,144	福岡県	497	18.1	2,421	1,832
栃木県	540	14.8	1,592	1,936	滋賀県	518	15.8	1,629	2,013	佐賀県	519	17.9	2,586	1,863
群馬県	495	15.6	1,249	2,129	京都府	511	17.1	1,840	1,847	長崎県	479	18.1	2,293	1,782
埼玉県	490	15.9	1,301	2,071	大阪府	495	17.7	1,454	2,127	熊本県	513	18	2,504	1,932
千葉県	535	16.8	1,605	1,857	兵庫県	502	17.8	1,347	2,115	大分県	502	17.6	2,199	1,913
東京都	411	16.4	1,779	1,842	奈良県	513	16	1,494	1,887	宮崎県	496	18.6	2,952	2,051
神奈川県	493	16.9	1,970	1,935	和歌山県	495	17.7	1,508	2,155	鹿児島県	482	19.6	3,286	1,946
新潟県	541	14.5	1,499	1,738	鳥取県	514	16	1,795	1,713	沖縄県	309	24.1	2,368	1,757
富山県	539	15.2	2,336	1,680	島根県	509	15.9	1,800	1,664					

図 **5.4** 水稲の都道府県別収穫量 (2016) (「農林水産省 作物統計調査」「総務省 統計でみる都道府県・市区町村のすがた」に基づいて作成)

単回帰分析で行ったように，重回帰分析においてもデータの性質を観察することが重要である．図 5.5 は気温，降水量，日照時間の 3 つの説明変数と収穫量の関係を描画し，実際の値と予測値を示したものである．まず，実際の観測値を示す◆に着目する．年平均気温は収穫量に影響しそうであるが，降水量や日照時間は影響しそうにない．後者については，降水量や日照時間の変化に対する収穫量の変化が小さいからである．このことを Excel を使った回帰分析で確認してみると，表 5.2 で，「係数」の列は以下の回帰式が得られたことを示し

表 **5.2** 水稲収穫量に関する回帰分析の結果[4]

	係数	標準誤差	t	p-値
切片	690.7593	57.86954	11.93649	3.08E-15
年平均気温	−15.9936	2.527538	−6.32773	1.22E-07
年間降水量	0.0007695	0.010999	0.699534	0.487986
年間日照時間	0.034031	0.031727	1.072626	0.289422

---

4) **3.08E-15** といった表記があるが，これは指数表記で，3.08×10^{-15} を意味する．他も同様である．

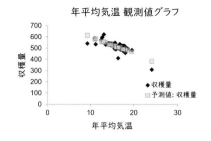
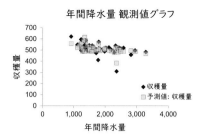

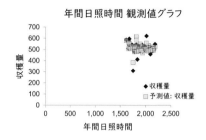

図 **5.5**　水稲収穫量と 3 つの説明変数の関係

ている.

$$収穫量 = 690.8 - 15.99 \times 気温 + 0.007695 \times 降水量 + 0.03403 \times 日照時間$$
$$(5.3.1)$$

　まず，係数の符号から，気温が上がると収穫量が下がり，降水量・日照時間が増えると収穫量が上がることがわかる.

　次に「p 値」の列に着目する．**p 値**は統計的に有意であるかどうか判断する基準である[5].　例えば，気温が収穫量に影響を与えないという帰無仮説を仮定する．帰無仮説の有意性検定では，p 値は帰無仮説が正しいという仮定の下で，少なくとも実際に観察された結果と同じくらい極端な検定結果を取得する確率を表す．よって，非常に小さい p 値は，観察された結果が帰無仮説の下ではほとんどありそうにないこと，いい換えるとその説明変数が目的変数に影響を与えていないとはいえないことを意味する．p 値が非常に小さいという基準をどこにおくかは分野により異なるが，多くの分野では $p < 0.05$ であれば，統計的に有意な差があると考える．気温については $p < 0.05$ であり，気温は収穫量を変

---

　5)　「p 値」や「F 値」などの検定統計量については，岩崎 学・姫野哲人著「スタンダード 統計学基礎」(培風館, 2017) に詳しい.

化させる要因といえる．一方，降水量と日照時間については $p > 0.05$ であり，収穫量を変化させる要因であるとはいえないということになる．

　Excel で回帰分析すると，上記の結果に加えて表 5.3 に示す数値が出力される．**決定係数**は，モデルのデータへの当てはまりのよさを示す指標で，説明変数の数値の変化に対する目的変数の値の変化である総変動のうち，回帰式によって説明できる割合を表す (表内の「重決定 R2」の数値)．決定係数は 0 から 1 の間の数値で，1 に近いほど当てはまりがよい．今回の分析では，決定係数が 0.59 であり，まずまずの当てはまりである．「補正 R2」は，サンプル数と説明変数の数の差が小さいときに決定係数の値が実態以上によくなりすぎる点を補正したものである．

表 **5.3**　回帰分析の結果：決定係数

重相関 R	0.769843
重決定 R2	0.592658
補正 R2	0.564239
標準誤差	30.26632
観測数	47

　さらに，表 5.4 に示す数値も出力される．**分散分析**は，モデルが母集団に対する説明となっているかを検定する．例えば，データ数が少なくて説明変数の数が多い場合，自由度が大きいため決定係数の値をいくらでも大きくできる．したがってモデルの正当性を問うためには，決定係数とは別の指標が必要である．**F 値**はそのための統計検定量で，ここでは「有意 F」の値が 0.05 より小さいので，得られたモデルが母集団の説明になっていないとはいえないとする．

表 **5.4**　回帰分析の結果：分散分析

	自由度	変動	分散	観測された分散比	有意 F
回帰	3	57310.26	19103.42	20.85412	1.71E-08
残差	43	39390.17	916.0504		
合計	46	96700.43			

5.4 回帰係数の求め方

ここでは**回帰係数**の求め方を説明する．回帰分析は説明変数 x と目的変数 y の関係を推定する方法である．単回帰は説明変数 x が 1 つの場合で，$y = w_0 + w_1 x$ という形で回帰式を求める．重回帰は説明変数 x が $x_1, x_2, \cdots, x_n$ のように 2 つ以上の場合で，

$$y = w_0 + w_1 x_1 + \cdots + w_n x_n$$

という形で回帰式を求める．単回帰で回帰係数を求めるときには，最小 2 乗法の考え方に基づいて，予測誤差の 2 乗和が最小になるように回帰係数を選択した．重回帰でも考え方は同じであるが，変数の数が増えた分だけ求解が困難になるので行列表現を用いて計算する．

実際，m 個の学習データに対して，i 番目の説明変数に関する誤差 ε_i は以下のようになる．

$$\varepsilon_i = y_i - (w_0 + w_1 x_{i1} + \cdots + w_n x_{in}), \quad i = 1, 2, \cdots, m$$

ここでは i 番目のデータを行ベクトル $\boldsymbol{x}_i$ で，回帰係数を列ベクトル $\boldsymbol{w}$ で表現する．

$$\boldsymbol{x}_i = \begin{pmatrix} x_{i1}, \cdots, x_{in} \end{pmatrix}, \quad \boldsymbol{w} = \begin{pmatrix} w_0 \\ w_1 \\ \vdots \\ w_n \end{pmatrix}.$$

すると

$$\varepsilon_i = y_i - \boldsymbol{x}_i \boldsymbol{w}$$

となり，m 個の学習データすべてについて誤差を表現すると以下となる．

$$\begin{pmatrix} \varepsilon_1 \\ \varepsilon_2 \\ \vdots \\ \varepsilon_m \end{pmatrix} = \begin{pmatrix} y_1 \\ y_2 \\ \vdots \\ y_m \end{pmatrix} - \begin{pmatrix} 1 & x_{11} & \cdots & x_{1n} \\ 1 & x_{21} & \cdots & x_{2n} \\ \vdots & \vdots & \ddots & \vdots \\ 1 & x_{m1} & \cdots & x_{mn} \end{pmatrix} \begin{pmatrix} w_0 \\ w_1 \\ \vdots \\ w_n \end{pmatrix}$$

ここで $\boldsymbol{\varepsilon} = \begin{pmatrix} \varepsilon_1 \\ \varepsilon_2 \\ \vdots \\ \varepsilon_m \end{pmatrix}$, $\boldsymbol{y} = \begin{pmatrix} y_1 \\ y_2 \\ \vdots \\ y_m \end{pmatrix}$, $\boldsymbol{X} = \begin{pmatrix} 1 & x_{11} & \cdots & x_{1n} \\ 1 & x_{21} & \cdots & x_{2n} \\ \vdots & \vdots & \ddots & \vdots \\ 1 & x_{m1} & \cdots & x_{mn} \end{pmatrix}$ とし，上式をベクトルと行列で書けば，

$$\boldsymbol{\varepsilon} = \boldsymbol{y} - \boldsymbol{X}\boldsymbol{w} \tag{5.4.1}$$

である. 一方, 誤差の 2 乗和は $\boldsymbol{\varepsilon}$ の転置ベクトル $\boldsymbol{\varepsilon}^T = \left(\varepsilon_1, \varepsilon_2, \cdots, \varepsilon_m\right)$ を用いて

$$S = \boldsymbol{\varepsilon}^T \boldsymbol{\varepsilon} = \varepsilon_1^2 + \varepsilon_2^2 + \cdots + \varepsilon_m^2 \tag{5.4.2}$$

となる.

単回帰の議論と同様に, 誤差の 2 乗和 S を $w_0, w_1, \cdots, w_n$ で偏微分した式が 0 に等しいとすれば

$$\frac{\partial S}{\partial \boldsymbol{w}} = -2\boldsymbol{X}^T\boldsymbol{y} + 2\boldsymbol{X}^T\boldsymbol{X}\boldsymbol{w} = 0, \tag{5.4.3}$$

移項すると, 以下を得る.

$$\boldsymbol{w} = (\boldsymbol{X}^T\boldsymbol{X})^{-1}\boldsymbol{X}^T\boldsymbol{y} \tag{5.4.4}$$

$\boldsymbol{X}$, $\boldsymbol{y}$ は学習データに含まれるもので, これによって回帰係数 $\boldsymbol{w}$ を求めることができる.

なお, この式には $\boldsymbol{X}^T\boldsymbol{X}$ の逆行列の計算が含まれるが, 逆行列はつねに存在するとは限らない. 逆行列が存在しないとき回帰係数 $\boldsymbol{w}$ は決まらない. (回帰係数を求める連立方程式が不定や不能となる場合である.) 逆行列が存在したとしても, ある説明変数が他の説明変数からかなりの精度で線形予測できる場合, 推定された回帰係数はデータの小さな変化に反応して不規則に変化することになり, モデルは信頼できないものとなる. この問題を**多重共線性**という. 例えば, 水稲収穫量予測において, 摂氏単位の気温と華氏単位の気温を説明変数として用いるような場合である. 単純な例では分析者が気づくことができるが, 複数の変数が関係するときは見逃しがちである.

多重共線性の他にも回帰分析を行う前提として以下のものがあり, 分析の際には注意しておく必要がある.

- 線形性:真のモデルが線形式によって表現される.
- 誤差項の期待値は 0 である.
- 誤差項の分散は一定である (**分散均一性**). 例えば, 気温が高くなるほど水稲収穫量のばらつきが大きくなるといったことはない.
- 誤差項は互いに独立である (**系列相関**が存在しない).
- 誤差項は正規分布に従う (誤差の 2 乗和を最小にする).
- 説明変数と誤差項は独立である.

一方，回帰分析の評価基準としては，最小 2 乗法の他に平均 2 乗誤差 (MSE)，平均 2 乗平方根誤差 (RMSE)，平均絶対誤差 (MAE)，決定係数 (R2) などがある．

5.5　高次元空間写像と交差検証

単回帰においては，データが直線状に分布していないと高精度な予測が困難である．例えば，図 5.6 に示すようにデータ点が分布している場合，どのような直線を引いても真値と予測値の誤差の 2 乗和を小さくすることができない．

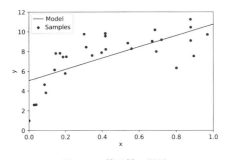

図 **5.6**　単回帰の限界

この分布に対して，他に使える説明変数がないとして，1 次式 $y = w_0 + w_1 x$ で回帰するのではなく次元を上げて 3 次式

$$y = w_0 + w_1 x + w_2 x^2 + w_3 x^3$$

で回帰したのが図 5.7 である．

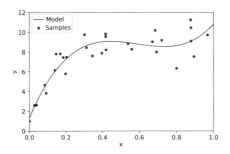

図 **5.7**　高次元空間への写像 (3 次元)

　まだ誤差の大きいところも残っているが，1 次式と比較すると，予測式の近くにデータ点が分布している．ここで，変数 x に関しては線形でないが，係数 w_i に関しては線形であるため，この 3 次式も線形回帰に分類される．

　次元をさらに上げ，11 次関数

$$y = w_0 + w_1 x + w_2 x^2 + \cdots + w_{11} x^{11}$$

で回帰した結果が図 5.8 である．回帰式がよりデータ点の近くを通るようになったように見えるが，x が 0.8 から 1.0 の間で y の値が大きく変化しており，データ点の全体の傾向をうまく捉えているとはいい難い．

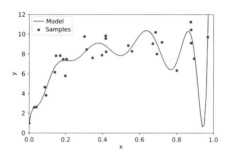

図 **5.8**　高次元空間への写像 (11 次元)

　回帰分析で得たいモデルは，まだ見ぬデータに対してうまく働くモデルである．教師あり学習では，真値 y が未知の入力 x に対して正しい値を予測することである．これを**汎化能力**とよぶ．一方で，学習データに適合しすぎて汎化能力が低下することを**過学習**とよぶ．

　学習モデルが十分な汎化能力をもつかどうか判断する方法の一つが**ホールドアウト検証**である．ホールドアウト検証では，学習データを訓練データとテストデータに分けて評価を行う．まず，**訓練データ**を用いて学習モデルを作成する．その後，**テストデータ**を用いて学習済モデルの性能を評価する．テストデータについても正解データがわかっているが，将来のデータとしてまだ見ていないものとして予測用に用いる．これにより，予測値を正解と比較することで汎化能力を評価する．ただし，このホールドアウト検証では，学習データの訓練データとテストデータへの分け方によって，性能評価にばらつきが生じるおそれがある．例えば，飲料支出金額予測においてテストデータ部分に気温が高い月のみ含まれている場合，その部分は精度良く予測できても，気温が低い月の

予測は精度が悪化するかもしれない．これを避けるための方法が交差検証である．**交差検証**では，データを n 等分し，$(n-1)$ 個を訓練用に使用し，残りの 1 個をテストに用いる．

5.6 情報量基準

　一般に，パラメータ数が少ない簡易なモデルは入出力間の代表的な特徴を把握することができる一方，訓練データへの当てはまりの良さが劣る．パラメータの数を増やすことはモデルの表現力を上げることに相当するため，入力から高い精度で出力を予測できるが，パラメータの数を増やしすぎると訓練データセットの分布に特化して学習することになり，未学習のテストデータに対して予測精度が悪化する．つまり，訓練データに過剰に適合する過学習に陥り，デー

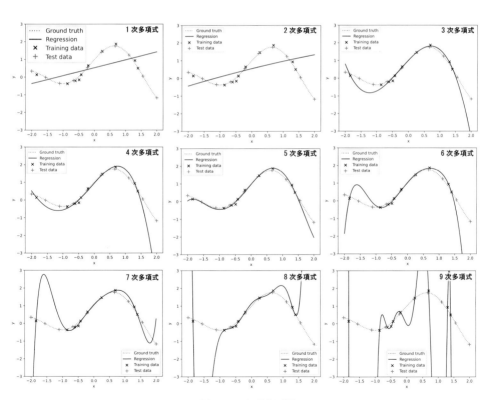

図 **5.9**　多項式回帰

タに含まれる誤差部分を無視する汎化能力が劣化する.

真のモデル

$$y = \cos x + \sin 2x$$

がわかっているとして, ノイズを加えた 10 個の訓練データを人工的に作成し, この訓練データを用いて多項式回帰を求める. 次に, 訓練データと同様の手順で学習に用いないテストデータを 10 個作成する. 図 5.9 は真のモデル, 多項式回帰曲線, 訓練データおよびテストデータを示している.

表 **5.5** 多項式回帰における次数・平均誤差および AIC 値

次数 n	平均誤差	AIC
1 次多項式	1.047	32.8
2 次多項式	1.001	34.3
3 次多項式	0.564	30.6
4 次多項式	1.429	41.9
5 次多項式	0.090	16.3
6 次多項式	7.689	62.7
7 次多項式	5.919	62.2
8 次多項式	874.1	114.1
9 次多項式	442.4×10^4	201.4

　表 5.5 は, テストデータを真値として, 多項式回帰による予測値との平均誤差を示している. 多項式回帰の次数を上げると訓練データへの当てはまりが良くなるが, テストデータへの当てはまりは多項式の次数が 5 次で最良となり, さらに次数を上げると大きな乖離が生じてくることがわかる.

　このように, 単純な多項式回帰では訓練データへの当てはまりが悪く, 複雑な回帰式ではテストデータに対する予測性能が劣化するので, 複数の回帰式の候補の中から訓練データ・テストデータを表現するに最良な回帰式の形を選択することが求められる. この最良の度合いを数値化するための規準として **AIC**
(Akaike's Information Criterion, 赤池情報量規準)

$$AIC = -2 \log L + 2K \qquad (5.6.1)$$

は代表的なものである. (5.6.1) において L は回帰式がテストデータに当てはまる度合いを示す最適尤度, K は回帰式のパラメータの数である. この場合, $K = n + 1$, L は

$$L = \prod_{i=1}^{N} \frac{1}{\sqrt{2\pi\sigma^2}} \exp\left\{-\frac{(y_i - \mu)^2}{2\sigma^2}\right\}$$

で求められ，多項式回帰の次数 n と AIC の関係は表 5.5 の (最右列) ようになる．ただし μ, σ^2 は，N 組のテストデータ $(x_i, y_i), i = 1, 2, \cdots, N$ に対して，y_i と回帰式による予測値の平均と分散である．

$$\mu = \frac{1}{N} \sum_{i=1}^{N} (a_0 + a_1 x_i + \cdots + a_n x_i{}^n), \quad \sigma^2 = \frac{1}{N} \sum_{i=1}^{N} (y_i - \mu)^2$$

(5.6.1) の第 1 項は，回帰式が訓練データに適合するほど小さくなり，第 2 項は回帰式が複雑になるほど大きくなる．表 5.5 から，5 次多項式を用いた回帰式で AIC が最小となる．

5.7 正則化

ここでは過学習を抑制する方法について説明しよう．既に述べたように，過学習とは，訓練データに適応しすぎて性能が悪くなる現象である．回帰分析の本来の目的は，訓練データに含まれていないデータをうまく予測することである．データの数に対して，モデルの自由度 (パラメータの数) が高すぎると，訓練データに適応しすぎることが起こってしまう．前節の 11 次式による回帰では，高次元への写像によって訓練データに対する誤差を小さくした結果，過学習が発生し訓練データでないデータをうまく当てはめることができなかった (図 5.8 の 0.8〜1.0 の間).

正則化は，真値と予測値の誤差を小さくするだけでなく，「関数の滑らかさ」を表す項を目的関数に加えることで過学習を抑制する方法である．補正項としては p を正数として，パラメータのノルム $||\boldsymbol{w}||$ (ベクトルの大きさ) の p 乗を用いることが多い．そこでは，ノルムが大きければ極端なモデルであり，ノルムが小さければ滑らかなモデルであることを意味する．したがって，

$$S = \sum_{i=1}^{n} \left(y_i - (w_0 + w_1 x_1 + \cdots + w_i x_i)\right)^2$$

の代わりに

$$S = \sum_{i=1}^{n} \left(y_i - (w_0 + w_1 x_1 + \cdots + w_i x_i)\right)^2 + \lambda ||\boldsymbol{w}||^p$$

を最小化する．ここで λ は適当な正の定数で，誤差項とノルム項のつり合いをとるパラメータである．

主要なものとして，$L2$ 正則化 (**リッジ正則化**) と $L1$ 正則化 (**ラッソ正則化**) がある．**リッジ正則化**は最も一般的な正則化法であり，$p = 2$ とし，ノルムとして以下の **2-ノルム**を用いる．

$$||\boldsymbol{w}||^2 = w_0^2 + w_1^2 + \cdots + w_n^2$$

一方，**ラッソ正則化**は，スパースな解が得られる正則化法である．**スパース**とは，多くの説明変数の係数が 0 になることを意味する．$p = 1$ とし，ノルムとしては以下の **1-ノルム**を用いる．

$$||\boldsymbol{w}|| = |w_0| + |w_1| + \cdots + |w_n|$$

図 5.10 は，リッジ正則化とラッソ正則化の適用例である．前節のデータを 11 次関数

$$y = w_0 + w_1 x + w_2 x^2 + \cdots + w_{11} x^{11}$$

で回帰するにあたり，リッジ正則化項，ラッソ正則化項を加えたものである．左，中央，右の順に λ の値が大きくなるにつれて，回帰曲線はより滑らかになる．

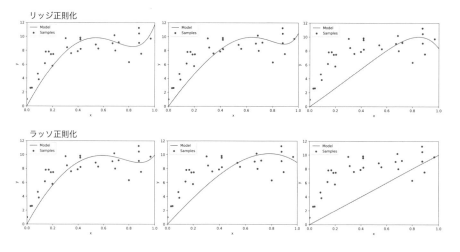

図 **5.10**　リッジ正則化・ラッソ正則化の適用例

6

ニューラルネットワーク

　人は学習することによって決めごとをこなし，新しい状況に対処し，意識と個性を獲得する．そのことを成し遂げるのは各個体に供えられた神経系であり，AI の実現はその構造と機能を模倣することからはじまる．本章は，ニューラルネットワークの概要と，その最も素朴な人工システムであるパーセプトロンの原理について解説する．

6.1　神経細胞とニューラルネットワーク

　生物の神経系は神経細胞間のシナプス結合の強さを変化させることによって学習を行う．ニューラルネットワーク (神経回路網) の学習も入力と出力の関係を変化させることで成り立っている．図 6.1 左はニューロン (神経) の模式図である．

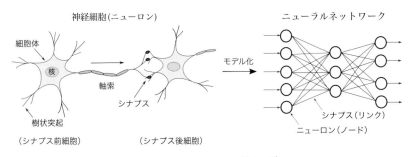

図 **6.1**　ニューロンの模式図[1]

---

　1)　「データサイエンスリテラシー＝モデルカリキュラム準拠」(培風館, 2021) p.7, 図 I.4 を改変のうえ引用.

　ニューロンは樹状突起，軸索，および細胞体から構成される．ニューロンは入力が一定の閾値に達したときに，細胞体から軸索を通じてインパルスを発する．ニューロンの軸索と，別のニューロンの樹状突起との間の接合部分が**シナプス**である．シナプスを介して，興奮を促進もしくは抑制する情報がニューロンからニューロンへと伝達される．

　神経細胞の機能を単純化すると，以下のようにまとめることができる．

(1) シナプス前細胞のインパルスがシナプス結合を通じてシナプス後細胞の膜電位に変化を及ぼす．

(2) 多数のシナプスからの影響の和によってシナプス後細胞の膜電位が決まる．

(3) 膜電位が閾値を超えるとシナプス後細胞は興奮し，インパルスが生じる．

　このような神経細胞の動作をモデル化する．モデル化の立場には以下の2つがある．一つは，神経細胞自体に着目し，神経細胞内のインパルスの発生や伝搬の機構をモデル化するものである．この立場のものとして，例えば，ホジキン・ハクスレー方程式は，膜を横切って流れる電流を膜電位およびその時間微分の関数として表したものである．もう一つは，神経細胞の微細な構造にとらわれず，細胞を繋ぎ合わせたときに全体で発揮される機能に着目するもので，こちらがニューラルネットワークを議論する立場である．

　神経細胞の動作モデルについて説明しよう．ニューロンの動作を乗算器，加算器，閾値でモデル化する．ニューロンを**ノード**(点，図では○で表している)で，他のニューロンとの接続を**リンク**(線分)で表す．リンクには重み付けがなされ，ニューロンの出力と重みの積が他のニューロンへの入力となる．重みが正の値であればニューロンの発火を促進する．重みが負の値であればニューロンの発火を抑制する．**活性化関数**を用いて，全入力から全体の**活性化度**を定める．全入力としては，例えば，すべての入力の和をとる．次に，**閾値関数**を通してノードの出力を決定する．線形閾値関数であれば，活性化度が閾値以上になれば出力は1，活性化度が閾値未満ならば出力は0である．

　神経細胞の動作を数式で記述しよう．まず，活性化関数を

$$\sigma = \sum_{i=1}^{n} w_i x_i - \theta \qquad (6.1.1)$$

で表す．ただし x_i は前細胞の出力，w_i は重み，θ は閾値，σ は内部状態である．(6.1.1) を簡潔に記述するため，抑制性入力を加えて閾値が0のニューロン

に書き直す．入力リンクを一つ付け加え，その入力を -1，リンクの重みを w_0 とすればよい．

$$\sigma = \sum_{i=1}^{n} w_i x_i - \theta = \sum_{i=1}^{n} w_i x_i - w_0(-1) = \sum_{i=1}^{n} w_i x_i$$

次に，閾値関数の表現を与えて出力を $y = f(\sigma)$ と表す．ただし閾値は 0 とする．線形閾値関数は活性化度 σ が閾値を超えたときに 1 を出力するので

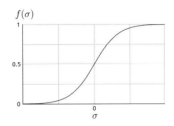

図 **6.2** シグモイド関数

$$f(\sigma) = \begin{cases} 0 & (\sigma \leq 0), \\ 1 & (\sigma > 0) \end{cases}$$

で与えられる．この線形閾値関数は階段状に変化するため閾値のところで滑らかでなく，**最大傾斜法** (多層の神経回路網での学習法) には不適当である．そこで代わりにシグモイド関数が用いられる．

シグモイド関数

$$f(\sigma) = \frac{1}{1 + e^{-\sigma}}$$

は図 6.2 に示す形をしており，閾値をとりながら最大傾斜法に必要な滑らかさを有する．

　パーセプトロンは，1 つのニューロンから構成される最も単純なニューラルネットワークである．ニューロンが 1 つであることを強調する場合，"**単純**" パーセプトロンと表現されることもある．3 入力の場合のパーセプトロンの模式図を図 6.3 に，その動作を以下に説明する．

　(1) 入力 x_1, x_2, x_3 を与える．x_1, x_2, x_3 は 2 値で 0 あるいは 1 をとる．

　(2) 入力と重み w_1, w_2, w_3 の積を求める．

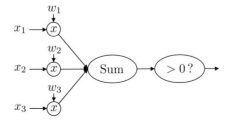

図 **6.3**　単純パーセプトロン

(3) それらの和をとる.

(4) 合計値が閾値を超えるか否かで, 0 か 1 を出力する.

図 6.3 に示した構成を **streight-through** パーセプトロンとよぶ. ほかに **diameter-limited** パーセプトロンとよぶ構成もある (図 6.4). これは網膜を模したもので, 入力は方形行列である. 図中の l_i は何らかの論理関数を表し, 入力は直径 d の円内に限られる.

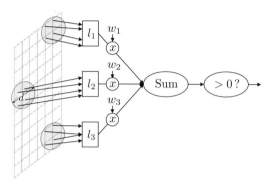

図 **6.4** diameter-limited パーセプトロン

6.2　論 理 回 路

図 6.5 は, 論理演算の**真理値表**である. また (6.1.1) において $n = 2$ とした場合を考える.

(1) $(w_1, w_2) = (2, 2)$, $\theta = 3$ とすると, 2 つのニューロンの出力がともに ON, ともに OFF, 一方が ON でありもう一方が OFF の場合のそれぞれについて, 内部状態 σ と出力 $y = f(\sigma)$ は

$$\sigma = \begin{cases} 1, & (x_1, x_2) = (1, 1) \\ -1, & (x_1, x_2) = (0, 1) \\ -1, & (x_1, x_2) = (1, 0) \\ -3, & (x_1, x_2) = (0, 0) \end{cases}, \quad y = \begin{cases} 1, & (x_1, x_2) = (1, 1) \\ 0, & (x_1, x_2) = (0, 1) \\ 0, & (x_1, x_2) = (1, 0) \\ 0, & (x_1, x_2) = (0, 0) \end{cases}$$

となり, x_1, x_2 と y の関係は**論理積**と一致する.

(2) 同じく $(w_1, w_2) = (2, 2)$ で $\theta = 1$ とすると, 内部状態と出力は

(1) 論理積

x_1	x_2	y
1	1	1
0	1	0
1	0	0
0	0	0

AND ゲート

(2) 論理和

x_1	x_2	y
1	1	1
0	1	1
1	0	1
0	0	0

OR ゲート

(3) 否定論理積

x_1	x_2	y
1	1	0
0	1	1
1	0	1
0	0	1

NAND ゲート

(4) 排他的論理和

x_1	x_2	y
1	1	0
0	1	1
1	0	1
0	0	0

XOR ゲート

図 **6.5** 論理演算の真理値表

$$
\sigma = \begin{cases} 3, & (x_1, x_2) = (1,1) \\ 1, & (x_1, x_2) = (0,1) \\ 1, & (x_1, x_2) = (1,0) \\ -1, & (x_1, x_2) = (0,0) \end{cases}, \quad y = \begin{cases} 1, & (x_1, x_2) = (1,1) \\ 1, & (x_1, x_2) = (0,1) \\ 1, & (x_1, x_2) = (1,0) \\ 0, & (x_1, x_2) = (0,0) \end{cases}
$$

となり，x_1, x_2 と y の関係は**論理和**と一致する．

(3) 最後に $n = 2, (w_1, w_2) = (-2, -2), \theta = -3$ の場合，内部状態と出力は

$$
\theta = \begin{cases} -1, & (x_1, x_2) = (1,1) \\ 1, & (x_1, x_2) = (0,1) \\ 1, & (x_1, x_2) = (1,0) \\ 3, & (x_1, x_2) = (0,0) \end{cases}, \quad y = \begin{cases} 0, & (x_1, x_2) = (1,1) \\ 1, & (x_1, x_2) = (0,1) \\ 1, & (x_1, x_2) = (1,0) \\ 1, & (x_1, x_2) = (0,0) \end{cases}
$$

となり，x_1, x_2 と y の関係は**否定論理積**と一致する．

図 6.6 は論理積の 4 つの状態と，ニューラルネットの式

$$
\sigma = 2x_1 + 2x_2 - 3
$$

の関係を表示したものである．横軸 x_1，縦軸 x_2，4 つの状態を平面上の点と

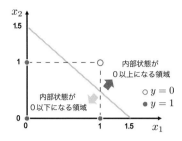

図 **6.6** 論理積の可視化

して表し，$y = 0$, $y = 1$ をそれぞれ○，●で表示している．この図において $\sigma = 0$ となる (x_1, x_2) の点の集合は直線となる．内部状態はこの直線より上の領域で 0 以上，下の領域で 0 以下で，出力 1 と 0 の場合を分離している．

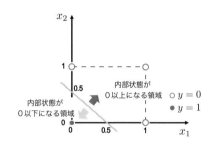
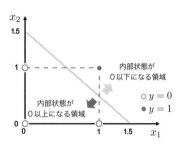

図 **6.7** 論理和の可視化   図 **6.8** 否定論理積の可視化

　図 6.7 は論理和の 4 つの状態と，

$$\sigma = 2x_1 + 2x_2 - 1$$

の関係を表示したものである．同様にして $\sigma = 0$ を示す直線が出力 1, 0 の領域を分離している．図 6.8 は否定論理積の 4 つの状態と

$$\sigma = -2x_1 - 2x_2 + 3$$

の関係を表示したもので，同様に $\sigma = 0$ を示す直線より上の領域では内部状態は 0 以下，下の領域では内部状態が 0 以上となって，出力が 0 と出力が 1 の場合が分離されている．

　最後に，図 6.5 にある排他的論理和 (4) について考える．図 6.9 は真理値表の 4 つの状態と，ニューラルネットによる内部状態の式

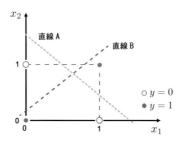

図 **6.9**　排他的論理和の可視化

$$\sigma = w_1 x_1 + w_2 x_2 + h$$

で，$\sigma = 0$ となる点 (x_1, x_2) の集合を描き入れている．直線 A ではその下側に $y = 0$ となる状態 2 つと $y = 1$ となる状態 1 つがあり，直線 B ではその下側に $y = 1$ となる状態 2 つと $y = 0$ となる状態 1 つがある．いずれにしても出力が 0 と 1 の状態を分離することができない．どのような直線でも状態 $y = 0$, $y = 1$ が分離できないので，$z = w_1 x_1 + w_2 x_2 + h$ という簡易なニューラルネットの式では，論理演算の排他的論理和を表現することができない．

そこで，論理積，論理和，否定論理積を組み合わせた回路を考える．図 6.10 は論理和と否定論理積を並列に並べ，その出力 y_1, y_2 を論理積に入力して y を出力する回路であるが，入出力関係が排他的論理和の関係と合致している．図 6.11 のように，論理積，否定論理積，論理和を上述の $\sigma = w_1 x_1 + w_2 x_2 + h$ に

x_1	x_2	y_1	y_2
1	1	1	0
0	1	1	1
1	0	1	1
0	0	0	1

y_1	y_2	y
1	0	0
1	1	1
1	1	1
0	1	0

図 **6.10**　論理積，否定論理積，論理和を組み合わせた論理回路

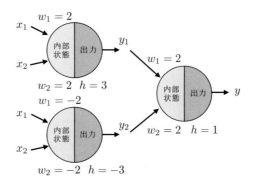

図 **6.11** 排他的論理和を実現するニューラルネットワーク

置き換え，次にそれらを階層構造としてつなぎ合わせると，単体の簡易式では表現することができなった排他的論理和を構築することができる．

　このように，ニューロンを階層的に配置したネットワーク構造は，入出力関係の表現力を向上させるのである．

6.3 収 束 定 理

パーセプトロンの学習は以下のように進められる．

(1) 初期設定としてすべての重みを 0 とする．

(2) すべてのサンプルを順にパーセプトロンに適用する．

(3) 認識誤りが生じた場合は以下の処理を行う．

- パーセプトロンが YES (1) を NO (0) と誤れば，入力ベクトルを重みベクトルに加算する．
- パーセプトロンが NO (0) を YES (1) と誤れば，入力ベクトルを重みベクトルから減算する．
- 正解なら何もしない．

(4) すべてのサンプルに対して正しい認識結果が得られるまで，上記の処理を繰り返す．

　この学習則では，単純に重みベクトルの加算・減算を行っているようにみえる．しかし，パーセプトロンに関しては**収束定理**が知られている．すなわち，

"サンプルを正しく認識できるならば，パーセプトロンはその適切な重みを有限回の重みの修正で学習する"．パーセプトロンはサンプルを正しく認識できるという条件付きではあるが，収束が保証される．

表 **6.1** OR 関数

x_1	x_2	OR
0	1	YES
1	1	YES
1	0	YES
0	0	NO

表 **6.2** 重みの変化

ステップ	w_1	w_2	w_0
0	0	0	0
1	0	1	−1
2	0	1	−1
3	0	1	−1
4	0	1	0
5	0	1	0
6	0	1	0
7	1	1	−1
8	1	1	0

パーセプトロンで学習が進む様子を，OR 関数の学習を例としてみてみよう．表 6.1 は 2 入力の **OR 関数**である．

(1) 入力 x_1, x_2 は 0 か 1 の値をとる．

(2) 少なくとも一方が 1 のとき OR 関数は 1 を出力する．

(3) 入力の両方が 0 のとき OR 関数は 0 を出力する．

上記の設定で 4 個のサンプルを順番に適用し学習を進める．表 6.2 に重みの変化を示す．w_1, w_2 は入力 x_1, x_2 に対する重みを表す．w_0 は閾値に対応する部分で，つねに $x_0 = -1$ が入力として与えられる．

step 0 ですべての重みが 0 に初期化される．

step 1 で $x_1 = 0$, $x_2 = 1$ が与えられる．このとき $\sigma = \sum_{i=0}^{3} w_i x_i = 0$, $f(\sigma) = 0$ となり，パーセプトロンの出力は NO となる．正解 YES を NO と誤ったため，学習則に従い入力ベクトル $(0, 1, -1)$ を重みベクトルに加算する．これにより，重みが $(w_1, w_2, w_0) = (0, 1, -1)$ に更新される．

step 2 で $x_1 = 1$, $x_2 = 1$ が与えられる．このとき，同様にパーセプトロンの出力を計算すると YES が出力される．正解 YES を YES と判断したため重みの修正は行わない．

step 3 で $x_1 = 1$, $x_2 = 0$ が与えられるが，この場合もパーセプトロンの出力は YES となり正解と一致するため，重みの修正は行われない．

step 4 で $x_1 = 0$, $x_2 = 0$ が与えられる．このとき $\sigma = \sum_{i=0}^{3} w_i x_i = 1$, $f(\sigma) = 1$ となり，パーセプトロンの出力は YES となる．正解 NO を YES と誤ったため，学習則に従い入力ベクトル $(0, 0, -1)$ を重みベクトルから減算する．これにより，重みが $(w_1, w_2, w_0) = (0, 1, 0)$ に更新される．

step 5, 6 で再び $x_1 = 0$, $x_2 = 1$ と $x_1 = 1$, $x_2 = 1$ が与えられるが，双方 YES を YES と判断するため，重みの修正は行われない．

step 7 で，入力 $x_1 = 1$, $x_2 = 0$ に対して YES を NO と判断するため，入力ベクトル $(1, 0, -1)$ を重みベクトルに加算する．これにより，重みが $(w_1, w_2, w_0) = (1, 1, -1)$ に更新される．

step 8 では，入力 $x_1 = 0$, $x_2 = 0$ に対して NO を YES と判断するため，入力ベクトル $(0, 0, -1)$ を重みベクトルから減算する．この段階で重み $(w_1, w_2, w_0) = (1, 1, 0)$ が得られ，すべてのサンプルを正しく認識できることが確認できる．

以下で，重みが 2 つの場合の収束定理の証明を与える．重みの数が 3 つ以上の場合も同様に議論できる．

　証明　重みベクトルを $\boldsymbol{w} = (w_1, w_2)$ と書く．特に，学習前の重みベクトルの初期値を $\boldsymbol{w}_0 = (w_{1,0}, w_{2,0}) = (0, 0)$ とし，n 回の重み修正後の重みベクトルを $\boldsymbol{w}_n = (w_{1,n}, w_{2,n})$ と書く．

　入力ベクトルを $\boldsymbol{l} = (l_1, l_2)$ とし，特に，n 回目の重み修正に用いられたサンプルに対する入力ベクトルを $\boldsymbol{l}_n = (l_{1,n}, l_{2,n})$ と書く．また，目標とする重みベクトルを $\boldsymbol{w}^* = (w_1^*, w_2^*)$ と書く．このベクトルは，YES となるべきサンプルについては $w_1^* l_1 + w_2^* l_2 > \delta$ となり，NO となるべきサンプルについては $w_1^* l_1 + w_2^* l_2 < -\delta$ となるものとする．ここで，δ は任意の正の微小な値とする．このとき，$\boldsymbol{w}^*$ と $\boldsymbol{w}_n$ のなす角度 θ が訓練による重みベクトルの変化に従って 0 に収束することを示す．

　まず，$\boldsymbol{w}^*$ と $\boldsymbol{w}_n$ のなす角度 θ の余弦は以下の式によって与えられる．

$$\cos\theta = \frac{w_1^* w_{1,n} + w_2^* w_{2,n}}{\sqrt{w_1^{*2} + w_2^{*2}}\sqrt{w_{1,n}^2 + w_{2,n}^2}} \tag{$*$}$$

$n - 1$ 回目のサンプルに対して誤った出力をする場合の訓練を考える．YES とすべきときに NO を出力した場合 (以下，括弧内は NO とすべきときに YES

を出力した場合),$\boldsymbol{w}_{n-1}$ と $\boldsymbol{w}_n$ のあいだには以下が成り立つ.

$$w_{1,n} = w_{1,n-1} + l_1, \quad w_{1,n} = w_{1,n-1} - l_1,$$
$$w_{2,n} = w_{2,n-1} + l_2, \quad w_{2,n} = w_{2,n-1} - l_2$$

また,$\boldsymbol{w}^*$ の性質から次式が成り立つ.

$$w_1^* l_1 + w_2^* l_2 > \delta, \quad w_1^* l_1 + w_2^* l_2 < -\delta$$

以上を式 (*) の分子に代入すると,誤りの種類 (YES とすべきときに NO と誤る,NO とすべきときに YES と誤る) にかかわらず,次式を得る.

$$w_1^* w_{1,n} + w_2^* w_{2,n} = w_1^* w_{1,n-1} + w_1^* l_1 + w_2^* w_{2,n-1} + w_2^* l_2$$
$$> w_1^* w_{1,n-1} + w_2^* w_{2,n-1} + \delta$$

初期条件 $(w_{1,0}, w_{2,0}) = (0,0)$ より,次式を得る.

$$w_1^* w_{1,n} + w_2^* w_{2,n} > n\delta$$

次に,式 (*) の分母の後半の項について展開を行う.YES とすべきときに NO を出力した場合は,以下のように計算できる.

$$w_{1,n}^2 + w_{2,n}^2 = (w_{1,n-1} + l_1)^2 + (w_{2,n-1} + l_2)^2$$
$$= w_{1,n-1}^2 + w_{2,n-1}^2 + 2(w_{1,n-1} l_1 + w_{2,n-1} l_2) + l_1^2 + l_2^2$$

上式の第3項は NO と判断したのだから 0 以下となる.また,最後の2項は2以下となる.よって次式を得る.

$$w_{1,n}^2 + w_{2,n}^2 \le w_{1,n-1}^2 + w_{2,n-1}^2 + 2$$

NO とすべきときに YES を出力した場合も同様である.よって初期条件より,次式が得られる.

$$w_{1,n}^2 + w_{2,n}^2 \le 2n$$

上記の結果を余弦の式 (*) に代入すると以下を得る.

$$\cos\theta > \frac{\delta\sqrt{n/2}}{w_1^{*2} + w_2^{*2}}$$

この式より,訓練が進むにつれて $\cos\theta$ が増大することがわかる.$\cos\theta$ は1以下で,δ は定数であるから,有限回の重みの修正で収束手続きが停止することがわかる. □

　重みベクトルの長さは訓練に従って長くなったり縮んだりする．訓練中の重みベクトルと訓練の結果得られた重みベクトルとの角度 θ は，訓練が進むにつれて狭まっていくが，単調に減少するとは限らない．また，どの程度訓練を繰り返せば学習が収束するか事前に知ることはできない．

6.4　多 層 化

　解が存在する場合，収束定理によりパーセプトロンは正しく学習することが保証される．しかし，簡単にみえてもパーセプトロンでは扱えない問題が存在する．図形の接続関係の認識などがその例である．

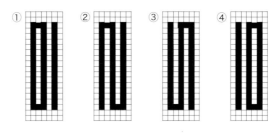

図 **6.12**　一筆書き問題

　例えば，diameter-limited パーセプトロンを使って図形が**一筆書き**できるかどうかを判定する問題を考える．図 6.12 に示す 4 つの図形において，②，③ は一筆書きできるが，①，④ は一筆書きできない．diameter-limited パーセプトロンでは，論理関数は一定の直径内のデータのみが入力となる．したがって，離れた部分の変化を同時に学習できる論理関数を構成できない．実際，そこでは以下のように学習が行われる．

(1) ① から ② へパターンが変化すると，「接続」と判断するよう下部の論理関数の重みが訓練される．

(2) ① から ③ へパターンが変化すると，「接続」と判断するよう上部の論理関数の重みが訓練される．

(3) ① から ④ への変化では，上部または下部のみを観察すると，上記の変化と同じなので，結果は「接続」と判断される．

しかし，このような局所的な接続関係の観察だけでは，一筆書きできるかできないか決定することはできない．

さらに，パーセプトロンで解けない他の問題に排他的
論理和 **XOR** 関数の学習がある (表 6.3)．**排他的論理**
和とは，一方が 0，他方が 1 のときのみ YES と出力す
る論理関数である．OR 関数の学習と同様に，4 個のサ
ンプルを順番に適用して学習を進めても，OR 関数とは
異なり，収束しない．

表 **6.3** XOR 関数

x_1	x_2	XOR
0	1	YES
1	1	NO
1	0	YES
0	0	NO

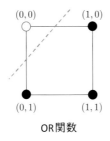 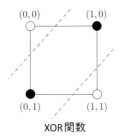

OR関数　　　　　XOR関数

図 **6.13** 非線形分離問題

一般にパーセプトロンは**非線形分離問題**を学習できない (図 6.13)．特徴量が
2 次元の場合，一つの直線で YES となるデータと NO となるデータを分離でき
る場合を**線形分離可能**，分離できない場合を**線形分離不可能**という．XOR 関
数は線形分離不可能で，非線形に分離しなければならない問題の例である．

以上のような非線形分離問題への対処法
の一つである**多層化**では (複数のニューロ
ンの集まりを**層**という)，ニューロンを層
状に並べたニューラルネットワークを構成
する (図 6.14)．この場合はパーセプトロ
ンの学習則がそのまま適用できないので，
誤差逆伝播法を適用する (詳細については
6.6 節で述べる)．図 6.15 は，単純パーセ

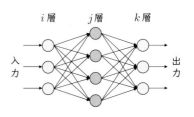

図 **6.14** 多層化

プトロンを 2 層に並べたニューラルネットワークである．このニューラルネッ
トワークでは，入力に対して正しい XOR 関数の結果を出力する重みを獲得す
ることができる．

このように，ニューラルネットワークの多層化によって，線形分離不可能な
問題も学習できるようになるが，学習過程が非線形になり，収束しなかったり，

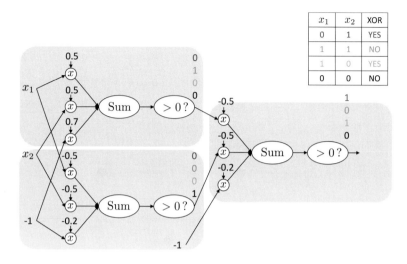

x_1	x_2	XOR
0	1	YES
1	1	NO
1	0	YES
0	0	NO

図 6.15 XOR 関数を学習可能なニューラルネットワーク

収束するとしても非常に長い時間を要するといったことが起こる．この問題を
解決する方法の一つが **SVM**（サポートベクターマシン）である．SVM は**カー
ネルトリック**という考え方 (10.2 節) を用いて，非線形問題を線形問題として
扱えるようにする．また，別の解決法として**深層学習**がある．自己符号化器を
用いて，重みの初期値を適切な値に設定し，収束性の問題を回避する (第 7 章
参照).

6.5 2 層パーセプトロン

　図 6.16 は，入力信号 $\boldsymbol{x} = \left(x_1, x_2, \cdots, x_m\right)^T$ を受け取る入力層と，入力層
からの出力を受け取り，最終の計算結果 $\boldsymbol{y} = \left(y_1, y_2, \cdots, y_n\right)^T$ を出力する
出力層による 2 層のニューラルネットで，m, n は入力層と出力層のニュー
ロンの数を表す．入力層の内部状態 $\boldsymbol{z}^{(1)}$ を，各ニューロンの閾値パラメータ
$\boldsymbol{h}^{(1)} = \left(h_1^{(1)}, h_2^{(1)}, \cdots, h_m^{(1)}\right)^T$ によって

$$\boldsymbol{z}^{(1)} = \boldsymbol{x} - \boldsymbol{h}^{(1)} = \left(x_1 - h_1^{(1)}, x_2 - h_2^{(1)}, \cdots, x_m - h_m^{(1)}\right)^T$$

で与え，内部状態に応じた入力層ニューロンから出力値を定める活性化関数 $f(z)$
として**シグモイド関数**

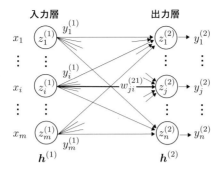

図 **6.16** 入力層と出力層からなるニューラルネットワーク

$$f(z) = \frac{1}{1 + e^{-z}} \tag{6.5.1}$$

を用いる．このとき入力層からの出力値は

$$\boldsymbol{y}^{(1)} = f(\boldsymbol{z}^{(1)}) = \left(f(z_1^{(1)}), f(z_2^{(1)}), \cdots, f(z_m^{(1)}) \right)^T$$
$$= \left(f(x_1 - h_1^{(1)}), f(x_2 - h_2^{(1)}), \cdots, f(x_m - h_m^{(1)}) \right)^T,$$

出力層第 j ニューロンが受け取る信号は

$$x_j^{(2)} = w_{j1}^{(21)} y_1^{(1)} + w_{j2}^{(21)} y_1^{(2)} + \cdots + w_{jm}^{(21)} y_1^{(m)}$$

である．ただし $w_{ji}^{(21)}$ は，入力層第 i 番ニューロン $z_i^{(1)}$ と出力層第 j 番目ニューロン $z_j^{(2)}$ のシナプス結合パラメータである．出力層の出力値をベクトルで表現すれば

$$\boldsymbol{x}^{(2)} = \begin{pmatrix} x_1^{(2)} \\ x_2^{(2)} \\ \vdots \\ x_n^{(2)} \end{pmatrix} = \begin{pmatrix} w_{11}^{(21)} y_1^{(1)} + w_{12}^{(21)} y_2^{(1)} + \cdots + w_{1m}^{(21)} y_m^{(1)} \\ w_{21}^{(21)} y_1^{(1)} + w_{22}^{(21)} y_2^{(1)} + \cdots + w_{2m}^{(21)} y_m^{(1)} \\ \vdots \\ w_{n1}^{(21)} y_1^{(1)} + w_{n2}^{(21)} y_2^{(1)} + \cdots + w_{nm}^{(21)} y_m^{(1)} \end{pmatrix}$$

であり，行列

$$W^{(21)} = \begin{pmatrix} w_{11}^{(21)} & w_{12}^{(21)} & \cdots & w_{1m}^{(21)} \\ w_{21}^{(21)} & w_{22}^{(21)} & \cdots & w_{2m}^{(21)} \\ \vdots & \vdots & \vdots & \vdots \\ w_{n1}^{(21)} & w_{n2}^{(21)} & \cdots & w_{nm}^{(21)} \end{pmatrix}$$

を用いて

$$\boldsymbol{x}^{(2)} = W^{(21)}\boldsymbol{y}^{(1)}$$

と表すことができる．出力層の内部状態 $\boldsymbol{z}^{(2)}$ は，$\boldsymbol{h}^{(2)} = \left(h_1^{(2)}, h_2^{(2)}, \cdots, h_n^{(2)}\right)^T$
を各ニューロンの閾値パラメータとして

$$\boldsymbol{z}^{(2)} = \boldsymbol{x}^{(2)} - \boldsymbol{h}^{(2)} = \left(x_1^{(2)} - h_1^{(2)}, x_2^{(2)} - h_2^{(2)}, \cdots, x_n^{(2)} - h_n^{(2)}\right)^T,$$

したがって出力層の出力ベクトルは

$$\boldsymbol{y} = f(\boldsymbol{z}^{(2)}) = \left(f(x_1^{(2)} - h_1^{(2)}), f(x_2^{(2)} - h_2^{(2)}), \cdots, f(x_n^{(2)} - h_n^{(2)})\right)^T$$

となる．まとめると

$$\boldsymbol{y}(\boldsymbol{x}) = f\big(\boldsymbol{z}^{(2)}\big) = f\big(\boldsymbol{x}^{(2)} - \boldsymbol{h}^{(2)}\big) = f\big(W^{(21)}\boldsymbol{y}^{(1)} - \boldsymbol{h}^{(2)}\big)$$
$$= f\big(W^{(21)}f\big(\boldsymbol{z}^{(1)}\big) - \boldsymbol{h}^{(2)}\big) = f\big(W^{(21)}f\big(\boldsymbol{x} - \boldsymbol{h}^{(1)}\big) - \boldsymbol{h}^{(2)}\big)$$

となる．ここでパラメータは入力層と出力層を繋ぐシナプス結合 $W^{(21)}$ と入力
層・出力層各ニューロンの閾値パラメータ $\boldsymbol{h}^{(1)}$, $\boldsymbol{h}^{(2)}$ で，学習ではこれらを訓
練データ

$$(\boldsymbol{u}_i, \boldsymbol{t}_i), \quad i = 1, 2, \cdots, N \tag{6.5.2}$$

の入力と出力の関係を表現するように調整する．入力 $\boldsymbol{u}_i$ に対する出力 $\boldsymbol{y}(\boldsymbol{u}_i)$
と訓練データの出力値 $\boldsymbol{t}_i$ の誤差は

$$\boldsymbol{e}_i = \boldsymbol{y}(\boldsymbol{u}_i) - \boldsymbol{t}_i, \tag{6.5.3}$$

すべての訓練データに対する誤差の 2 乗和が

$$\Phi = \frac{1}{2} \sum_{i=1}^{N} \boldsymbol{e}_i^{\,T} \boldsymbol{e}_i$$

であるので，これを目的関数として最適化問題

$$\underset{\boldsymbol{\theta}}{\text{minimize}} \ \frac{1}{2} \sum_{i=1}^{N} \boldsymbol{e}_i^{\,T} \boldsymbol{e}_i$$

を解けばよい．ここで $\boldsymbol{\theta}$ は，ニューラルネットワークのパラメータをまとめて
表現したものである．

　以下，図 6.16 の各パラメータの最適解を最急降下法を用いて探索する．

● パラメータ $\boldsymbol{h}^{(2)}$ の学習

　目的関数 Φ をパラメータ $\boldsymbol{h}^{(2)}$ で微分する．連鎖律より

$$\frac{\partial \Phi}{\partial \boldsymbol{h}^{(2)}} = \sum_{i=1}^{N} \frac{\partial \Phi}{\partial \boldsymbol{e}_i} \frac{\partial \boldsymbol{e}_i}{\partial \boldsymbol{y}_i} \frac{\partial \boldsymbol{y}_i}{\partial \boldsymbol{z}_i^{(2)}} \frac{\partial \boldsymbol{z}_i^{(2)}}{\partial \boldsymbol{h}^{(2)}}, \tag{6.5.4}$$

ただし $\boldsymbol{y}_i,\ \boldsymbol{z}_i^{(2)}$ は i 番目の訓練データ $\boldsymbol{u}_i$ を，ニューラルネットワークに入力したときの出力および出力層の内部状態である．添え字 i を省略すると各微係数は以下のようになる．

$$\frac{\partial \Phi}{\partial \boldsymbol{e}} = \boldsymbol{e}^T,\ \ \frac{\partial \boldsymbol{e}}{\partial \boldsymbol{y}} = E_n,\ \ \frac{\partial \boldsymbol{z}^{(2)}}{\partial \boldsymbol{h}^{(2)}} = -E_n,\ \ \frac{\partial \boldsymbol{y}}{\partial \boldsymbol{z}^{(2)}} = \begin{pmatrix} \frac{\partial f(z_1^{(2)})}{\partial z_1^{(2)}} & & \Large{0} \\ & \ddots & \\ \Large{0} & & \frac{\partial f(z_n^{(2)})}{\partial z_n^{(2)}} \end{pmatrix}$$

$$(6.5.5)$$

ただし，E_n は n 次単位行列で，(6.5.1) より

$$\frac{\partial f(z)}{\partial z} = \frac{e^{-z}}{\left(1 + e^{-z}\right)^2} = f(z)\left(1 - f(z)\right).$$

(6.5.4), (6.5.5) とあわせ，以下によって $\boldsymbol{h}^{(2)}$ を更新する．

$$\boldsymbol{h}^{(2)} \leftarrow \boldsymbol{h}^{(2)} - \delta \boldsymbol{h}^{(2)},\quad \text{ただし，}\quad \delta \boldsymbol{h}^{(2)} = \alpha \left(\frac{\partial \Phi}{\partial \boldsymbol{h}^{(2)}}\right)^T,\ \alpha > 0$$

- **パラメータ $w_{ji}^{(21)}$ の学習**

目的関数 Φ をパラメータ $w_{ji}^{(21)}$ で微分する．連鎖律より

$$\frac{\partial \Phi}{\partial w_{ji}^{(21)}} = \sum_{k=1}^{N} \frac{\partial \Phi}{\partial \boldsymbol{e}_k} \frac{\partial \boldsymbol{e}_k}{\partial \boldsymbol{y}_k} \frac{\partial \boldsymbol{y}_k}{\partial \boldsymbol{z}_k^{(2)}} \frac{\partial \boldsymbol{z}_k^{(2)}}{\partial \boldsymbol{x}_k^{(2)}} \frac{\partial \boldsymbol{x}_k^{(2)}}{\partial w_{ji}^{(21)}}, \tag{6.5.6}$$

ただし，$\boldsymbol{x}_k^{(2)}$ は k 番目の訓練データ $\boldsymbol{u}_k$ をニューラルネットワークに入力したときの出力層が受け取る信号である．ここで (6.5.5) 以外の微係数は，添え字 k を省略して

$$\frac{\partial \boldsymbol{z}^{(2)}}{\partial \boldsymbol{x}^{(2)}} = E_n,\quad \frac{\partial \boldsymbol{x}^{(2)}}{\partial w_{ji}^{(21)}} = (0, \cdots, 0, \overset{j}{\overbrace{y_i^{(1)}}}, 0, \cdots, 0)^T.$$

実際，$w_{ji}^{(21)}$ は入力層 i 番ニューロンと出力層 j 番目ニューロンを繋ぐシナプス結合に関するパラメータであり，出力層が受け取る信号ベクトル $\boldsymbol{x}^{(2)}$ の第 j 成分以外は $w_{ji}^{(21)}$ に依存しない．以上から (6.5.6) を求めて $w_{ji}^{(21)}$ を更新する．

$$w_{ji}^{(21)} \leftarrow w_{ji}^{(21)} - \delta w_{ji}^{(21)},\quad \text{ただし，}\quad \delta w_{ji}^{(21)} = \alpha \left(\frac{\partial \Phi}{\partial w_{ji}^{(21)}},\right)^T,\ \alpha > 0$$

● パラメータ $h^{(1)}$ の学習

目的関数 Φ をパラメータ $h^{(1)}$ で微分する．連鎖律より

$$\frac{\partial \Phi}{\partial h^{(1)}} = \sum_{i=1}^{N} \frac{\partial \Phi}{\partial e_i} \frac{\partial e_i}{\partial y_i} \frac{\partial y_i}{\partial z_i^{(2)}} \frac{\partial z_i^{(2)}}{\partial x_i^{(2)}} \frac{\partial x_i^{(2)}}{\partial y_i^{(1)}} \frac{\partial y_i^{(1)}}{\partial z_i^{(1)}} \frac{\partial z_i^{(1)}}{\partial h^{(1)}}, \quad (6.5.7)$$

ただし，$y_i^{(1)}$ は i 番目の訓練データ u_i をニューラルネットワークに入力したときの入力層の出力ベクトル，$z_i^{(1)}$ はそのときの入力層の内部状態である．新しくでてくる微係数は，添え字 i を省略して

$$\frac{\partial x^{(2)}}{\partial y^{(1)}} = W^{(21)}, \quad \frac{\partial y^{(1)}}{\partial z^{(1)}} = \begin{pmatrix} \frac{\partial f(z_1^{(1)})}{\partial z_1^{(1)}} & & 0 \\ & \ddots & \\ 0 & & \frac{\partial f(z_m^{(1)})}{\partial z_m^{(1)}} \end{pmatrix}, \quad \frac{\partial z^{(1)}}{\partial h^{(1)}} = -E_m$$

であり，(6.5.7) によって $h^{(1)}$ を以下によって更新する．

$$h^{(1)} \leftarrow h^{(1)} - \delta h^{(1)}, \quad \text{ただし，} \quad \delta h^{(1)} = \alpha \left(\frac{\partial \Phi}{\partial h^{(1)}} \right)^T, \ \alpha > 0$$

以下このプロセスを繰り返して学習を進めていく．

本節では，2 層パーセプトロンにおいて，次節で述べる逆伝播法によって学習が実行されていく様子を解説した．

6.6 多層パーセプトロン

入力層と出力層の間にさらに別の層を挿入し，挿入した層を**中間層** (隠れ層)とよぶ．図 6.17 は，1 層の中間層を有する 3 層のニューラルネットワークであり，これを **Shallow** (浅い) **ニューラルネットワーク**とよぶ．

入力層，中間層，出力層のニューロンの数を l, m, n とし，ニューラルネットワークの入力ベクトルを $x = (x_1, x_2, \cdots, x_l)^T$，出力ベクトルを $y = (y_1, y_2, \cdots, y_n)^T$ とする．また，入力層の入力，内部状態，出力ベクトルの組を $(x^{(1)}, z^{(1)}, y^{(1)})$，中間層の入力，内部状態，出力ベクトルの組を $(x^{(2)}, z^{(2)}, y^{(2)})$，出力層の入力，内部状態，出力ベクトルの組を $(x^{(3)}, z^{(3)}, y^{(3)})$ と表すと，

$$x = x^{(1)}, \quad y^{(3)} = y$$

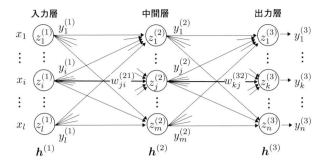

図 6.17 入力層・中間層・出力層からなる 3 層のニューラルネットワーク

が成り立つ．また，ニューラルネットワークのパラメータは入力層，中間層，出力層における各ニューロン内の閾値 $\boldsymbol{h}^{(1)}, \boldsymbol{h}^{(2)}, \boldsymbol{h}^{(3)}$ と，入力層の i 番目のニューロンと中間層の j 番目のニューロンの間のシナプス結合 $w_{ji}^{(21)}$，中間層の j 番目のニューロンと出力層の k 番目のニューロンの間のシナプス結合 $w_{kj}^{(32)}$ である．

入力層の内部状態と出力は，$f(z)$ を活性化関数として

$$\boldsymbol{z}^{(1)} = \boldsymbol{x}^{(1)} - \boldsymbol{h}^{(1)}, \quad \boldsymbol{y}^{(1)} = f(\boldsymbol{z}^{(1)}) = \left(f(z_1^{(1)}), f(z_2^{(1)}), \cdots, f(z_l^{(1)}) \right)^T,$$

中間層が入力層から受け取る信号は

$$\boldsymbol{x}^{(2)} = W^{(21)} \boldsymbol{y}^{(1)}, \quad W^{(21)} = \begin{pmatrix} w_{11}^{(21)} & w_{12}^{(21)} & \cdots & w_{1l}^{(21)} \\ w_{21}^{(21)} & w_{22}^{(21)} & \cdots & w_{2l}^{(21)} \\ \vdots & \vdots & \vdots & \vdots \\ w_{m1}^{(21)} & w_{m2}^{(21)} & \cdots & w_{ml}^{(21)} \end{pmatrix},$$

中間層の内部状態と出力は

$$\boldsymbol{z}^{(2)} = \boldsymbol{x}^{(2)} - \boldsymbol{h}^{(2)}, \quad \boldsymbol{y}^{(2)} = f(\boldsymbol{z}^{(2)}),$$

出力層が受け取る信号は

$$\boldsymbol{x}^{(3)} = W^{(32)} \boldsymbol{y}^{(2)}, \quad W^{(32)} = \begin{pmatrix} w_{11}^{(32)} & w_{12}^{(32)} & \cdots & w_{1m}^{(32)} \\ w_{21}^{(32)} & w_{22}^{(32)} & \cdots & w_{2m}^{(32)} \\ \vdots & \vdots & \vdots & \vdots \\ w_{n1}^{(32)} & w_{n2}^{(32)} & \cdots & w_{nm}^{(32)} \end{pmatrix},$$

出力層の内部状態と出力は

$$\boldsymbol{z}^{(3)} = \boldsymbol{x}^{(3)} - \boldsymbol{h}^{(3)}, \quad \boldsymbol{y}^{(3)} = f(\boldsymbol{z}^{(3)})$$

となる．まとめて書けば

$$\boldsymbol{y}(\boldsymbol{x}) = f\big(W^{(32)}f\big(W^{(21)}f(\boldsymbol{x} - \boldsymbol{h}^{(1)}) - \boldsymbol{h}^{(2)}\big) - \boldsymbol{h}^{(3)}\big)$$

であり，中間層が 2 層，3 層となっても同様の処理を繰り返すだけである．

　3 層ニューラルネットワークの学習も 2 層パーセプトロンの場合と同様である．訓練データ (6.5.2) に対し，$\boldsymbol{u}_i$ をニューラルネットワークに入力して求められる $\boldsymbol{y}(\boldsymbol{u}_i)$ と，訓練データの $\boldsymbol{t}_i$ の誤差の 2 乗和である目的関数 Φ を最小化するニューラルネットワークのパラメータを最急降下法によって求める．

　$\boldsymbol{u}_i$ を入力としたときのニューラルネットワークの入力層の入力, 内部状態, 出力ベクトルの組を $(\boldsymbol{x}_i^{(1)}, \boldsymbol{z}_i^{(1)}, \boldsymbol{y}_i^{(1)})$，中間層の入力, 内部状態, 出力ベクトルの組を $(\boldsymbol{x}_i^{(2)}, \boldsymbol{z}_i^{(2)}, \boldsymbol{y}_i^{(2)})$，出力層の入力, 内部状態, 出力ベクトルの組を $(\boldsymbol{x}_i^{(3)}, \boldsymbol{z}_i^{(3)}, \boldsymbol{y}_i^{(3)})$ と表す．したがって，$\boldsymbol{x}_i^{(1)} = \boldsymbol{u}_i$ が成り立つ．

● パラメータ $\boldsymbol{h}^{(3)}$ の学習

　目的関数 Φ のパラメータ $\boldsymbol{h}^{(3)}$ による微分は，連鎖律より

$$\frac{\partial \Phi}{\partial \boldsymbol{h}^{(3)}} = \sum_{i=1}^{N} \frac{\partial \Phi}{\partial \boldsymbol{e}_i} \frac{\partial \boldsymbol{e}_i}{\partial \boldsymbol{y}_i^{(3)}} \frac{\partial \boldsymbol{y}_i^{(3)}}{\partial \boldsymbol{z}_i^{(3)}} \frac{\partial \boldsymbol{z}_i^{(3)}}{\partial \boldsymbol{h}^{(3)}}$$

であり，右辺の各微係数は，添え字の i を省略して

$$\frac{\partial \Phi}{\partial \boldsymbol{e}} = \boldsymbol{e}^T, \ \frac{\partial \boldsymbol{e}}{\partial \boldsymbol{y}^{(3)}} = E_n, \ \frac{\partial \boldsymbol{y}^{(3)}}{\partial \boldsymbol{z}^{(3)}} = \begin{pmatrix} \frac{\partial f(z_1^{(3)})}{\partial z_1^{(3)}} & & \mathbf{0} \\ & \ddots & \\ \mathbf{0} & & \frac{\partial f(z_n^{(3)})}{\partial z_n^{(3)}} \end{pmatrix}, \ \frac{\partial \boldsymbol{z}^{(3)}}{\partial \boldsymbol{h}^{(3)}} = -E_n,$$

したがって $\boldsymbol{h}^{(3)}$ を

$$\boldsymbol{h}^{(3)} \ \leftarrow \ \boldsymbol{h}^{(3)} - \delta\boldsymbol{h}^{(3)}, \quad \text{ただし，} \ \delta\boldsymbol{h}^{(3)} = \alpha \left(\frac{\partial \Phi}{\partial \boldsymbol{h}^{(3)}} \right)^T, \ \alpha > 0$$

で更新する．

● $w_{kj}^{(32)}$ の学習

　目的関数 Φ のパラメータ $w_{kj}^{(32)}$ による微分は，連鎖律より

$$\frac{\partial \Phi}{\partial w_{kj}^{(32)}} = \sum_{i=1}^{N} \frac{\partial \Phi}{\partial \boldsymbol{e}_i} \frac{\partial \boldsymbol{e}_i}{\partial \boldsymbol{y}_i^{(3)}} \frac{\partial \boldsymbol{y}_i^{(3)}}{\partial \boldsymbol{z}_i^{(3)}} \frac{\partial \boldsymbol{z}_i^{(3)}}{\partial \boldsymbol{x}_i^{(3)}} \frac{\partial \boldsymbol{x}_i^{(3)}}{w_{kj}^{(32)}}$$

であり，新しい微係数は添え字 i を省略して

$$\frac{\partial \boldsymbol{z}^{(3)}}{\partial \boldsymbol{x}^{(3)}} = E_n, \quad \frac{\partial \boldsymbol{x}^{(3)}}{w_{kj}^{(32)}} = (0, \cdots, 0, \overset{k}{\overbrace{y_j^{(2)}}}, 0, \cdots, 0)^T.$$

したがって $w_{kj}^{(32)}$ を

$$w_{kj}^{(32)} \leftarrow w_{kj}^{(32)} - \delta w_{kj}^{(32)}, \quad \text{ただし,} \quad \delta w_{kj}^{(32)} = \alpha \left(\frac{\partial \Phi}{\partial w_{kj}^{(32)}} \right)^T, \ \alpha > 0$$

で更新する.

● パラメータ $\boldsymbol{h}^{(2)}$ の学習

目的関数 Φ のパラメータ $\boldsymbol{h}^{(2)}$ による微分は,連鎖律より

$$\frac{\partial \Phi}{\partial \boldsymbol{h}^{(2)}} = \sum_{i=1}^{N} \frac{\partial \Phi}{\partial \boldsymbol{e}_i} \frac{\partial \boldsymbol{e}_i}{\partial \boldsymbol{y}_i^{(3)}} \frac{\partial \boldsymbol{y}_i^{(3)}}{\partial \boldsymbol{z}_i^{(3)}} \frac{\partial \boldsymbol{z}_i^{(3)}}{\partial \boldsymbol{x}_i^{(3)}} \frac{\partial \boldsymbol{x}_i^{(3)}}{\partial \boldsymbol{y}_i^{(2)}} \frac{\partial \boldsymbol{y}_i^{(2)}}{\partial \boldsymbol{z}_i^{(2)}} \frac{\partial \boldsymbol{z}_i^{(2)}}{\partial \boldsymbol{h}^{(2)}}$$

であり,新しい微係数は,添え字の i を省略して

$$\frac{\partial \boldsymbol{x}^{(3)}}{\partial \boldsymbol{y}^{(2)}} = W^{(32)}, \quad \frac{\partial \boldsymbol{y}^{(2)}}{\partial \boldsymbol{z}^{(2)}} = \begin{pmatrix} \frac{\partial f(z_1^{(2)})}{\partial z_1^{(2)}} & & \mathbf{0} \\ & \ddots & \\ \mathbf{0} & & \frac{\partial f(z_m^{(2)})}{\partial z_m^{(2)}} \end{pmatrix}, \quad \frac{\partial \boldsymbol{z}^{(2)}}{\partial \boldsymbol{h}^{(2)}} = -E_m.$$

したがって $\boldsymbol{h}^{(2)}$ を

$$\boldsymbol{h}^{(2)} \leftarrow \boldsymbol{h}^{(2)} - \delta \boldsymbol{h}^{(2)}, \quad \text{ただし,} \quad \delta \boldsymbol{h}^{(2)} = \alpha \left(\frac{\partial \Phi}{\partial \boldsymbol{h}^{(2)}} \right)^T, \ \alpha > 0$$

で更新する.

● $w_{ji}^{(21)}$ の学習

目的関数 Φ のパラメータ $w_{ji}^{(21)}$ による微分は,連鎖律より

$$\frac{\partial \Phi}{\partial w_{ji}^{(21)}} = \sum_{\ell=1}^{N} \frac{\partial \Phi}{\partial \boldsymbol{e}_\ell} \frac{\partial \boldsymbol{e}_\ell}{\partial \boldsymbol{y}_\ell^{(3)}} \frac{\partial \boldsymbol{y}_\ell^{(3)}}{\partial \boldsymbol{z}_\ell^{(3)}} \frac{\partial \boldsymbol{z}_\ell^{(3)}}{\partial \boldsymbol{x}_\ell^{(3)}} \frac{\partial \boldsymbol{x}_\ell^{(3)}}{\partial \boldsymbol{y}_\ell^{(2)}} \frac{\partial \boldsymbol{y}_\ell^{(2)}}{\partial \boldsymbol{z}_\ell^{(2)}} \frac{\partial \boldsymbol{z}_\ell^{(2)}}{\partial \boldsymbol{x}_\ell^{(2)}} \frac{\partial \boldsymbol{x}_\ell^{(2)}}{\partial w_{ji}^{(21)}}$$

であり,新しい微係数は,添え字 ℓ を省略して

$$\frac{\partial \boldsymbol{z}^{(2)}}{\partial \boldsymbol{x}^{(2)}} = E_m, \quad \frac{\partial \boldsymbol{x}^{(2)}}{\partial w_{ji}^{(21)}} = (0, \cdots, 0, \overset{j}{\overbrace{y_i^{(1)}}}, 0, \cdots, 0)^T.$$

したがって $w_{ji}^{(21)}$ を

$$w_{ji}^{(21)} \leftarrow w_{ji}^{(21)} - \delta w_{ji}^{(21)}, \quad \text{ただし,} \quad \delta w_{ji}^{(21)} = \alpha \left(\frac{\partial \Phi}{\partial w_{ji}^{(21)}} \right)^T, \ \alpha > 0$$

で更新する.

● パラメータ $h^{(1)}$ の学習

目的関数 Φ のパラメータ $h^{(1)}$ による微分は,連鎖律より

$$\frac{\partial \Phi}{\partial h^{(1)}} = \sum_{i=1}^N \frac{\partial \Phi}{\partial e_i} \frac{\partial e_i}{\partial y_i^{(3)}} \frac{\partial y_i^{(3)}}{\partial z_i^{(3)}} \frac{\partial z_i^{(3)}}{\partial x_i^{(3)}} \frac{\partial x_i^{(3)}}{\partial y_i^{(2)}} \frac{\partial y_i^{(2)}}{\partial z_i^{(2)}} \frac{\partial z_i^{(2)}}{\partial x_i^{(2)}} \frac{\partial x_i^{(2)}}{\partial y_i^{(1)}} \frac{\partial y_i^{(1)}}{\partial z_i^{(1)}} \frac{\partial z_i^{(1)}}{\partial h^{(1)}}$$

であり,新しい微係数は,添え字 i を省略して

$$\frac{\partial x^{(2)}}{\partial y^{(1)}} = W^{(21)}, \quad \frac{\partial y^{(1)}}{\partial z^{(1)}} = \begin{pmatrix} \frac{\partial f(z_1^{(1)})}{\partial z_1^{(1)}} & & 0 \\ & \ddots & \\ 0 & & \frac{\partial f(z_l^{(1)})}{\partial z_l^{(1)}} \end{pmatrix}, \quad \frac{\partial z^{(1)}}{\partial h^{(1)}} = -E_l.$$

したがって $h^{(1)}$ を

$$h^{(1)} \leftarrow h^{(1)} - \delta h^{(1)}, \quad \text{ただし,} \quad \delta h^{(1)} = \alpha \left(\frac{\partial \Phi}{\partial h^{(1)}} \right)^T, \ \alpha > 0$$

で更新する.

　以上で確認したように,ニューラルネットワークの入力から出力の計算が入力層,中間層,出力層の順方向計算であるのに対し (6.1〜6.2 節),学習によるパラメータ更新では,出力層,中間層,入力層の順番で行う.この方法を**誤差逆伝搬法** (バックプロパゲーション) という.[2]

---

2)　勾配消失問題やオートエンコーダによる特徴抽出については,数理人材育成協会編「データサイエンティスト教程―応用」(学術図書, 2021) を参照されたい.

7

深 層 学 習

　深層学習とは，前章で学んだ多層ニューラルネットワークを用いた機械学習の方法論の一つである．ニューラルネットワークにおいては，層を増やすことで多様な関数を表現可能になる一方で，適切な重みを学習するのが困難になる．深層学習が注目を集めるようになったのは，その性能が既存手法を凌駕するものであった点にある．

7.1　深層学習の発展

　深層学習は，3層以上の層をもち，層やニューロン間でのより複雑な接続を実現するニューラルネットワーク (図 7.1 参照) の整備と，訓練データ分析の計算能力の爆発的な増加や，自動的な特徴抽出法の開拓によるソフト面の進展によって発展してきた．

　画像認識タスクの一つである一般物体認識のコンテストが毎年開催されている[1]．まず，画像にコンテナ船，スクーター，レパード (車)，マッシュルームといったラベルが付いたデータセットが与えられ，これをもとに機械学習の技術を用いて画像を分類する "分類器" を構成する，次にデータセットとは別の画像が与えられ，正解ラベルを予測するというタスクである．深層学習の技術が導入される前の 2011 年は "Top-5 誤差" という指標で 26% 程度の精度であった．これは上位 5 つの候補に正解が含まれていない率を表すもので，だいたい4つに1つは間違えるという数値である．この翌年 2012 年に，深層学習の技術を用いた AlexNet (図 7.5 参照) は，Top-5 誤差で 16.5% の精度を達成した[2]．

---

1)　ILSVRC コンテスト https://www.image-net.org/challenges/LSVRC/
2)　ILSVRC2012 の結果ページ https://www.image-net.org/challenges/LSVRC/2012/results.html

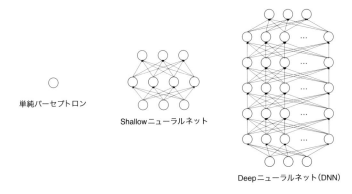

単純パーセプトロン

Shallowニューラルネット

Deepニューラルネット（DNN）

図 7.1 Shallow ニューラルネットワークと Deep ニューラルネットワーク

過去 2, 3 年での精度改善が 2, 3 ポイントであったことと比べると，おおよそ
10 ポイントの改善を実現している．これは大きな衝撃であった．その後，2015
年には Top-5 誤差が 5% を切るまでに精度改善が進んでいる．画像認識タスク
だけでなく，音声認識タスクに関しても，深層学習の技術を用いることで，従
来の最先端技術である GMM-HMM 手法[3]から 30% 程度の性能向上を図って
いる．

　深層学習の技術を説明する前に，前章で述べた多層ニューラルネットワーク
の学習法である誤差逆伝播法の問題点を明らかにする．実際，画像認識であれ
音声認識であれ，実世界での応用を考える場合，入力と望ましい出力を対応付
ける関数は複雑なものとなる．そのような関数を表現しようとすれば，層の数
を増やす必要がある．しかし，逆伝播法は層の数が少ない場合は有効に働くが，
層の数が増えると効率的な学習が困難になるのである．

　その理由の一つが**勾配消失問題**である．逆伝播法の計算をみると，順伝播は
非線形計算である．シグモイド関数を閾値関数として用いる場合，入力がどれ
ほど大きな値であっても出力は区間 [0,1] の範囲に収まる．一方，逆伝播は線形
計算となる[4]．よって，各層の重み w が大きいと，その更新量である δw は各
層を伝播するうちに急速に増加，発散する．一方，各層の重みが小さいと，δw

　3）　GMM (Gaussian Matrix Method, 混合ガウス法)–HMM (Hidden Markov Model, 隠
れマルコフモデル)
　4）　k 層のパラメータ θ から一つ前の j 層のパラメータ θ を求める式をみれば，線形計算であ
ることが確認できる．

は各層を伝播するうちに急速に消失し 0 となる．いずれの場合も重みの更新が
うまくできなくなり，学習が困難になる．別の問題としては，層の数を増やす
ことで計算量が膨大になることである．

これらの課題に対して，層ごとの事前学習，および，GPU や PC クラスタの
利用によって解決しようとするのが深層学習の技術である．

以上のことをふまえて，以下で深層学習の詳細についてみていく．

7.2　自己符号化器

深層学習においては，自己符号化器とよばれる事前学習を行う．自己符号化
器は前もってクラス分類をされていない入力だけの訓練データを使った**教師な
し学習**で，図 7.2 がその概念図である．

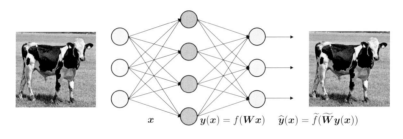

$$x \qquad y(x) = f(Wx) \qquad \widehat{y}(x) = \widetilde{f}(\widetilde{W}y(x))$$

図 7.2　自己符号化器[5]

図 7.2 では入力として牛の画像が与えられ，ニューラルネットワークは入力
と同じ画像が出力されるように重みを学習する．具体的には，入力 x に対する
出力 $\widehat{y}$ が，もとの入力 x に近くなるように，次の重み $W, \widetilde{W}$ を 4.3 節で述べ
た最急降下法で求める．

$$\min_{W, \widetilde{W}} \sum_i \left\| x_i - \widetilde{f}(\widetilde{W}f(Wx_i)) \right\|^2 \tag{7.2.1}$$

なお，画像があるだけで "牛" という付随情報はないので，教師なし学習に分類さ
れる．この学習では出力自体に意味はなく，中間層の表現の獲得を目的とする．入
力がうまく出力で再現できるのであれば，中間層ではデータをよく表す特徴が獲得
できていると考えるのである．この自己符号化器を **DNN** (深層ニューラルネッ

---

5)　牛の写真は `https://www.publicdomainpictures.net/en/view-image.php?image=` `142181&picture=cow` より引用．

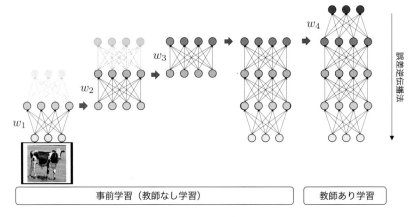

図 **7.3** DNN の事前学習

トワーク) の事前学習に用いる．図 7.3 に示すように，まず入力層に関して自己符号化器として学習する (w_1)．次に，自己符号化器で得られた第 2 層に関して自己符号化器で学習を行い (w_2)，第 3 層を獲得する (w_3)．このように，入力層からはじめて順に事前学習を実施する．ただし，事前学習を行うだけでは分類問題に対する分類結果を出力できないため，最終層のみランダムに初期化して教師あり学習を実施する (w_4)．これにより，事前学習によって適切な範囲で重みが設定されているため勾配消失問題が生じる可能性が低下し，学習がうまく進むことが経験的に知られている[6]．

深層学習が現れる以前の機械学習では，どのような学習手法であっても人が特徴を設計していた．つまり，対象のモデルを人が行っていた (図 7.4 の左)．一方，DNN では特徴抽出を含めて計算機が行う (図 7.4 の右)．これは，入力データと出力データの処理に重点をおき，ネット

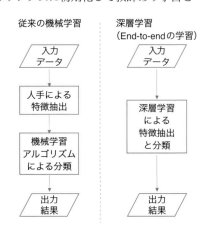

図 **7.4** DNN による特徴抽出

---

6) なぜ事前学習がうまくいくのかという点については，直感的には，入力ベクトルの分布を自己符号化器の教師なし学習でうまく捉えているためと考えられるが，経験的知見にとどまっており，理論的解明が待たれるところである．

ワーク内部には最低限の機能だけをもたせるという **End-to end の学習**で，機械学習において非常に大きな変化である．また，DNN を特徴抽出器として利用し，それを他の機械学習手法の入力として用いるやり方もある．

●**例 7.2.1.** 画像特徴の教師なし学習として興味深い研究が Le らによって行われている[7]．これは 9 層ニューラルネットワークを用いた教師なし学習で，YouTube から切り出した画像 1000 万枚を与えて学習が行われた．どの画像が猫かといった分類情報は教えていない．彼らが構築したネットワークはパラメータ数 10 億個で，16 コア PC1000 台の PC クラスタで 3 日間の時間をかけて学習が行われた．その結果，人の顔，猫の顔，人の体などに反応するニューロンが確認できた．これは「おばあさん細胞」(特定の対象物に反応する神経細胞が存在するという仮説) の生成を確認できたことを意味する．応用としては，猫の顔画像群を入力したときに敏感に反応するニューロンをみつけることで，猫の顔を精度良く識別可能になると期待できる．

7.3　畳込みニューラルネットワーク

CNN (Convolutional Neural Network, **畳込みニューラルネットワーク**) は，自己符号化器を用いた DNN とは異なる深層学習の手法である．CNN は福島邦彦のネオコグニトロン (1979 年) にルーツをもち，主に画像認識への応用から研究が始まった．視覚に関する局所受容野という神経科学における知見に基づいており，畳込み層とプーリング層という 2 種類の層を組み合わせる形でネットワークが構成される．図 7.5 に示す Le-Net5 や AlexNet は CNN の一例である．Le-Net5 はネオコグニトロンと誤差逆伝播法を組み合わせたもので，最初期の CNN の一つであり，手書き文字の認識タスクに適用された．AlexNet は 7.1 節の冒頭で述べた一般物体認識タスクのコンテストで優勝したシステムであり，ハードウェアの進化とあいまって従来技術の性能を大きく改善することができた．

　CNN では事前学習は行われない．これでは勾配消失問題を引き起こすように思われるかもしれないが，ネットワークの構成要素を畳込み層とプーリング

　7) Quoc V. Le *et al.*, 2012. Building high-level features using large scale unsupervised learning. In Proceedings of the 29th International Conference on International Conference on Machine Learning (ICML'12). Omnipress, Madison, WI, USA, 507–514.

Le-Net5

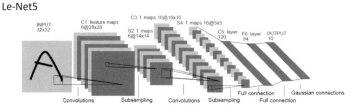

AlexNet

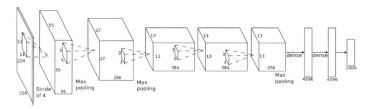

図 **7.5**　畳込みニューラルネットワーク[8]

層に限定することで，この問題を回避する．

　畳込み層はニューロン間の結合が密でない疎結合であり，全ユニットでリンクの重みは同一となっている．図 7.6 は画像認識の例である．山型に反応するフィルタ，水平線に反応するフィルタ，右上がりの斜線に反応するフィルタなどが用意されている．フィルタは 3×3 ピクセルといった大きさのものである．

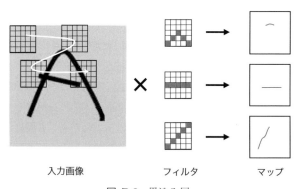

　　　入力画像　　　　　　フィルタ　　　　　マップ

図 **7.6**　畳込み層

　8)　上図：LeCun, Y. *et al.* "Gradient-Based Learning Applied to Document Recognition," Proc. of the IEEE, 86(11): 2278–2324, November 1998 より Fig.2 を引用.
下図：Krizhevsky, A. *et al.* "ImageNet Classification with Deep Convolutional Neural Networks," NIPS2012 より引用.

入力画像に各フィルタを重ねて，重なる画素の積を計算する．フィルタを画像全体に動かすことによって，入力画像からフィルタの濃淡パターンと類似した部分 (マップ) を抽出する．

　プーリング層も疎結合であり，リンクの重みは固定して重みの学習を行わない．畳込み層の後ろに設置し，畳込み層で獲得された特徴の位置感度を低下させることがその役割である．これによって CNN は，解析結果が画像のどこから始められたかという始点位に依存しないという**シフト不変性**を獲得する．

　例をみてみよう．手書き文字は印字されたものとは異なる．例えばアルファベットの A の左の線分が現れる位置は，サンプルによってずれている．図 7.7 に示すように，画像中の大体左上あたりに着目している特徴があるとすると，プーリング層におけるユニットを活性化させて，多少の位置ずれに対処する．畳込みとプーリングを繰り返すことで，多様な変形に対する不変性 (ある種の鈍感さ) と識別力を両立させるのが，CNN の原理である．

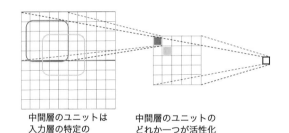

中間層のユニットは入力層の特定のユニットとのみ結合　中間層のユニットのどれか一つが活性化すれば活性化

図 7.7　プーリング層

図 7.8 は，2012 年の一般物体認識コンテストで優勝した AlexNet の構造で，8 層 CNN で構成されている．1000 カテゴリ，カテゴリ当たり約 1000 枚の訓練画像に対して，確率的勾配降下法を用いて学習する．さくらんぼとダルメシアン (犬) が映った画像で正解がさくらんぼ (cherry) であるものに対して，AlexNet はダルメシアン (dalmatial) と予測するなど，間違えるとしてもそれなりに納得のいく結果を示して

出力（カテゴリラベル）
全結合層8
全結合層7
全結合層6
プーリング層5
畳込み層5
畳込み層4
畳込み層3
正規化層2
プーリング層2
畳込み層2
正規化層1
プーリング層1
畳込み層1
入力（画像）

図 7.8　AlexNet の構造

いる.

　深層学習は，自己符号化器や畳込みニューラルネットワークという学習法や
構成法に関する提案により大きく発展したが，エンジニアリングの進展も大き
く貢献してきた. 認識性能を上げたい場合，自由度を上げるためにネットワー
クの多層化が必要となる一方で，大きな自由度は過学習のリスクを増大させる.
対処策の一つは訓練データを増やすことであるが，そのためには計算機に高い
計算能力が要求される. GPU や PC クラスタは，この課題を解決するもので
あった.

GPU

PCクラスタ

図 **7.9**　GPU と PC クラスタの一例[9]

---

　9)　GPU: https://flickr.com/photos/gbpublic/8178512552 より (CC BY 2.0). PC
クラスタ (大阪大学サイバーメディアセンター 大規模計算機システム SQUID) : http://www.
hpc.cmc.osaka-u.ac.jp/wp-content/uploads/2020/11/SQUID_04.jpg より.

Part III

データサイエンス

8

次 元 削 減

データ駆動的アプローチはビッグデータに隠れている関係性を抽出・発見する方法であり、社会・経済の問題解決や業務改善の立案に用いられている。ビッグデータを扱う困難さには、膨大な数のデータを処理する計算コストという観点と、多様な情報源や属性を有する多変量情報の処理・解釈の両面があげられる。本章は、ビッグデータから特徴量を抽出する代表的な方法である主成分分析について説明する。

8.1　主成分分析

膨大なデータ数であっても2つの変量からなるデータであれば、2次元空間の散布図としてデータを可視化することによって直感的にデータ間の関係性を発見し、データをグループに分けることができるかもしれない。しかし数百の変量からなるデータが与えられた場合、そのデータをどのように可視化してデータ間の関係性をみつけることができるだろうか。信号を有限個数のグループに対応付ける分類・識別や、観測データから未来の出来事を推測すること予測を目的とする機械学習において、多変量の高次元データは必ずしも好都合ではない。そこで、高次元の観測データから低次元な特徴抽出を行い、特徴量に応じ

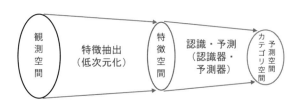

図 **8.1**　特徴抽出と識別・予測計算

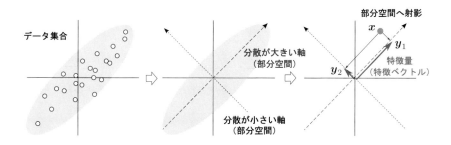

図 **8.2** 主成分分析の概略図

て分類・識別・予測を行い，ビッグデータから**カテゴリ** (属性) を取り出すという 2 段階の処理が広く採用されている (図 8.1)．

図 8.2 左のように分布しているデータセットに対して，分散が大きい軸と小さい軸を考え，データをこれらの軸に射影して得られる成分でデータを表現することを考える．分散が小さい軸における成分の値はノイズのようにみえ，データ間の差異を表す特徴量としては適切でないが，分散が大きい軸における成分の値は各データの差異をより明確に表している．**主成分分析**は，観測データの集合に対して分散の大きな軸をみつけ，これら少数の軸が張る低次元の部分空間を構築し，観測データをこの部分空間に射影して低次元特徴量を求める方法 (**低次元化**) である．

N 個のデータ $\boldsymbol{x}_i \in \mathbf{R}^n$, $i = 1, 2, \cdots, N$ を単位ベクトル $\boldsymbol{w} \in \mathbf{R}^n$, $\boldsymbol{w}^T \boldsymbol{w} = 1$ に射影したデータを

$$y_i = \boldsymbol{w}^T \boldsymbol{x}_i \in \mathbf{R}, \quad i = 1, 2, \cdots, N$$

とする．$\boldsymbol{x}_i$ と $\boldsymbol{w}_i$ のなす角を θ_i とすれば

$$\boldsymbol{w}^T \boldsymbol{x}_i = |\boldsymbol{w}|\,|\boldsymbol{x}_i| \cos \theta_i = |\boldsymbol{x}_i| \cos \theta_i$$

であり，y_i は $\boldsymbol{w}$ を座標軸としたときの $\boldsymbol{x}_i$ の成分である (図 8.3)．

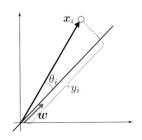

図 **8.3** データの部分空間への投影

元データの平均ベクトル $\bar{\boldsymbol{x}}$ を

$$\bar{\boldsymbol{x}} = \frac{1}{N} \sum_{i=1}^{N} \boldsymbol{x}_i,$$

平均共分散行列 S を

$$S = \frac{1}{N}\sum_{i=1}^{N}(\boldsymbol{x}_i - \bar{\boldsymbol{x}})\otimes(\boldsymbol{x}_i - \bar{\boldsymbol{x}}) = \frac{1}{N}\sum_{i=1}^{N}(\boldsymbol{x}_i - \bar{\boldsymbol{x}})(\boldsymbol{x}_i - \bar{\boldsymbol{x}}_i)^T$$

とする．ただし $\otimes$ はベクトルのテンソル積で，$\boldsymbol{a}=(a_i)$, $\boldsymbol{b}=(b_j)$ に対して，$\boldsymbol{a}\otimes\boldsymbol{b}=(a_ib_j)$ で定まる行列を表す．このとき，射影データ $y_i\in\mathbf{R}$, $i=1,2,\cdots,N$ の平均 $\bar{y}$ は

$$\bar{y} = \frac{1}{N}\sum_{i=1}^{N}y_i = \frac{1}{N}\sum_{i=1}^{N}\boldsymbol{w}^T\boldsymbol{x}_i = \boldsymbol{w}^T\frac{1}{N}\sum_{i=1}^{N}\boldsymbol{x}_i = \boldsymbol{w}^T\bar{\boldsymbol{x}},$$

分散 σ^2 は

$$\begin{aligned}\sigma^2 &= \frac{1}{N}\sum_{i=1}^{N}(y_i-\bar{y})^2 = \frac{1}{N}\sum_{i=1}^{N}\left(\boldsymbol{w}^T\boldsymbol{x}_i - \boldsymbol{w}^T\bar{\boldsymbol{x}}\right)^2\\ &= \frac{1}{N}\sum_{i=1}^{N}(\boldsymbol{w}^T\boldsymbol{x}_i - \boldsymbol{w}^T\bar{\boldsymbol{x}})(\boldsymbol{x}_i^T\boldsymbol{w} - \bar{\boldsymbol{x}}^T\boldsymbol{w})\\ &= \boldsymbol{w}^T\frac{1}{N}\sum_{i=1}^{N}(\boldsymbol{x}_i-\bar{\boldsymbol{x}})(\boldsymbol{x}_i-\bar{\boldsymbol{x}})^T\boldsymbol{w}\\ &= \boldsymbol{w}^TS\boldsymbol{w}\end{aligned}\tag{8.1.1}$$

になる．

そこで射影後のデータ y_i の分散 σ^2 が最大となるように単位ベクトル $\boldsymbol{w}$ を求める．これは制約条件付き最適化問題

$$\underset{\boldsymbol{w}}{\text{maximize}}\ \boldsymbol{w}^TS\boldsymbol{w},\quad \text{subject to}\ \boldsymbol{w}^T\boldsymbol{w}=1\tag{8.1.2}$$

であり，μ をラグランジュ乗数として，ラグランジュ関数

$$L(\boldsymbol{w},\mu) = \boldsymbol{w}^TS\boldsymbol{w} - \mu\left(\boldsymbol{w}^T\boldsymbol{w}-1\right)\tag{8.1.3}$$

によって，(8.1.2) の解は

$$\frac{\partial L(\boldsymbol{w},\mu)}{\partial\boldsymbol{w}} = 2\boldsymbol{w}^TS - 2\mu\boldsymbol{w}^T = 0\tag{8.1.4}$$

を満たすことがわかる．S は対称行列であるから，(8.1.4) から

$$S\boldsymbol{w} = \mu\boldsymbol{w}\tag{8.1.5}$$

となる．(8.1.5) は対称行列 S の固有値問題で，対応する固有ベクトルが，射影した後のデータ y_i の分散が最大となる軸方向ベクトルの候補となる．

S は半正定値であるので，その固有値を

$$\lambda_1 \geq \lambda_2 \geq \cdots \geq \lambda_n \geq 0$$

とし，対応する固有ベクトル $\boldsymbol{w}_k,\ k=1,2,\cdots,n$ について σ^2 を求める．$\boldsymbol{w}_k{}^T\boldsymbol{w}_k=1$ より

$$\sigma^2 = \boldsymbol{w}_k{}^T S \boldsymbol{w}_k = \boldsymbol{w}_k{}^T \lambda_k \boldsymbol{w}_k = \lambda_k$$

であるので，(8.1.2) の解は最大固有値 λ_1 に対応する固有ベクトル $\boldsymbol{w}_1$ になる．この軸に射影して得られる $y_i = \boldsymbol{w}_1{}^T \boldsymbol{x}_i$ を $\boldsymbol{x}_i$ の**第 1 主成分**とよぶ．

　次に，射影したデータの分散が 2 番目に大きくなる軸の方向ベクトルを求めると，平面上にデータを射影して特徴的なデータを視覚化することができる．そこで，第 1 主成分の軸と直交するという条件を加えて第 1 主成分とは異なる軸を探し出すことにする．すなわち，制約条件付き最適化問題

$$\underset{\boldsymbol{w}}{\text{maximize}}\ \boldsymbol{w}^T S \boldsymbol{w}, \quad \text{subject to}\ \boldsymbol{w}^T \boldsymbol{w} = 1,\ \boldsymbol{w}_1{}^T \boldsymbol{w} = 0$$

を解く．同じように μ_1, μ_2 をラグランジュ乗数として，ラグランジュ関数

$$L(\boldsymbol{w}, \mu_1, \mu_2) = \boldsymbol{w}^T S \boldsymbol{w} - \mu_1 \left(\boldsymbol{w}^T \boldsymbol{w} - 1 \right) - \mu_2 \boldsymbol{w}_1{}^T \boldsymbol{w} \quad (8.1.6)$$

を用いると

$$\frac{\partial L(\boldsymbol{w}, \mu_1, \mu_2)}{\partial \boldsymbol{w}} = 2\boldsymbol{w}^T S - 2\mu_1 \boldsymbol{w}^T - \mu_2 \boldsymbol{w}_1{}^T = 0 \quad (8.1.7)$$

が得られる．(8.1.7) の右側から $\boldsymbol{w}_1$ をかけると

$$2\boldsymbol{w}^T S \boldsymbol{w}_1 - 2\mu_1 \boldsymbol{w}^T \boldsymbol{w}_1 - \mu_2 \boldsymbol{w}_1{}^T \boldsymbol{w}_1 = 0 \quad (8.1.8)$$

となり，第 1 項に (8.1.5)，第 2 項に $\boldsymbol{w}_1{}^T \boldsymbol{w} = 0$，第 3 項に $\boldsymbol{w}_1{}^T \boldsymbol{w}_1 = 1$ を適用すれば

$$2\mu_1 \boldsymbol{w}^T \boldsymbol{w}_1 - \mu_2 = 0, \quad (8.1.9)$$

さらに直交条件 $\boldsymbol{w}^T \boldsymbol{w}_1 = 0$ より $\mu_2 = 0$ が導かれる．

　したがって (8.1.7) は

$$S\boldsymbol{w} = \mu_1 \boldsymbol{w} \quad (8.1.10)$$

と整理することができるが，これも S の固有値問題である．よって $\boldsymbol{w}_1$ と直交する条件の下で分散を最大にする $\boldsymbol{w}$ は，S の 2 番目に大きい固有値 λ_2 に対応する固有ベクトル $\boldsymbol{w}_2$ になる．この軸に射影して得られる $y_i = \boldsymbol{w}_2{}^T \boldsymbol{x}_i$ を $\boldsymbol{x}_i$ の**第 2 主成分**とよぶ．

　同様にして，第 k 主成分の軸は，平均共分散行列 S の第 k 番目に大きい固有値 λ_k に対応する固有ベクトル $\boldsymbol{w}_k$ になる．

一般に, $\boldsymbol{x} \in \mathbf{R}^n$ を第 1 主成分から第 m 主成分を要素とするベクトル $\boldsymbol{y}$ に変換することを**主成分分析**とよぶ.

$$\boldsymbol{y} = \begin{pmatrix} \boldsymbol{w}_1{}^T \boldsymbol{x} \\ \boldsymbol{w}_2{}^T \boldsymbol{x} \\ \vdots \\ \boldsymbol{w}_m{}^T \boldsymbol{x} \end{pmatrix} = \begin{pmatrix} \boldsymbol{w}_1{}^T \\ \boldsymbol{w}_2{}^T \\ \vdots \\ \boldsymbol{w}_m{}^T \end{pmatrix} \boldsymbol{x} = W_m \boldsymbol{x}, \quad \text{ただし}, \quad W_m = \begin{pmatrix} \boldsymbol{w}_1{}^T \\ \boldsymbol{w}_2{}^T \\ \vdots \\ \boldsymbol{w}_m{}^T \end{pmatrix}$$

(8.1.11)

通常 $m < n$ とするので, もとのデータより低次元のベクトルとしてデータを表現できることになる. この操作は, (8.1.11) のように m 個のベクトル $\boldsymbol{w}_i$, $i = 1, 2, \cdots, m$ を並べた行列 W_m によって, $\boldsymbol{x} \in \mathbf{R}^n$ を $\boldsymbol{y} \in \mathbf{R}^m$ に変換するものであり, 主成分分析は "線形変換による低次元化" であるということができる.

8.2 情 報 量

分散が大きい軸にデータを射影して得られる成分に座標変換するのが主成分分析によるデータの低次元化・特徴抽出である. 図 8.4 では, 2 つのデータ $\boldsymbol{x}_{\mathrm{A}}, \boldsymbol{x}_{\mathrm{B}}$ をある軸に投影して得られるベクトル $\boldsymbol{y}$ が同一になる. この場合, $\boldsymbol{y}$ から異なる 2 つのベクトル $\boldsymbol{x}_{\mathrm{A}}$ と $\boldsymbol{x}_{\mathrm{B}}$ を復元することは不可能であり, $\boldsymbol{x}$ から $\boldsymbol{y}$ の変換過程において, $\boldsymbol{x}_{\mathrm{A}}$ と $\boldsymbol{x}_{\mathrm{B}}$ の差異を表す情報が損失している.

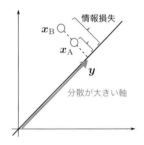

図 **8.4** データの部分空間への
投影と情報損失

ある事象 x の**情報量** $I(x)$ を以下のように定義する.

$$I(x) = \log \frac{1}{p(x)} = -\log p(x)$$

ただし, $p(x)$ は x が発生する確率である. すべての事象にわたる情報量の期待値 (平均情報量) $\bar{I}$ は, x が離散値ならば

$$\bar{I} = \sum_x p(x) I(x) = -\sum_x p(x) \log p(x),$$

x が連続値ならば

$$\bar{I} = \int_x p(x)I(x)\,dx = -\int_x p(x)\log p(x)\,dx$$

で与えられる．x が正規分布に従うときは

$$p(x) = \frac{1}{\sqrt{2\pi\sigma^2}}\exp\left\{-\frac{(x-\mu)^2}{2\sigma^2}\right\} \tag{8.2.1}$$

であり，

$$\int_x p(x)\,dx = 1, \quad \int_x p(x)(x-\mu)^2\,dx = \sigma^2$$

より，

$$\bar{I} = -\int_x p(x)\left\{-\log\sqrt{2\pi\sigma^2} - \frac{(x-\mu)^2}{2\sigma^2}\right\}dx$$

$$= \log\sqrt{2\pi\sigma^2} + \frac{\sigma^2}{2\sigma^2}$$

$$= \frac{1}{2}\left(\log 2\pi + \log\sigma^2 + 1\right)$$

となる．つまり，分散 σ^2 が大きいほど平均情報量 $\bar{I}$ が大きい．一般に，データの情報量はその分散に対応するものと思ってよい．

元データ $\boldsymbol{x}_i \in \mathbf{R}^n$, $i = 1, 2, \cdots, N$ の平均がすべて 0 であるとき，m 階までの主成分分析によって得られる $\boldsymbol{y}_i \in \mathbf{R}^m$, $i = 1, 2, \cdots, N$ も同様に平均がすべて 0 である．以下，$\boldsymbol{w}_k \in \mathbf{R}^n$, $k = 1, 2, \cdots, n$ を第 k 主成分の方向ベクトル，すなわち λ_k に対応する S の正規化された固有関数とする．

(8.1.11) に対応する

$$\boldsymbol{y}_i = W_m \boldsymbol{x}_i, \quad i = 1, 2, \cdots, N \tag{8.2.2}$$

と，(8.1.1) と同様に得られる

$$\frac{1}{N}\sum_{i=1}^N (\boldsymbol{w}_k{}^T\boldsymbol{x}_i)^2 = \frac{1}{N}\sum_{i=1}^N \boldsymbol{w}_k{}^T\boldsymbol{x}_i\boldsymbol{x}_i{}^T\boldsymbol{w}_k$$

$$= \boldsymbol{w}_k{}^T \frac{1}{N}\sum_{i=1}^N \boldsymbol{x}_i\boldsymbol{x}_i{}^T\boldsymbol{w}_k$$

$$= \boldsymbol{w}_k{}^T S \boldsymbol{w}_k$$

$$= \lambda_k, \quad k = 1, 2, \cdots, m$$

により，$\boldsymbol{y}_i \in \mathbf{R}^m$, $i = 1, 2, \cdots, N$ の分散総和平均 I_m は

$$I_m = \frac{1}{N}\sum_{i=1}^{N}\|\boldsymbol{y}_i\|^2 = \frac{1}{N}\sum_{i=1}^{N}\boldsymbol{y}_i{}^T\boldsymbol{y}_i$$

$$= \frac{1}{N}\sum_{i=1}^{N}\left\{(\boldsymbol{w}_1{}^T\boldsymbol{x}_i)^2 + (\boldsymbol{w}_2{}^T\boldsymbol{x}_i)^2 + \cdots + (\boldsymbol{w}_m{}^T\boldsymbol{x}_i)^2\right\}$$

$$= \lambda_1 + \lambda_2 + \cdots + \lambda_m \tag{8.2.3}$$

で与えられる.

一方, 元データ $\boldsymbol{x}_i \in \mathbf{R}^n$, $i = 1, 2, \cdots, N$ の分散総和平均 I_n は

$$I_n = \frac{1}{N}\sum_{i=1}^{N}\|\boldsymbol{x}_i\|^2 = \frac{1}{N}\sum_{i=1}^{N}\boldsymbol{x}_i{}^T\boldsymbol{x}_i \tag{8.2.4}$$

である. (8.2.2) に対応して

$$\boldsymbol{z}_i = W_n\boldsymbol{x}_i, \quad W_n = \begin{pmatrix} \boldsymbol{w}_1{}^T \\ \boldsymbol{w}_2{}^T \\ \vdots \\ \boldsymbol{w}_n{}^T \end{pmatrix}, \quad i = 1, 2, \cdots, N$$

とおき, W_n が直交行列であることから得られる

$$\boldsymbol{x}_i = W_n{}^T\boldsymbol{z}_i, \quad i = 1, 2, \cdots, N$$

を (8.2.4) に代入すると,

$$I_n = \frac{1}{N}\sum_{i=1}^{N}\boldsymbol{z}_i{}^T W_n W_n{}^T \boldsymbol{z}_i = \frac{1}{N}\sum_{i=1}^{N}\boldsymbol{z}_i{}^T\boldsymbol{z}_i$$

となる. したがって (8.2.3) と同様にして

$$I_n = \lambda_1 + \lambda_2 + \cdots + \lambda_n \tag{8.2.5}$$

が成り立つ. 主成分分析によって, 平均情報量 $\bar{I}$ に相当する分散総和平均は元データの I_n から I_m に減少し,

$$I_n - I_m = \lambda_{m+1} + \lambda_{m+2} + \cdots + \lambda_n$$

が失われることになる.

一般に, 全情報量に対して第 k 主成分が保持する情報の大きさの割合

$$C(k) = \frac{\lambda_k}{\displaystyle\sum_{i=1}^{n}\lambda_i}$$

をその**寄与率**, 第 k 主成分まで低次元化したデータが保持する情報の割合

$$A(k) = \frac{\sum_{i=1}^{k} \lambda_i}{\sum_{i=1}^{n} \lambda_i}$$

をその**累積寄与率**という．低次元化する次元数の大きさは，寄与率・累積寄与率を目安にして定めることが多い．

●例 8.2.1. 表 8.1 は 2020 年度の日本プロ野球セントラルリーグ打率上位 20 選手の打撃成績データである．各選手のデータは 15 次元ベクトル $\boldsymbol{x} \in \mathbf{R}^{15}$ で，その成分は

　　打率，得点，安打，二塁打，三塁打，本塁打，塁打，打点，盗塁，犠打，
　　犠飛，四球，死球，三振，長打率

を表している．表 8.2 は，各選手の特徴を抽出するために 20 個の 15 次元ベクトルに対して主成分分析を行って得られた固有値・固有ベクトルである．最大固有値は $\lambda_1 = 118.5$，対応する固有ベクトルは

$$\boldsymbol{w}_1 = \Big(0.156, 0.309, 0.185, 0.308, -0.07, 0.372, 0.394, 0.322,$$
$$-0.035, -0.162, -0.042, 0.325, -0.072, 0.237, 0.391 \Big)^T$$

である．このベクトルが塁打，長打率，本塁打の成分が正の大きな値をとっているので，長距離打者の特徴を抽出していることがわかる．一方，2 番目に大きい固有値に対応する固有ベクトルでは，盗塁，三塁打が負の小さな値をとっ

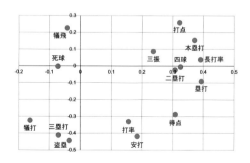

図 **8.5** 第 1 主成分軸 (横軸)，第 2 主成分軸 (縦軸) の可視化

---

1)　データで楽しむプロ野球 `https://baseballdata.jp/2020/ctop.html` より一部のデータを引用.

表 **8.1**　2020 年日本プロ野球セントラルリーグ打率上位 20 選手のデータ[1)]

順位	選　手	球団	打率	得点	安打	二塁打	三塁打	本塁打	塁打	打点
1	佐野恵太	(デ)	0.328	48	132	20	1	20	214	69
2	梶谷隆幸	(デ)	0.323	88	140	29	1	19	228	53
3	青木宣親	(ヤ)	0.317	64	113	30	1	18	199	51
4	大島洋平	(中)	0.316	58	146	21	3	1	176	30
5	村上宗隆	(ヤ)	0.307	70	130	30	2	28	248	86
6	高橋周平	(中)	0.305	46	120	25	1	7	168	46
7	宮崎敏郎	(デ)	0.301	47	129	26	1	14	199	53
8	鈴木誠也	(広)	0.300	85	129	26	2	25	234	75
9	近本光司	(神)	0.293	81	139	21	5	9	197	45
10	坂本勇人	(巨)	0.289	64	119	28	1	19	206	65
11	大山悠輔	(神)	0.288	66	122	21	5	28	237	85
12	丸 佳浩	(巨)	0.284	63	120	31	1	27	234	77
13	堂林翔太	(広)	0.279	55	112	21	0	14	175	58
14	松山竜平	(広)	0.277	38	112	27	1	9	168	67
15	岡本和真	(巨)	0.275	79	121	26	0	31	240	97
16	吉川尚輝	(巨)	0.274	47	97	16	2	8	141	32
17	エスコバー	(ヤ)	0.273	27	103	14	2	1	124	30
18	菊池涼介	(広)	0.271	43	102	19	4	10	159	41
19	ビシエド	(中)	0.267	48	109	23	0	17	183	82
20	サンズ	(神)	0.257	47	97	16	2	19	170	64

順位	選　手	球団	盗塁	犠打	犠飛	四球	死球	三振	長打率	
1	佐野恵太	(デ)	0	0	3	42	4	58	0.532	
2	梶谷隆幸	(デ)	14	1	2	45	1	85	0.527	
3	青木宣親	(ヤ)	2	0	1	62	5	51	0.557	
4	大島洋平	(中)	16	9	3	47	4	51	0.381	
5	村上宗隆	(ヤ)	11	0	1	87	3	115	0.585	
6	高橋周平	(中)	1	0	3	39	2	70	0.426	
7	宮崎敏郎	(デ)	0	0	3	24	4	29	0.464	
8	鈴木誠也	(広)	6	0	3	72	9	73	0.544	
9	近本光司	(神)	31	7	1	30	7	61	0.416	
10	坂本勇人	(巨)	4	1	4	62	0	85	0.500	
11	大山悠輔	(神)	1	1	1	41	5	96	0.560	
12	丸 佳浩	(巨)	8	3	2	63	0	101	0.553	
13	堂林翔太	(広)	17	3	2	41	4	91	0.436	
14	松山竜平	(広)	0	0	3	17	1	72	0.416	
15	岡本和真	(巨)	2	0	0	55	5	85	0.545	
16	吉川尚輝	(巨)	11	2	0	30	3	60	0.398	
17	エスコバー	(ヤ)	6	1	2	13	9	52	0.329	
18	菊池涼介	(広)	3	16	1	35	1	68	0.423	
19	ビシエド	(中)	3	0	10	34	9	48	0.447	
20	サンズ	(神)	2	0	2	61	3	106	0.451	

表 **8.2** 打撃成績データセットに対する固有値・固有ベクトル

	λ_1	λ_2	λ_3	λ_4	λ_5	λ_6	λ_7	λ_8
固有値	118.5	55.7	37.4	26.9	16.8	15.3	9.5	7.7
固有ベクトル	$\boldsymbol{w}_1$	$\boldsymbol{w}_2$	$\boldsymbol{w}_3$	$\boldsymbol{w}_4$	$\boldsymbol{w}_5$	$\boldsymbol{w}_6$	$\boldsymbol{w}_7$	$\boldsymbol{w}_8$
打 率	0.156	−0.331	0.370	−0.334	0.199	−0.210	0.208	−0.299
得 点	0.309	−0.288	−0.003	0.199	−0.185	−0.078	−0.039	0.339
安 打	0.185	−0.419	0.318	−0.049	−0.046	0.077	−0.208	−0.326
二塁打	0.308	−0.023	0.175	−0.332	−0.147	0.193	−0.133	0.489
三塁打	−0.070	−0.412	−0.201	0.251	0.460	0.267	−0.099	−0.189
本塁打	0.372	0.154	−0.113	0.178	0.153	0.043	−0.027	0.079
塁 打	0.394	−0.092	0.050	0.089	0.116	0.114	−0.132	−0.018
打 点	0.322	0.258	−0.011	0.253	0.054	0.233	−0.265	−0.095
盗 塁	−0.035	−0.444	−0.097	0.226	−0.586	−0.140	−0.159	0.054
犠 打	−0.162	−0.324	−0.298	−0.036	0.042	0.592	0.316	0.208
犠 飛	−0.042	0.226	0.460	0.123	−0.357	0.587	0.123	−0.275
四 球	0.325	−0.006	−0.148	−0.012	−0.186	−0.063	0.755	−0.106
死 球	−0.072	−0.003	0.321	0.708	0.097	−0.212	0.248	0.106
三 振	0.237	0.086	−0.491	0.016	−0.273	−0.054	−0.099	−0.499
長打率	0.391	0.038	−0.008	−0.014	0.244	0.000	0.118	0.080

	λ_9	λ_{10}	λ_{11}	λ_{12}	λ_{13}	λ_{14}	λ_{15}	
固有値	4.9	2.9	2.4	1.8	0.5	0.03	0	
固有ベクトル	$\boldsymbol{w}_9$	$\boldsymbol{w}_{10}$	$\boldsymbol{w}_{11}$	$\boldsymbol{w}_{12}$	$\boldsymbol{w}_{13}$	$\boldsymbol{w}_{14}$	$\boldsymbol{w}_{15}$	
打 率	0.035	−0.131	−0.277	−0.365	0.249	0.334	0.000	
得 点	0.084	−0.421	0.568	−0.252	0.233	0.009	0.000	
安 打	0.262	0.363	0.279	0.186	−0.195	−0.295	−0.303	
二塁打	−0.520	0.347	−0.077	−0.157	−0.105	0.071	−0.108	
三塁打	−0.574	−0.130	0.058	0.166	0.084	0.063	−0.066	
本塁打	0.213	−0.202	−0.176	0.130	−0.326	0.442	−0.570	
塁 打	0.142	0.032	−0.027	0.166	−0.334	0.232	0.753	
打 点	0.145	0.300	−0.134	0.000	0.707	0.030	0.000	
盗 塁	−0.029	−0.089	−0.537	0.215	0.076	0.017	0.000	
犠 打	0.389	0.169	−0.125	−0.294	−0.027	0.005	0.000	
犠 飛	−0.146	−0.361	0.002	−0.033	−0.074	0.009	0.000	
四 球	−0.153	0.185	0.145	0.392	0.139	0.035	0.000	
死 球	−0.097	0.324	−0.074	−0.334	−0.176	−0.025	0.000	
三 振	−0.175	0.095	0.055	−0.52	−0.211	−0.031	0.000	
長打率	−0.004	−0.299	−0.360	−0.059	−0.060	−0.734	0.000	

表 **8.3** 各選手の主成分データ

	第 1 主成分	2	3	4	5	6	7	8
佐野恵太	0.81	0.14	1.67	−0.58	1.32	−0.31	0.21	−1.18
梶谷隆幸	2.37	−1.94	0.66	−1.23	−0.88	−0.45	−0.68	0.04
青木宣親	1.26	−0.03	1.03	−0.95	0.85	−1.00	1.21	1.24
大島洋平	−2.11	−3.35	1.00	−0.62	−0.57	0.60	0.80	−0.68
村上宗隆	4.37	−0.50	−0.97	−0.02	−0.34	−0.27	0.48	−0.71
高橋周平	−1.19	0.42	0.78	−1.65	−0.09	−0.31	0.00	−0.52
宮崎敏郎	−0.80	0.25	2.18	−0.90	1.00	0.06	−0.61	0.60
鈴木誠也	2.74	−0.44	1.03	1.81	0.19	−0.27	0.98	0.30
近本光司	−1.22	−4.29	−0.18	1.95	−0.72	0.00	−0.84	0.34
坂本勇人	1.43	0.70	−0.21	−1.15	−0.77	0.72	0.17	−0.11
大山悠輔	1.98	−0.21	−1.17	1.58	2.15	0.43	−0.87	−0.85
丸 佳浩	2.86	0.46	−1.26	−0.90	−0.60	0.79	−0.26	0.31
堂林翔太	−0.86	0.31	−0.90	0.26	−1.63	−0.60	−0.19	−0.02
松山竜平	−1.50	1.66	0.13	−1.33	−0.01	0.49	−1.51	0.07
岡本和真	3.12	1.22	−0.65	0.98	0.31	−0.50	−0.57	0.99
吉川尚輝	−3.35	0.17	−1.37	−0.13	0.06	−1.30	−0.02	0.46
エスコバー	−5.22	0.79	0.36	1.08	0.40	−1.22	0.00	−0.26
菊池涼介	−3.04	−0.84	−2.66	−0.62	1.16	2.07	0.84	0.59
ビシエド	−1.02	2.84	2.63	2.00	−1.10	1.80	0.23	0.10
サンズ	−0.63	2.66	−2.12	0.42	−0.73	−0.72	0.64	−0.72
	第 9 主成分	10	11	12	13	14	15	
佐野恵太	1.01	−0.24	−0.55	0.03	0.16	0.01	0.00	
梶谷隆幸	0.30	−0.75	0.25	−0.51	−0.19	0.00	0.00	
青木宣親	−0.60	−0.12	−0.35	−0.16	0.10	−0.07	0.00	
大島洋平	0.36	0.50	0.39	0.18	0.03	−0.03	0.00	
村上宗隆	−0.63	0.59	−0.47	0.14	0.07	0.04	0.00	
高橋周平	−0.48	0.13	0.37	−0.25	0.09	0.04	0.00	
宮崎敏郎	0.32	0.17	0.01	0.52	−0.29	−0.01	0.00	
鈴木誠也	−0.24	0.07	0.53	−0.14	−0.03	0.03	0.00	
近本光司	−0.23	−0.07	−0.18	0.21	0.12	−0.02	0.00	
坂本勇人	−0.39	−0.41	0.41	0.33	0.05	0.03	0.00	
大山悠輔	−0.49	−0.36	0.10	−0.09	−0.06	−0.03	0.00	
丸 佳浩	−0.11	0.16	−0.42	0.2	−0.33	0.01	0.00	
堂林翔太	0.51	0.12	−0.57	−0.32	−0.01	−0.01	0.00	
松山竜平	−0.52	0.46	0.08	−0.16	0.26	−0.04	0.00	
岡本和真	1.05	0.55	0.42	−0.03	0.16	0.02	0.00	
吉川尚輝	−0.10	−0.68	−0.09	0.42	0.18	0.06	0.00	
エスコバー	−0.36	0.43	−0.03	−0.23	−0.30	0.03	0.00	
菊池涼介	0.37	−0.02	−0.06	−0.29	0.00	0.02	0.00	
ビシエド	−0.10	−0.34	−0.24	−0.04	0.06	0.01	0.00	
サンズ	0.33	−0.17	0.39	0.20	−0.08	−0.08	0.00	

ているので，走力の高い打者の特徴が抽出されていることが想像できる．図 8.5
は第 1 主成分軸と第 2 主成分軸によってデータをプロットして，主成分分析を
可視化したものである．

図 8.6 は，主成分分析で低次元化したときの，次元の大きさと累積寄与率の
関係を示している．第 1 主成分のみで 39.5% の情報量，第 1 主成分と第 2 主成
分で 58.0% の情報量，第 1 主成分，第 2 主成分，第 3 主成分では 70.5% の情
報量を保持している．

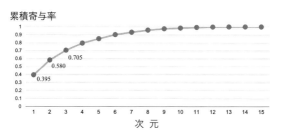

図 **8.6** 次元と累積寄与率の関係

各選手の主成分データ y は表 8.3 のようになる．第 1 主成分と第 2 主成分の
部分空間上に各選手のデータを布置すると，図 8.7 のように各選手の特徴を可視
化することができる．第 1 主成分の大きい打者は打点が多く各チームで 4 番を
務める傾向が高いことや，第 2 主成分の小さい選手は盗塁数が多く足の速い傾
向があることなどが読み取れる．低次元特徴に変換して図として可視化すると，
各打者の特徴が視覚的に把握でき，類似する打者や打撃タイプがみえてくる．

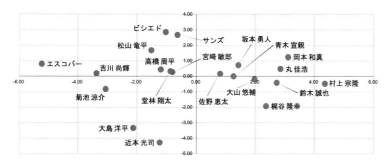

図 **8.7** 選手の主成分データ (横軸：第 1 主成分，縦軸：第 2 主成分)

8.3　判 別 分 析

図 8.8 は，グループ 1 に属するデータとグループ 2 に属するデータの分布である．主成分分析で分散が最大となる軸を求め，その軸 (部分空間 $\mathcal{W}_1$) にデータを射影すると，2 つのグループのデータ分布が大きく重なり，グループ分けすることが困難になってしまう．一方，別の軸 (部分空間 $\mathcal{W}_2$) にデータを射影すると，グループ間のデータ分布の重なりが小さく，容易にグループ分けできそうである．

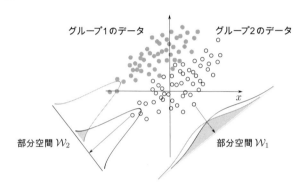

図 **8.8**　2 つのグループのデータセットの判別分析

分類されるべきグループ情報があらかじめ付与されているデータに対しては，主成分分析のように分散を基準にするのではなく，分離の度合いを規準にして低次元化する．判別分析はその代表的な方法である．

N 個のデータが以下のように与えられているとする．

$$\boldsymbol{x}_{ij} \in \mathbf{R}^n,\ i = 1, 2, \cdots, K;\ j = 1, 2, \cdots, N_i$$

$$N_1 + N_2 + \cdots + N_K = N,$$

$$K : \text{グループの数},\ N_i : \text{グループ } i \text{ に属するデータの数}$$

したがって，$\boldsymbol{x}_{ij}$ はグループ i に属する j 番目のデータである．各グループに属するデータの数をすべてのグループにわたって足し合わせれば，全データの総数 N と一致する．データ $\boldsymbol{x}_{ij}$ を方向ベクトル $\boldsymbol{w} \in \mathbf{R}^n$ 軸に射影したものは

$$y_{ij} = \boldsymbol{w}^T \boldsymbol{x}_{ij}, \tag{8.3.1}$$

グループ i におけるデータ $\boldsymbol{x}_{ij}$ および y_{ij} の平均はそれぞれ

$$\bar{\boldsymbol{x}}_i = \frac{1}{N_i} \sum_{j=1}^{N_i} \boldsymbol{x}_{ij},$$

$$\bar{y}_i = \frac{1}{N_i} \sum_{j=1}^{N_i} y_{ij} = \frac{1}{N_i} \sum_{j=1}^{N_i} \boldsymbol{w}^T \boldsymbol{x}_{ij} = \boldsymbol{w}^T \frac{1}{N_i} \sum_{j=1}^{N_i} \boldsymbol{x}_{ij} = \boldsymbol{w}^T \bar{\boldsymbol{x}}_i,$$

全データ $\boldsymbol{x}_{ij}$ および y_{ij} の平均はそれぞれ

$$\bar{\boldsymbol{x}} = \frac{1}{N} \sum_{i=1}^{K} \sum_{j=1}^{N_i} \boldsymbol{x}_{ij},$$

$$\bar{y} = \frac{1}{N} \sum_{i=1}^{K} \sum_{j=1}^{N_i} y_{ij} = \frac{1}{N} \sum_{i=1}^{K} \sum_{j=1}^{N_i} \boldsymbol{w}^T \boldsymbol{x}_{ij} = \boldsymbol{w}^T \frac{1}{N} \sum_{i=1}^{K} \sum_{j=1}^{N_i} \boldsymbol{x}_{ij} = \boldsymbol{w}^T \bar{\boldsymbol{x}}$$

である．全データ y_{ij} の分散は

$$\sigma^2 = \frac{1}{N} \sum_{i=1}^{K} \sum_{j=1}^{N_i} (y_{ij} - \bar{y})^2 = \frac{1}{N} \sum_{i=1}^{K} \sum_{j=1}^{N_i} (y_{ij} - \bar{y}_i + \bar{y}_i - \bar{y})^2$$

$$= \frac{1}{N} \sum_{i=1}^{K} \sum_{j=1}^{N_i} (y_{ij} - \bar{y}_i)^2 + \frac{2}{N} \sum_{i=1}^{K} \left\{ (\bar{y}_i - \bar{y}) \sum_{j=1}^{N_i} (y_{ij} - \bar{y}_i) \right\}$$

$$+ \frac{1}{N} \sum_{i=1}^{K} N_i (\bar{y}_i - \bar{y})^2$$

であるが，右辺第 2 項は

$$\sum_{j=1}^{N_i} (y_{ij} - \bar{y}_i) = 0, \quad i = 1, 2, \cdots, K$$

より 0 となる．したがって，

$$\sigma^2 = \sigma_A^2 + \sigma_B^2, \tag{8.3.2}$$

$$\text{ただし，} \sigma_A^2 = \frac{1}{N} \sum_{i=1}^{K} \sum_{j=1}^{N_i} (y_{ij} - \bar{y}_i)^2, \quad \sigma_B^2 = \frac{1}{N} \sum_{i=1}^{K} N_i (\bar{y}_i - \bar{y})^2$$

が成り立つ．ここで σ_A^2 は各グループの分散を総和平均したもので，**クラスター内分散**という．σ_B^2 はデータ数によって重み付けしたグループ間の分散で，**クラスター間分散**とよぶ．判別分析では，データを同じグループに属するものは固まって，異なるグループに属するものは離れて分布するようにグループ分けする．すなわち，クラスター内分散 σ_A^2 は小さく，クラスター間分散 σ_B^2 は大きいほうが良いクラスター構造である．そこでクラスター間分散とクラスター内分散の比率 σ_B^2/σ_A^2 が大きくなるように方向ベクトル $\boldsymbol{w}$ を求める．

(8.3.2) によって，クラスター内分散は

$$\sigma_A^2 = \frac{1}{N} \sum_{i=1}^{K} \sum_{j=1}^{N_i} (\boldsymbol{w}^T \boldsymbol{x}_{ij} - \boldsymbol{w}^T \bar{\boldsymbol{x}}_i)^2$$

$$= \frac{1}{N} \sum_{i=1}^{K} \sum_{j=1}^{N_i} \boldsymbol{w}^T (\boldsymbol{x}_{ij} - \bar{\boldsymbol{x}}_i)(\boldsymbol{x}_{ij} - \bar{\boldsymbol{x}}_i)^T \boldsymbol{w}$$

$$= \boldsymbol{w}^T \frac{1}{N} \sum_{i=1}^{K} \sum_{j=1}^{N_i} (\boldsymbol{x}_{ij} - \bar{\boldsymbol{x}}_i)(\boldsymbol{x}_{ij} - \bar{\boldsymbol{x}}_i)^T \boldsymbol{w} = \boldsymbol{w}^T S_A \boldsymbol{w}$$

となる. ただし

$$S_A = \frac{1}{N} \sum_{i=1}^{K} \sum_{j=1}^{N_i} (\boldsymbol{x}_{ij} - \bar{\boldsymbol{x}}_i)(\boldsymbol{x}_{ij} - \bar{\boldsymbol{x}}_i)^T \tag{8.3.3}$$

である. 同様に, クラスター間分散は

$$\sigma_B^2 = \frac{1}{N} \sum_{i=1}^{K} N_i (\boldsymbol{w}^T \bar{\boldsymbol{x}}_i - \boldsymbol{w}^T \bar{\boldsymbol{x}})^2$$

$$= \frac{1}{N} \sum_{i=1}^{K} N_i \boldsymbol{w}^T (\bar{\boldsymbol{x}}_i - \bar{\boldsymbol{x}})(\bar{\boldsymbol{x}}_i - \bar{\boldsymbol{x}})^T \boldsymbol{w}$$

$$= \boldsymbol{w}^T \frac{1}{N} \sum_{i=1}^{K} N_i (\bar{\boldsymbol{x}}_i - \bar{\boldsymbol{x}})(\bar{\boldsymbol{x}}_i - \bar{\boldsymbol{x}})^T \boldsymbol{w} = \boldsymbol{w}^T S_B \boldsymbol{w}$$

となる. ただし

$$S_B = \frac{1}{N} \sum_{i=1}^{K} N_i (\bar{\boldsymbol{x}}_i - \bar{\boldsymbol{x}})(\bar{\boldsymbol{x}}_i - \bar{\boldsymbol{x}})^T \tag{8.3.4}$$

である.

したがって, クラスター間分散とクラスター内分散の比率は

$$\frac{\sigma_B^2}{\sigma_A^2} = \frac{\boldsymbol{w}^T S_B \boldsymbol{w}}{\boldsymbol{w}^T S_A \boldsymbol{w}}$$

である. ベクトル $\boldsymbol{w}$ を定数倍しても σ_B^2/σ_A^2 の大きさは変わらないので, 正規化条件 $\boldsymbol{w}^T S_A \boldsymbol{w} = 1$ を与えて σ_B^2/σ_A^2 を最大化する.

$$\underset{\boldsymbol{w}}{\text{maximize}} \ \boldsymbol{w}^T S_B \boldsymbol{w}, \quad \text{subject to} \ \ \boldsymbol{w}^T S_A \boldsymbol{w} = 1$$

この最適化問題に対するラグランジュ関数は, μ をラグランジュ乗数として

$$L(\boldsymbol{w}, \mu) = \boldsymbol{w}^T S_B \boldsymbol{w} - \mu(\boldsymbol{w}^T S_A \boldsymbol{w} - 1), \tag{8.3.5}$$

目的関数が最大となる必要条件は

$$\frac{\partial L(\boldsymbol{w}, \mu)}{\partial \boldsymbol{w}} = 2\boldsymbol{w}^T S_B - 2\mu \boldsymbol{w}^T S_A = 0. \tag{8.3.6}$$

これは n 次元の一般化固有値問題に帰着する.

$$S_B \boldsymbol{w} = \mu S_A \boldsymbol{w} \tag{8.3.7}$$

S_A, S_B は半正定値実対称行列で,固有値は実数となる.S_B は逆行列をもつとは限らないが S_A はデータが独立であれば逆行列をもつので,(8.3.7) は固有値

$$\lambda_1 \geq \lambda_2 \geq \cdots \geq \lambda_n \geq 0$$

をもつ.$\boldsymbol{w}_k$, $k = 1, 2, \cdots, n$ を正規化された固有ベクトルとすれば

$$S_B \boldsymbol{w}_k = \lambda_k S_A \boldsymbol{w}_k, \quad \boldsymbol{w}_k{}^T S_A \boldsymbol{w}_{k'} = \delta_{kk'}, \quad k, k' = 1, 2, \cdots, n$$

となる (ただし,$\delta_{kk'}$ はクロネッカーのデルタ).よって

$$\boldsymbol{w}_k{}^T S_B \boldsymbol{w}_k = \lambda_k \boldsymbol{w}_k{}^T S_A \boldsymbol{w}_k$$

であり,最大固有値 λ_1 に対応する固有ベクトル $\boldsymbol{w}_1$ にデータ $\boldsymbol{x}_{ij}$ を射影すると,第 1 軸については,クラスター間分散とクラスター内分散の比を最大にするデータ

$$y_{ij} = \boldsymbol{w}_1{}^T \boldsymbol{x}_{ij} \tag{8.3.8}$$

が得られる.

第 2 軸については,第 1 成分との相関 σ_{12} が 0 (無相関) になる $\boldsymbol{w}$ の範囲で,クラスター間分散とクラスター内分散の比率を最大化する.

$$\underset{\boldsymbol{w}}{\text{maximize}} \ \boldsymbol{w}^T S_B \boldsymbol{w}, \quad \text{subject to} \ \boldsymbol{w}^T S_A \boldsymbol{w} = 1, \ \sigma_{12} = 0$$

(8.3.8) で定まる y_{ij} と $\boldsymbol{x}_{ij}$ を第 2 軸に射影した z_{ij} を用いれば

$$\sigma_{12} = \frac{1}{N} \sum_{i=1}^{K} \sum_{j=1}^{n_i} (y_{ij} - \bar{y})(z_{ij} - \bar{z}),$$

したがって

$$\sigma_{12} = \frac{1}{N} \sum_{i=1}^{K} \sum_{j=1}^{n_i} (y_{ij} - \bar{y}_i + \bar{y}_i - \bar{y})(z_{ij} - \bar{z}_i + \bar{z}_i - \bar{z})$$

$$= \frac{1}{N} \sum_{i=1}^{K} \sum_{j=1}^{n_i} (y_{ij} - \bar{y}_i)(z_{ij} - \bar{z}_i) + \frac{1}{N} \sum_{i=1}^{K} \sum_{j=1}^{n_i} (y_{ij} - \bar{y}_i)(\bar{z}_i - \bar{z})$$

$$+ \frac{1}{N} \sum_{i=1}^{K} \sum_{j=1}^{n_i} (\bar{y}_i - \bar{y})(z_{ij} - \bar{z}_i) + \frac{1}{N} \sum_{i=1}^{K} \sum_{j=1}^{n_i} (\bar{y}_i - \bar{y})(\bar{z}_i - \bar{z}).$$

ここで $\sum_{j=1}^{n_i} (y_{ij} - \bar{y}_i) = 0$ より右辺第 2 項は 0,すなわち

$$\frac{1}{N} \sum_{i=1}^{K} \left\{ \sum_{j=1}^{n_i} (y_{ij} - \bar{y}_i) \right\} = 0.$$

同様に第 3 項も 0. また (8.3.3) より

$$第 1 項 = \frac{1}{N} \sum_{i=1}^{K} \sum_{j=1}^{n_i} (\boldsymbol{w}_1{}^T \boldsymbol{x}_{ij} - \boldsymbol{w}_1{}^T \bar{\boldsymbol{x}}_i)(\boldsymbol{w}^T \boldsymbol{x}_{ij} - \boldsymbol{w}^T \bar{\boldsymbol{x}}_i)$$

$$= \boldsymbol{w}_1{}^T \frac{1}{N} \sum_{i=1}^{K} \sum_{j=1}^{n_i} (\boldsymbol{x}_{ij} - \bar{\boldsymbol{x}}_i)(\boldsymbol{x}_{ij} - \bar{\boldsymbol{x}}_i)^T \boldsymbol{w} = \boldsymbol{w}_1{}^T S_A \boldsymbol{w},$$

同様に (8.3.4) より

$$第 4 項 = \frac{1}{N} \sum_{i=1}^{K} \sum_{j=1}^{n_i} (\boldsymbol{w}_1{}^T \bar{\boldsymbol{x}}_i - \boldsymbol{w}_1{}^T \bar{\boldsymbol{x}})(\boldsymbol{w}^T \bar{\boldsymbol{x}}_i - \boldsymbol{w}^T \bar{\boldsymbol{x}})$$

$$= \boldsymbol{w}_1{}^T \frac{1}{N} \sum_{i=1}^{K} \sum_{j=1}^{n_i} (\bar{\boldsymbol{x}}_i - \bar{\boldsymbol{x}})(\bar{\boldsymbol{x}}_i - \bar{\boldsymbol{x}})^T \boldsymbol{w} = \boldsymbol{w}_1{}^T S_B \boldsymbol{w}.$$

したがって 2 番目の制約条件は

$$\sigma_{12} = \boldsymbol{w}_1{}^T S_A \boldsymbol{w} + \boldsymbol{w}_1{}^T S_B \boldsymbol{w} = \boldsymbol{w}_1{}^T (S_A + S_B) \boldsymbol{w} = 0 \quad (8.3.9)$$

となる.

$\boldsymbol{w}$ が固有ベクトル $\boldsymbol{w}_k$ の場合,

$$\sigma_{12} = \boldsymbol{w}_1{}^T (S_A + S_B) \boldsymbol{w}_k = \boldsymbol{w}_1{}^T (S_A + \lambda_k S_A) \boldsymbol{w}_k = (1 + \lambda_k) \boldsymbol{w}_1{}^T S_A \boldsymbol{w}_k$$

であり, $k = 1$ に対しては

$$\sigma_{12} = (1 + \lambda_1) \boldsymbol{w}_1{}^T S_A \boldsymbol{w}_1 = 1 + \lambda_1 \neq 0$$

となって, (8.3.9) の制約条件を満たさない. $k \neq 1$ では

$$\sigma_{12} = (1 + \lambda_k) \boldsymbol{w}_1{}^T S_A \boldsymbol{w}_k = 0.$$

したがって, $\boldsymbol{w}_2$ が第 2 主成分方向となる. 以下同様に第 m 次元の軸の方向を $\boldsymbol{w}_m$ と選択して, n 次元データ $\boldsymbol{x}$ を m 次元データ $\boldsymbol{y}$ に低次元化する.

$$\boldsymbol{y} = \begin{pmatrix} \boldsymbol{w}_1{}^T \\ \boldsymbol{w}_2{}^T \\ \vdots \\ \boldsymbol{w}_m{}^T \end{pmatrix} \boldsymbol{x} = W_m \boldsymbol{x}, \quad W_m = \begin{pmatrix} \boldsymbol{w}_1{}^T \\ \boldsymbol{w}_2{}^T \\ \vdots \\ \boldsymbol{w}_m{}^T \end{pmatrix} \quad (8.3.10)$$

この判別分析は, クラスター内分散, クラスター間分散に着目して, 適切に データをグループに分類できるようにデータを変換するもので, 主成分分析と

同様にデータ x を行列 W_m によって線形変換している.

●例 8.3.1. 図 8.9 は,製造ラインを流れている製品の長さと幅をカメラで計測
し,良品・不良品を振り分けるシステムである. 10 個の製品の長さ,幅および
その製品の良品・不良品の学習データ (良品なら 1,不良品なら 0) が表 8.4 に
与えられている. また図 8.10 は,そのデータを散布図として可視化したもので
ある. このデータセットを用い,判別分析によって良品・不良品分類に適した
特徴量を抽出する.

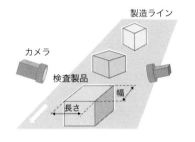

図 **8.9** 製造ラインの製品検査 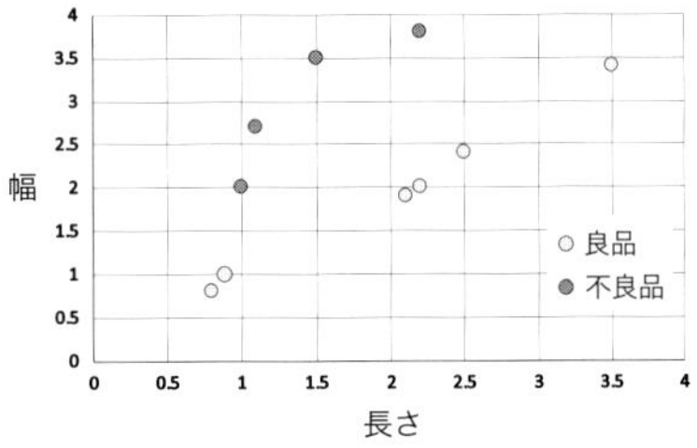　　　図 **8.10** 製品検査データの散布図

　データは長さ,幅の 2 次元である. サンプル数は 10,グループ数は良・不
良の 2 種である. クラスター内分散,クラスター間分散に付随する半正定値対
称行列 S_A, S_B を (8.3.3), (8.3.4) で求め,固有値問題 (8.3.7) を解く. 得られ
る固有値は $\lambda_1 = 10.25$, $\lambda_2 = 0.86$ であり,対応する固有ベクトルはそれぞれ

表 **8.4**　製品検査のデータ

製品番号	長さ	幅	良/不良ラベル
1	2.1	1.9	1
2	2.2	2.0	1
3	1.0	2.0	0
4	0.9	1.0	1
5	3.5	3.4	1
6	1.5	3.5	0
7	2.5	2.4	1
8	1.1	2.7	0
9	2.2	3.8	0
10	0.8	0.8	1

$\boldsymbol{w}_1 = (0.558, -0.829)^T$, $\boldsymbol{w}_2 = (-0.829, -0.558)^T$ である. $\boldsymbol{w}_1$ のみを用いて,
長さ・幅の 2 次元データ $\boldsymbol{x}$ を 1 次元データ $y = \boldsymbol{w}_1{}^T \boldsymbol{x}$ に変換する. 図 8.11 で,
変換後のデータを数直線上に配置して可視化する. 数直線上, 良品は右半分, 不
良品は左半分に分類されている. そこで今後はこの基準で良品・不良品を振り
分ければよい.

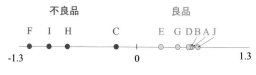

図 **8.11** 判別分析の結果

8.4 正準相関分析

　会社の従業員に対して検査項目数が 10 の試験 A と検査項目数が 15 の試験 B
を実施し, 検査項目間の共通性を見いだすことにした. しかし, 試験 A の検査項目
と試験 B の検査項目のすべての組に対して相関係数を求めると, $15 \times 10 = 150$
組のデータになる. そこで**正準相関分析**では, 検査項目を取捨選択して効率
化する. 試験 A の検査データと試験 B の検査データを相関が高くなるように
圧縮して, 低次元の特徴量を抽出するのである.

　異なる変数を要素にもつ N 個のデータ

$$\boldsymbol{x}_i \in \mathbf{R}^n, \ \boldsymbol{y}_i \in \mathbf{R}^m, \quad i = 1, 2, \cdots, N$$

において, ある現象をセンサ X で計測した数値データが $\boldsymbol{x}_i$ で, 同じ現象をセ
ンサ Y で計測した数値データが $\boldsymbol{y}_i$ であるといったように, $\boldsymbol{x}_i$ と $\boldsymbol{y}_i$ が対応し
ているものとする. $\boldsymbol{x}_i, \boldsymbol{y}_i$ を方向ベクトル $\boldsymbol{a}, \boldsymbol{b}$ に射影して得られるデータをそ
れぞれ

$$u_i = \boldsymbol{a}^T \boldsymbol{x}_i, \ v_i = \boldsymbol{b}^T \boldsymbol{y}_i, \quad i = 1, 2, \cdots, N \qquad (8.4.1)$$

とし, $u = (u_i), v = (v_i)$ 間の相関

$$r = \frac{\dfrac{1}{N} \sum_{i=1}^{N} u_i v_i}{\sqrt{\dfrac{1}{N} \sum_{i=1}^{N} u_i{}^2} \sqrt{\dfrac{1}{N} \sum_{i=1}^{N} v_i{}^2}}$$

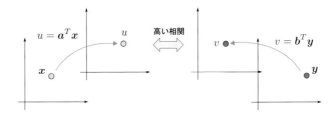

図 **8.12** 正準相関分析の概要．相関が高くなるようにデータを変換する

が最大となるように $\boldsymbol{a}, \boldsymbol{b}$ を定める．ただし，一般性を失わず $\boldsymbol{x}_i, \boldsymbol{y}_i$ の平均は
ゼロベクトルであるとする．(8.4.1) から

$$r = \frac{\dfrac{1}{N}\sum_{i=1}^{N} \boldsymbol{a}^T \boldsymbol{x}_i \boldsymbol{y}_i{}^T \boldsymbol{b}}{\sqrt{\dfrac{1}{N}\sum_{i=1}^{N} \boldsymbol{a}^T \boldsymbol{x}_i \boldsymbol{x}_i{}^T \boldsymbol{a}}\sqrt{\dfrac{1}{N}\sum_{i=1}^{N} \boldsymbol{b}^T \boldsymbol{x}_i \boldsymbol{x}_i{}^T \boldsymbol{b}}} \tag{8.4.2}$$

であり，分母の u, v の分散を 1 とするように $\boldsymbol{a}, \boldsymbol{b}$ を正規化すれば，最適化問題

$$\operatorname*{maximize}_{\boldsymbol{a},\boldsymbol{b}} \boldsymbol{a}^T S_{xy} \boldsymbol{b}, \quad \text{subject to} \quad \boldsymbol{a}^T S_x \boldsymbol{a} = 1, \; \boldsymbol{b}^T S_y \boldsymbol{b} = 1$$

が得られる．ここで，S_x, S_y はそれぞれ $\boldsymbol{x}, \boldsymbol{y}$ の共分散行列，S_{xy} は $\boldsymbol{x}$ と $\boldsymbol{y}$ の
共分散行列である．

$$S_x = \frac{1}{N}\sum_{i=1}^{N} \boldsymbol{x}_i \boldsymbol{x}_i{}^T, \quad S_y = \frac{1}{N}\sum_{i=1}^{N} \boldsymbol{y}_i \boldsymbol{y}_i{}^T, \quad S_{xy} = \frac{1}{N}\sum_{i=1}^{N} \boldsymbol{x}_i \boldsymbol{y}_i{}^T$$

μ_1, μ_2 をラグランジュ乗数として，ラグランジュ関数を

$$L(\boldsymbol{a}, \boldsymbol{b}, \mu_1, \mu_2) = \boldsymbol{a}^T S_{xy} \boldsymbol{b} - \frac{1}{2}\mu_1(\boldsymbol{a}^T S_x \boldsymbol{a} - 1) - \frac{1}{2}\mu_2(\boldsymbol{b}^T S_y \boldsymbol{b} - 1)$$

とすれば，目的関数が最大となることから

$$\frac{\partial L(\boldsymbol{a}, \boldsymbol{b}, \mu_1, \mu_2)}{\partial \boldsymbol{a}} = \boldsymbol{b}^T S_{xy}{}^T - \mu_1 \boldsymbol{a}^T S_x = 0, \tag{8.4.3}$$

$$\frac{\partial L(\boldsymbol{a}, \boldsymbol{b}, \mu_1, \mu_2)}{\partial \boldsymbol{b}} = \boldsymbol{a}^T S_{xy} - \mu_2 \boldsymbol{b}^T S_y = 0 \tag{8.4.4}$$

が得られる．第 1 式に μ_2 をかけ，第 2 式に右から $S_y{}^{-1} S_{xy}{}^T$ をかけて加えれば

$$\boldsymbol{a}^T S_{xy} S_y{}^{-1} S_{xy}{}^T = \mu_1 \mu_2 \boldsymbol{a}^T S_x$$

となり，両辺を転置して固有値問題

$$S_{xy}S_y{}^{-1}S_{xy}{}^T\boldsymbol{a} = \lambda S_x\boldsymbol{a}, \quad \lambda = \mu_1\mu_2 \tag{8.4.5}$$

が得られる．S_x, S_y は正定値対称行列であるので，(8.4.5) は固有値

$$\lambda_1 \geq \lambda_2 \geq \cdots \geq \lambda_n \geq 0$$

をもつ．ここで，λ_k に対応する固有ベクトルを $\boldsymbol{a} = \boldsymbol{a}_k, k = 1, 2, \cdots, n$ として，目的関数の値を求める．(8.4.3) と制約条件より

$$\boldsymbol{b}^T S_{xy}{}^T\boldsymbol{a} = \mu_1\boldsymbol{a}^T S_x\boldsymbol{a} = \mu_1.$$

両辺の転置をとると，目的関数の値

$$\boldsymbol{a}^T S_{xy}\boldsymbol{b} = \mu_1 \tag{8.4.6}$$

が得られる．また (8.4.4) と制約条件から

$$\boldsymbol{a}^T S_{xy}\boldsymbol{b} = \mu_2\boldsymbol{b}^T S_y\boldsymbol{b} = \mu_2 \tag{8.4.7}$$

であり，目的関数を最大化すると $\mu_1 = \mu_2$ となることがわかる．$\lambda = \mu_1\mu_2$ より $\boldsymbol{a} = \boldsymbol{a}_k$ に対する目的関数の値は $\sqrt{\lambda} = \sqrt{\lambda_k}, k = 1, 2, \cdots, n$ であり，$k = 1$ で目的関数の最大値が達成される．

　主成分分析や判別分析と同様に，次に相関が大きくなるような変換は 2 番目に大きい固有値 λ_2 に対応する $\boldsymbol{a}_2, \boldsymbol{b}_2$ で実現できる．正準相関分析では，一般に

$$A_k = \left(\boldsymbol{a}_1{}^T, \boldsymbol{a}_2{}^T, \cdots, \boldsymbol{a}_m{}^T\right)^T, \quad B_k = \left(\boldsymbol{b}_1{}^T, \boldsymbol{b}_2{}^T, \cdots, \boldsymbol{b}_m{}^T\right)^T$$

として，データ $\boldsymbol{x}, \boldsymbol{y} \in \mathbf{R}^n$ を

$$\boldsymbol{u} = A_k\boldsymbol{x}, \quad \boldsymbol{v} = B_k\boldsymbol{y} \in \mathbf{R}^m$$

によって圧縮する．

●例 8.4.1. 表 8.5 は，健康診断で 10 人の学生の身長・体重・視力を測定し，同じ学生に対して定期考査とスポーツテストを実施して学力および体力スコアデータを収集したものである．$\boldsymbol{x} \in \mathbf{R}^3$ は各学生の「身長」「体重」「視力」を並べたベクトル，$\boldsymbol{y} \in \mathbf{R}^2$ は「学力スコア」「体力スコア」を並べたベクトルである．正準相関分析によって求めた最大固有値に対応する固有ベクトルは

$$\boldsymbol{a}_1 = \left(0.013, 0.014, 0.0014\right)^T, \quad \boldsymbol{b}_1 = \left(-2.8 \times 10^{-5}, 0.037\right)^T$$

であり，健康診断の結果は

$$u = 0.013 \times (身長) + 0.014 \times (体重) + 0.0014 \times (視力) \tag{8.4.8}$$

に，定期考査・スポーツテストの結果は

表 8.5　健康診断と定期試験・スポーツテストの数値データ

学生番号	健 康 診 断			定期試験・スポーツテスト	
	身長 (cm)	体重 (kg)	視力	学力スコア	体力スコア
1	170	50	1.0	50	70
2	180	65	1.2	35	80
3	165	47	1.2	45	70
4	178	75	0.1	95	85
5	188	83	1.5	25	90
6	172	57	0.2	95	75
7	160	40	0.2	85	65
8	163	45	1.2	40	70
9	177	65	0.1	95	80
10	163	51	1.5	25	70

$$v = -2.8 \times 10^{-5} \times (学力スコア) + 0.037 \times (体力スコア) \quad (8.4.9)$$

に圧縮される．図 8.13 は，この 2 つの変数 u, v の関係を散布図として可視化したものである．相関係数は $r = 0.9$ であり，u, v の間に強い正の相関があることを示している．(8.4.8)–(8.4.9) をみると，身長・体重が大きい学生は u が大きく，正の相関がある v では体力スコアが大きい学生が大きい値をとる．身長・体重が，身体機能の体力と強く結びついていることが抽出されているのである．一方 (8.4.8) から，視力が低くなるなると u が小さくなり，正の相関のある v も小さい値をとる．(8.4.9) より，このことは学力スコアが大きな値をとることを示唆している．u, v は視力と学力の関係をとらえた特徴量でもある．

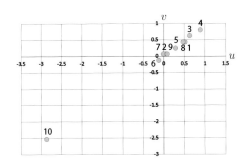

図 8.13　正準相関分析の結果 (数字は学生番号に対応)

9

クラスター分析

　異なる属性が混ざり合ったビックデータを，特徴の似たデータを寄せ集めてグループ化する手続きは，データの要約・可視化・特徴抽出など，データを分析するうえで非常に重要である．**クラスター**は類似したデータが集まったグループ・集合のことを，**クラスタリング**はデータのクラスターを形成することをいう．本章では，データ間の似ている，似ていないを定量的に数値として表現し，直観に頼ることなく類似しているデータのクラスターを構築することを解説する．

9.1　データ間の距離

　試験の成績に基づいて学生をクラス分けすることを考える．図 9.1 は，各学生の数学と国語の試験の点数を可視化した散布図の例である．数学が得意な学生と不得意な学生のグループが直観的に見えてくるので，これに従って学生を分ければよさそうである．

　2 つのデータ $x, y \in \mathbf{R}^n$ の類似度・非類似度の尺度として，図 9.2 に示すようなユークリッド距離や 2 つのベクトルの方向の一致度を使う．**ユークリッド**

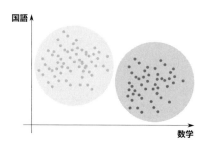

図 **9.1**　数学と国語の試験のデータ

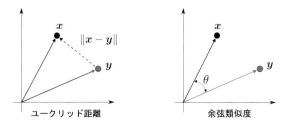

図 **9.2** データ間の類似度・非類似度

距離では

$$d(\boldsymbol{x}, \boldsymbol{y}) = \|\boldsymbol{x} - \boldsymbol{y}\|$$
$$= \sqrt{(x_1 - y_1)^2 + (x_2 - y_2)^2 + \cdots + (x_n - y_n)^2} \quad (9.1.1)$$

によって $\boldsymbol{x}$ と $\boldsymbol{y}$ の非類似度 $d(\boldsymbol{x}, \boldsymbol{y})$ を測定する．また，多変量の数値が並んだデータをベクトルとして表示し，その方向に着目してデータ間の類似度を数値化する方法もある．$\boldsymbol{x}$ と $\boldsymbol{y}$ がなす角度 θ の**方向余弦**は

$$\cos \theta = \frac{\boldsymbol{x}^T \boldsymbol{y}}{\|\boldsymbol{x}\| \, \|\boldsymbol{y}\|} \quad (9.1.2)$$

である．$\boldsymbol{x}$ と $\boldsymbol{y}$ が同じ向きの場合 $\theta = 0$ で，そのときの方向余弦は $\cos \theta = 1$ となる．$\boldsymbol{x}$ と $\boldsymbol{y}$ の向きが反対の場合 $\theta = \pi$ で，方向余弦は $\cos \theta = -1$ となる．方向余弦は向きが近いときは大きくなり，向きが異なるときは小さくなる．方向余弦 $\cos \theta$ を $\boldsymbol{x}$ と $\boldsymbol{y}$ の類似度としたものを**余弦類似度**とよぶ．

　このようにして，データ間の類似度・非類似度によって，類似しているデータをまとめたクラスターを形成する．

9.2　階層的クラスタリング

　クラスターを構築する方法は，データを逐次的に統合して，要素数の少ない小さいクラスターから徐々に要素数の大きいクラスターを作成する**階層的クラスタリング**と，それ以外の手順に従う**非階層的クラスタリング**に分けられる．

　図 9.3 の 6 つのデータ $\{\boldsymbol{x}_1, \boldsymbol{x}_2, \cdots, \boldsymbol{x}_6\}$ を，階層的クラスタリングの手順にそってグループに分ける．最初に各データ $\boldsymbol{x}_i$ を要素数が 1 つのクラスター $\{\boldsymbol{x}_i\}$ とみなし，6 つのクラスターが存在する状態から出発する．

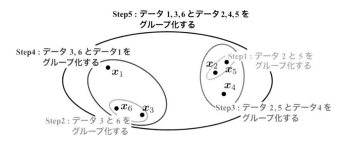

図 **9.3** 階層的クラスタリング

step 0 : $\{x_1\}, \{x_2\}, \{x_3\}, \{x_4\}, \{x_5\}, \{x_6\}$

　各クラスター (この場合各データ) 間の類似度を，先述のユークリッド距離や余弦類似度の計算に従って求め，最も類似度が高いクラスターの組合せを探し出す．図 9.3 では $\{x_2\}$ と $\{x_5\}$ の類似度が一番高いので，2 つのデータを要素とするクラスター $\{x_2, x_5\}$ を形成すると，クラスターが 5 つになる．

step 1 : $\{x_1\}, \{x_3\}, \{x_4\}, \{x_6\}, \{x_2, x_5\}$

　次に，クラスター間の類似度を定め，最も類似度が高いクラスターの組合せを探索する．$\{x_3\}$ と $\{x_6\}$ の類似度が一番高い場合，この 2 つのデータを統合したクラスター $\{x_3, x_6\}$ が作成できる．

step 2 : $\{x_1\}, \{x_4\}, \{x_2, x_5\}, \{x_3, x_6\}$

　以後同様の手続きを繰り返し，$\{x_4\}$ と $\{x_2, x_5\}$ の統合

step 3 : $\{x_1\}, \{x_4\}, \{x_3, x_6\}, \{x_2, x_4, x_5\}$

$\{x_1\}$ と $\{x_3, x_6\}$ の統合

step 4 : $\{x_1, x_3, x_6\}, \{x_2, x_4, x_5\}$

$\{x_1, x_3, x_6\}$ と $\{x_2, x_4, x_5\}$ の統合

step 5 : $\{x_1, x_2, x_3, x_4, x_5, x_6\}$

を経て，最終的にすべてのデータを要素とする 1 つのクラスターを形成する．

　クラスターを節点，クラスターが統合されていく処理を結線として表現して，クラスタリングの過程を図 9.4 のように可視化する．このようにクラスタリングの結果を木構造として表現したものが樹形図 (デンドログラム) で，クラスタリングが階層的に進められていることがわかる．類似しているクラスターから順に集めてまとめ上げながらクラスターを構築していくので，階層的クラスタリングを凝集型クラスタリングともよぶ．

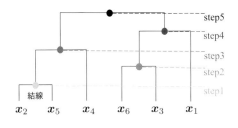

図 **9.4** 樹形図 (デンドログラム)

　上で述べたように，階層的クラスタリングでは，データ間の **similairty** (類似度) を定めたうえでクラスター間の類似度を求める必要がある．複数の要素からなるクラスター間の類似度の定義は様々で，それ応じてクラスタリングの結果も変わる．

単連結法 (Single link method)

(1) クラスター G_i とクラスター G_j の類似度を，$\boldsymbol{x}_k \in G_i$ と $\boldsymbol{x}_l \in G_j$ のすべての組合せにおいて，その類似度が最も大きい値とする (図 9.5).

$$similarity(G_i, G_j) = \max_{\boldsymbol{x}_k \in G_i, \boldsymbol{x}_l \in G_j} similarity(\boldsymbol{x}_k, \boldsymbol{x}_l)$$

(2) クラスター間の類似度が最大となる 2 つのクラスターを統合して 1 つのクラスターを作成する．

(3) この手順を繰り返す．

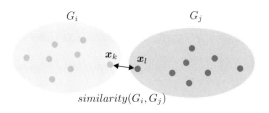

図 **9.5** 単連結法におけるクラスター間の類似度

●例 9.2.1. 図 9.6 のような 6 つのデータ $x_1, x_2, \cdots, x_6$ をユークリッド距離と単連結法を用いてクラスタリングする．データ間のユークリッド距離は，表 9.1 の距離行列で表すことができる．この距離の逆数をデータ間の類似度とする．

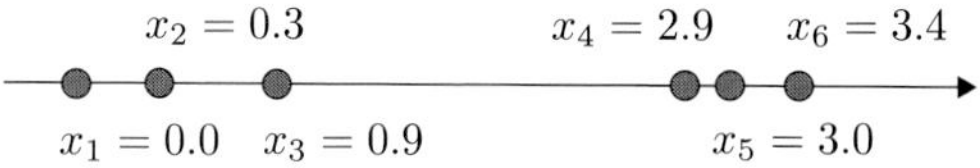

図 **9.6** 単連結法の人工データ

表 **9.1** 距離行列

	x_1	x_2	x_3	x_4	x_5	x_6
x_1		0.3	0.9	2.9	3.0	3.4
x_2	0.3		0.6	2.6	2.7	3.1
x_3	0.9	0.6		2.0	2.1	2.3
x_4	2.9	2.6	2.0		0.1	0.5
x_5	3.0	2.7	2.1	0.1		0.4
x_6	3.4	3.1	2.3	0.5	0.4	

　類似度が大きいデータの組合せを降順に並べる．最も類似度の高いデータの組合せは x_4 と x_5 で，この 2 つのデータを統合して 1 つのクラスターを作成する．

　step 1：$\{x_1\}$，$\{x_2\}$，$\{x_3\}$，$\{x_6\}$，$\{x_4, x_5\}$

　2 番目に類似度の高いデータの組合せは x_1 と x_2 であり，この 2 つのデータを統合して 1 つのクラスターを作成する．

　step 2：$\{x_3\}$，$\{x_6\}$，$\{x_4, x_5\}$，$\{x_1, x_2\}$

　3 番目に類似度の高いデータの組合せは x_5 と x_6 であるが，x_5 はクラスター $\{x_4, x_5\}$ の要素でもあるので，x_6 と $\{x_4, x_5\}$ を統合して 1 つのクラスターを作成する．

　step 3：$\{x_3\}$，$\{x_1, x_2\}$，$\{x_4, x_5, x_6\}$

　4 番目に類似度の高いデータの組合せは x_4 と x_6 であるが，この 2 つのデータは既に作成されている同一のクラスター $\{x_4, x_5, x_6\}$ の要素なので，新たな処理はしない．

　5 番目に類似度の高いデータの組合せは x_2 を x_3 であり，x_2 はクラスター $\{x_1, x_2\}$ の要素であるので，x_3 と $\{x_1, x_2\}$ を統合して 1 つのクラスターを作成する．

　step 4：$\{x_4, x_5, x_6\}$，$\{x_1, x_2, x_3\}$

　6 番目に類似度の高いデータの組合せは x_1 と x_3 であるが，既に作成されて

いる同一のクラスター $\{x_1, x_2, x_3\}$ の要素なので，新たな処理はしない．

7番目に類似度の高いデータの組合せは x_3 を x_4 であるが，x_3 はクラスター $\{x_1, x_2, x_3\}$ の要素，x_4 はクラスター $\{x_4, x_5, x_6\}$ の要素であるので，$\{x_1, x_2, x_3\}$ と $\{x_4, x_5, x_6\}$ を統合して1つのクラスターを作成する．

step 5： $\{x_1, x_2, x_3, x_4, x_5, x_6\}$

図 9.7 は，このクラスタリングの樹形図である．

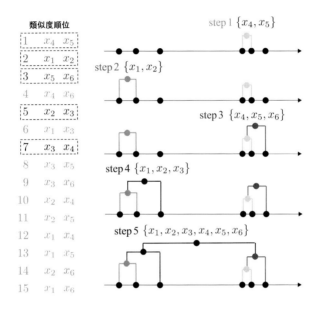

図 9.7 単連結法と樹形図

完全連結法 (Complete link method)

(1) クラスター G_i とクラスター G_j の類似度を，$\boldsymbol{x}_k \in G_i$ と $\boldsymbol{x}_l \in G_j$ のすべての組合せにおいて，その類似度が最も小さい値とする (図 9.8)．

$$similarity(G_i, G_j) = \min_{\boldsymbol{x}_k \in G_i, \boldsymbol{x}_l \in G_j} similarity(\boldsymbol{x}_k, \boldsymbol{x}_l)$$

(2) クラスター間の類似度が最大となる2つのクラスターを統合して1つのクラスターを作成する．

(3) この手順を繰り返す．

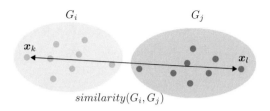

図 **9.8**　完全連結法におけるクラスター間の類似度

●例 9.2.2.　例 9.2.1 と同じように，図 9.6 のデータに対して，ユークリッド距離と完全連結法と用いてクラスタリングを行う．結果は単連結法と同じクラスター構造になる．実際に手計算でクラスタリングを行うと，単連結法の処理よりも煩雑であることがわかる．

重心法 (Centroid method)

(1) クラスター G_i とクラスター G_j の類似度を，G_i の重心 $\boldsymbol{\mu}_i$ と G_j の重心 $\boldsymbol{\mu}_j$ との類似度とする (図 9.9).

$$similarity(G_i, G_j) = similarity(\boldsymbol{\mu}_i, \boldsymbol{\mu}_j)$$

$$\text{ここで，} \boldsymbol{\mu}_i = \frac{1}{|G_i|} \sum_{\boldsymbol{x}_k \in G_i} \boldsymbol{x}_k, \quad \boldsymbol{\mu}_j = \frac{1}{|G_j|} \sum_{\boldsymbol{x}_l \in G_j} \boldsymbol{x}_l$$

ただし，$|G_i|$, $|G_j|$ は G_i, G_j に含まれるデータの総数である．

(2) クラスター間の類似度が最大となる 2 つのクラスターを統合して 1 つのクラスターを作成する．

(3) この手順を繰り返す．

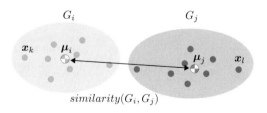

図 **9.9**　重心法におけるクラスター間の類似度

●例 9.2.3. 表 9.2 は，政府統計の総合窓口 e-Stat[1]が公表している近畿地方各府県の総人口・就業者数，大学生数であり，図 9.10 は，各府県において総人口に対する就業者数および大学生数の割合を計算し，散布図として可視化したものである．重心法を用いて，就業・学生数割合から近畿圏の各府県をグループ分けする．就業者数と大学生数の割合の範囲が大きく異なるため，就業者数割合，大学生数割合の最小値が 0，最大値が 1 になるように変換してからクラスタリングする．

表 **9.2** 近畿圏における人口・就業者数・大学生数のデータ

府県名	総人口 (人)	就業者数 (人)	大学生数 (人)
大阪府	8,839,469	3,777,65	212,562
兵庫県	5,534,800	2,443,786	112,703
京都府	2,610,353	1,192,645	139,709
三重県	1,815,865	872,773	13,657
滋賀県	1,412,916	677,976	30,620
奈良県	1,364,316	590,818	20,519
和歌山県	963,579	445,326	7,003

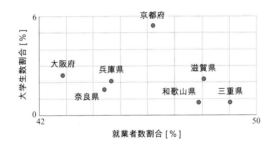

図 **9.10** 近畿圏における就業者数・大学生数の割合

　図 9.11 はその樹形図である．最も類似している府県の組合せは大阪に隣接している「兵庫」と「奈良」で，そこに「大阪」が統合されて「大阪，兵庫，奈良」のグループが生成されている．また，近畿南部地域の「三重」「和歌山」が類似している府県として統合され，そこに「滋賀」が加わる形で「三重，和歌山，滋賀」のグループが生成されている．この 3 県は総人口が少ないためか，就業者数割合が近畿地方他府県に比べて高い特徴がある．「京都」は学生の街といわれ

1) https://www.e-stat.go.jp/regional-statistics/ssdsview/prefectures

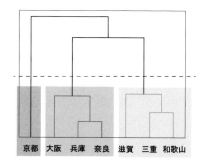

図 **9.11** 近畿府県のクラスタリング

ることからもわかるように大学生数割合が高く，他の府県とやや人口割合が異なり単独のグループを形成している．このように 3 つのグループに分けるクラスタリングで，「大阪，兵庫，奈良」グループ，「三重，和歌山，滋賀」グループ，「京都」グループを発見することができる．

　一方，類似度が高いデータやクラスターから順にグループ化するクラスタリングに対し，データの散らばり具合である分散に着目した階層的クラスタリングがある．図 9.12 では，右側のクラスタリングによって生成されたクラスター構造のほうがデータをより明瞭に分けていると感じられる．実際，右側は各クラスターに含まれるデータが密集してまとまり，各クラスターでのデータの分散が小さいのに対して，左側では，各クラスターでのデータの分散が大きくなっている．**ウォード法**は，クラスター内のデータの分散が小さくなるようにデータを階層的クラスタリングする．

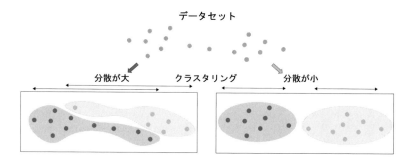

図 **9.12** 分散とクラスター

> **ウォード法 (Ward method)**　クラスター内の分散を小さく維持する
> ようにクラスターを逐次的に形成する.
>
> (1) クラスター G_p とクラスター G_q を統合してクラスター G_t を作成す
> る. G_p, G_q, G_t のクラスター内分散をそれぞれ S_p, S_q, S_t とすると,
> 統合処理による分散の増加は
>
> $$\Delta S_{pq} = S_t - S_p - S_q \tag{9.2.1}$$
>
> である.
>
> (2) ΔS_{pq} が最小となる G_p, G_q の組合せを探索し, その 2 つを統合して 1
> つのクラスターを作成する.
>
> (3) この手順を繰り返す.

クラスター G_p 内の分散は

$$S_p = \sum_{\boldsymbol{x}_i \in G_p} (\boldsymbol{x}_i - \boldsymbol{\mu}_p)^T (\boldsymbol{x}_i - \boldsymbol{\mu}_p), \tag{9.2.2}$$

ただし, $\boldsymbol{\mu}_p$ は G_p 内データの平均 (重心) である. クラスター G_q, また, G_p と G_q を統合したクラスター G_t の分散も同様である. G_p, G_q に含まれるデータ数をそれぞれ n_p, n_q とすると, G_t の平均 $\boldsymbol{\mu}_t$ は ($\boldsymbol{\mu}_q$ を G_q 内データの平均として),

$$\boldsymbol{\mu}_t = \frac{n_p \boldsymbol{\mu}_p + n_q \boldsymbol{\mu}_q}{n_p + n_q},$$

その分散 S_t は

$$S_t = \sum_{\boldsymbol{x}_i \in G_p} (\boldsymbol{x}_i - \boldsymbol{\mu}_t)^T (\boldsymbol{x}_i - \boldsymbol{\mu}_t) + \sum_{\boldsymbol{x}_i \in G_q} (\boldsymbol{x}_i - \boldsymbol{\mu}_t)^T (\boldsymbol{x}_i - \boldsymbol{\mu}_t) \tag{9.2.3}$$

である. (9.2.3) の右辺第 1 項は $\sum_{\boldsymbol{x}_i \in G_p} (\boldsymbol{x}_i - \boldsymbol{\mu}_p) = 0$ より,

$$\sum_{\boldsymbol{x}_i \in G_p} (\boldsymbol{x}_i - \boldsymbol{\mu}_t)^T (\boldsymbol{x}_i - \boldsymbol{\mu}_t)$$
$$= \sum_{\boldsymbol{x}_i \in G_p} \left(\boldsymbol{x}_i - \boldsymbol{\mu}_p - \frac{n_q(\boldsymbol{\mu}_q - \boldsymbol{\mu}_p)}{n_p + n_q} \right)^T \left(\boldsymbol{x}_i - \boldsymbol{\mu}_p - \frac{n_q(\boldsymbol{\mu}_q - \boldsymbol{\mu}_p)}{n_p + n_q} \right)$$
$$= \sum_{\boldsymbol{x}_i \in G_p} (\boldsymbol{x}_i - \boldsymbol{\mu}_p)^T (\boldsymbol{x}_i - \boldsymbol{\mu}_p) - 2 \frac{n_q(\boldsymbol{\mu}_q - \boldsymbol{\mu}_p)^T}{n_p + n_q} \sum_{\boldsymbol{x}_i \in G_p} (\boldsymbol{x}_i - \boldsymbol{\mu}_p)$$

$$+ \sum_{\boldsymbol{x}_i \in G_p} \frac{n_q(\boldsymbol{\mu}_q - \boldsymbol{\mu}_p)^T}{n_p + n_q} \frac{n_q(\boldsymbol{\mu}_q - \boldsymbol{\mu}_p)}{n_p + n_q}$$

$$= S_p + n_p \left\| \frac{n_q(\boldsymbol{\mu}_q - \boldsymbol{\mu}_p)}{n_p + n_q} \right\|^2 .$$

第 2 項も同様で，結局，(9.2.3) は

$$S_t = S_p + S_q + n_p \left\| \frac{n_q(\boldsymbol{\mu}_q - \boldsymbol{\mu}_p)}{n_p + n_q} \right\|^2 + n_q \left\| \frac{n_p(\boldsymbol{\mu}_p - \boldsymbol{\mu}_q)}{n_p + n_q} \right\|^2$$

$$= S_p + S_q + \frac{n_p n_q}{n_p + n_q} \|\boldsymbol{\mu}_p - \boldsymbol{\mu}_q\|^2$$

に帰着する．したがって

$$\Delta S_{pq} = S_t - S_p - S_q = \frac{n_p n_q}{n_p + n_q} \|\boldsymbol{\mu}_p - \boldsymbol{\mu}_q\|^2 \tag{9.2.4}$$

が得られる．

次に，統合した G_t と別のクラスター G_r を統合した場合のクラスター内分散の増加を求めるために，G_r に属するデータ数および平均をそれぞれ n_r, $\boldsymbol{\mu}_r$ とする．また，ΔS_{pr}, ΔS_{qr} は，G_r と G_p, G_r と G_q を統合したときのクラスター内分散の増加量である．このとき以下が成り立つ．

$$\frac{n_p + n_r}{n_t + n_r} \Delta S_{pr} + \frac{n_q + n_r}{n_t + n_r} \Delta S_{qr} - \frac{n_r}{n_t + n_r} \Delta S_{pq}$$

$$= \frac{n_p + n_r}{n_t + n_r} \frac{n_p n_r}{n_p + n_r} \|\boldsymbol{\mu}_p - \boldsymbol{\mu}_r\|^2 + \frac{n_q + n_r}{n_t + n_r} \frac{n_q n_r}{n_q + n_r} \|\boldsymbol{\mu}_q - \boldsymbol{\mu}_r\|^2$$

$$- \frac{n_r}{n_t + n_r} \frac{n_p n_q}{n_p + n_q} \|\boldsymbol{\mu}_p - \boldsymbol{\mu}_q\|^2$$

$$= \frac{n_t n_r}{n_t + n_r} \left[\frac{n_p}{n_t} \|\boldsymbol{\mu}_p - \boldsymbol{\mu}_r\|^2 + \frac{n_q}{n_t} \|\boldsymbol{\mu}_q - \boldsymbol{\mu}_r\|^2 - \frac{n_p n_q}{n_t{}^2} \|\boldsymbol{\mu}_p - \boldsymbol{\mu}_q\|^2 \right]$$

$$= \frac{n_t n_r}{n_t + n_r} \frac{1}{n_t{}^2} \left[n_p(n_p + n_q) \|\boldsymbol{\mu}_p - \boldsymbol{\mu}_r\|^2 + n_q(n_p + n_q) \|\boldsymbol{\mu}_q - \boldsymbol{\mu}_r\|^2 \right.$$

$$\left. - n_p n_q \|\boldsymbol{\mu}_p - \boldsymbol{\mu}_q\|^2 \right]$$

$$= \frac{n_t n_r}{n_t + n_r} \frac{1}{n_t{}^2} \left[\|n_p \boldsymbol{\mu}_p + n_q \boldsymbol{\mu}_q\|^2 - 2n_t (n_p \boldsymbol{\mu}_p + n_q \boldsymbol{\mu}_q)^T \boldsymbol{\mu}_r + n_t{}^2 \|\boldsymbol{\mu}_r\|^2 \right]$$

$$= \frac{n_t n_r}{n_t + n_r} \left\| \frac{n_p \boldsymbol{\mu}_p + n_q \boldsymbol{\mu}_q}{n_t} - \boldsymbol{\mu}_r \right\|^2$$

$$= \frac{n_t n_r}{n_t + n_r} \|\boldsymbol{\mu}_t - \boldsymbol{\mu}_r\|^2 = \Delta S_{tr} \tag{9.2.5}$$

ただし (9.2.3) を用いた. この (9.2.5) により, G_t と G_r の統合によるクラスター内分散の増加量 ΔS_{tr} は, G_p と G_r, G_q と G_r, G_p と G_q の統合によるそれぞれのクラスター内分散 $\Delta S_{pr}, \Delta S_{qr}, \Delta S_{pq}$ によって定まる. ΔS_{pq} は G_p と G_q を統合するときに計算しているが, その際に G_p と G_r, G_q と G_r を統合すべきかどうかの確認のため, $\Delta S_{pr}, \Delta S_{qr}$ も計算する. したがって, クラスター G_t と G_r を統合すべきかを判断する次の段階で必要なクラスター内分散の増加量を (9.2.3) の代わりに (9.2.5) によって求めることで, 計算を効率化している.

●例 9.2.4. 図 9.13 は 3 つのクラスターに分かれる 2 次元データ 100 個を人工的に生成したもので, 図 9.14 はこのデータに対してウォード法を用いてクラスタリングを実施した結果である. 左図は分類されたデータの散布図で, データ

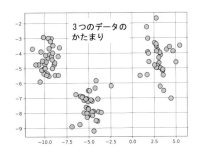

図 **9.13** 3 つのかたまりをなす人工データ

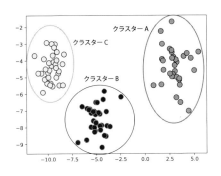
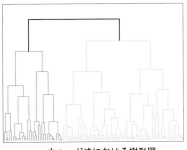

図 **9.14** 人工データに対するウォード法によるクラスタリング

は直感と合致したクラスターに分けられている．右図はクラスタリングの過程を描いた樹形図である．

9.3 非階層的クラスタリング

　非階層的クラスタリングではあらかじめクラスターの数を決めたうえで，類似しているデータを寄せ集めてクラスターを作成する．作成手順からクラスター間の階層構造は有しない．代表的なものに，k-平均法 (k-means clustering) があり，データ $\boldsymbol{x}_i, i = 1, 2, \cdots, N$ から k 個のクラスター $G_j, j = 1, 2, \cdots, k$ を作成する．

---

k-平均法 (k-means clustering)

(1) 各クラスターに含まれるデータの平均 (重心) $\boldsymbol{\mu}_j$ をクラスターの代表点とする．

$$\boldsymbol{\mu}_j = \frac{1}{|G_j|} \sum_{\boldsymbol{x}_i \in G_j} \boldsymbol{x}_i$$

ただし，$|G_j|$ は G_j のデータの総数を表す．

(2) データ $\boldsymbol{x}_i$ とクラスターの平均 $\boldsymbol{\mu}_j$ とのユークリッド距離をデータとクラスターの距離とする．

$$d(\boldsymbol{x}_i, G_j) = \|\boldsymbol{x}_i - \boldsymbol{\mu}_j\|$$

(3) 各データに対し，その距離が最小となるクラスター $G_{\boldsymbol{x}_i}$ を選ぶ．

$$G_{\boldsymbol{x}_i} = \arg \min_{G \in \{G_1, G_2, \cdots, G_k\}} d(\boldsymbol{x}_i, G_j) \qquad (9.3.1)$$

この操作は，各クラスターにデータを新しく割り当てることを意味する．ただし (9.3.1) は[2]，$G_{\boldsymbol{x}_i}$ が $\min_{G \in \{G_1, G_2, \cdots, G_k\}} d(\boldsymbol{x}_i, G_j)$ を達成することを表している．

(4) この手順を繰り返し，クラスターに割り当てられるデータが変わらなくなるか，あらかじめ決められた繰り返し計算の回数に達するまで続ける．

---

2) arg min は "argument of the minimum" の略．

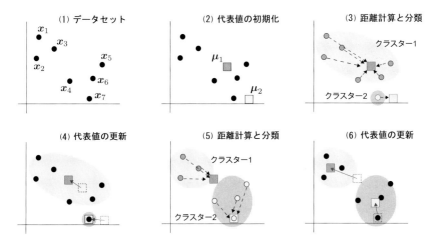

図 **9.15** k-平均法

図 9.15 は，k-平均法を用いて 7 つのデータを 2 つのクラスターに分類した例である.

(1) データセット $x_1, x_2, \cdots, x_7$ が与えられている.

(2) クラスターの代表点 μ_1, μ_2 の初期値を無作為に設定する.

(3) 各データと代表点との距離を求め，距離が小さいクラスターに分類する. $x_1, x_2, x_3, x_4, x_5, x_6$ がクラスター 1 に分類され，x_7 がクラスター 2 に分類される.

(4) 各クラスターの代表点 μ_1, μ_2 を，そのクラスターに分類されたデータの平均値に更新する.

$$\mu_1 = \frac{x_1 + x_2 + x_3 + x_4 + x_5 + x_6}{6},$$
$$\mu_2 = x_7$$

(5) 各データと代表点との距離を求め，距離が小さいクラスターに分類する. x_1, x_2, x_3 がクラスター 1 に分類され，x_4, x_5, x_6, x_7 がクラスター 2 に分類される.

(6) 各クラスターの代表点 μ_1, μ_2 を，そのクラスターに分類されたデータの平均値に更新する.

$$\mu_1 = \frac{x_1 + x_2 + x_3}{3},$$

$$\boldsymbol{\mu}_2 = \frac{\boldsymbol{x}_4 + \boldsymbol{x}_5 + \boldsymbol{x}_6 + \boldsymbol{x}_7}{4}$$

(7) 各データと代表点との距離を求め，距離が小さいクラスターに分類する．
$\boldsymbol{x}_1, \boldsymbol{x}_2, \boldsymbol{x}_3$ がクラスター 1 に分類され，$\boldsymbol{x}_4, \boldsymbol{x}_5, \boldsymbol{x}_6, \boldsymbol{x}_7$ がクラスター 2 に
分類される．分類結果が前回と同じであるので，ここで繰り返し計算を
終了する．

●例 9.3.1. 図 9.16 は平均，分散行列がそれぞれ

$$\boldsymbol{\mu}_1 = (2,2)^T, \quad \Sigma = \begin{pmatrix} 1 & 0 \\ 0 & 1 \end{pmatrix}$$

の正規分布に従う 10,000 個のデータと，平均，分散行列がそれぞれ

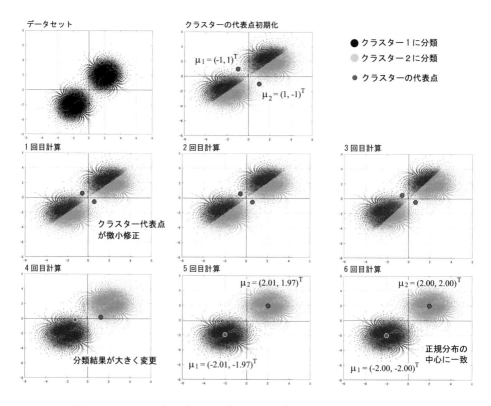

図 **9.16** 2 つの正規分布から生成した人工データの k-平均法によるクラ
スタリングの例

$$\boldsymbol{\mu}_2 = (-2, -2)^T, \quad \Sigma = \begin{pmatrix} 1 & 0 \\ 0 & 1 \end{pmatrix}$$

の正規分布に従う 10,000 個のデータを人工的に生成した 2 次元データを，k-平均法に沿って 2 つのクラスターに分割したものである．クラスターの初期代表値は

$$\boldsymbol{\mu}_1^{(0)} = (-1, 1)^T, \quad \boldsymbol{\mu}_2^{(0)} = (1, -1)$$

とした．1 回目，2 回目，3 回目の繰り返し計算では，クラスターの代表値が原点に近づいてしまうが，4 回目の繰り返し計算で，クラスター 1 の代表点は第3 象限，クラスター 2 の代表点は第 1 象限に移動し，5 回目の繰り返し計算でクラスター 1，クラスター 2 の代表点の座標が

$$\boldsymbol{\mu}_1^{(5)} = (-2.01, -1.97)^T, \quad \boldsymbol{\mu}_2^{(5)} = (2.01, 1.97)^T$$

のように，人工データの正規分布の平均ベクトルに接近し，6 回目の繰り返し計算ではクラスター 1，クラスター 2 の代表点の座標は

$$\boldsymbol{\mu}_1^{(6)} = (-2.00, -2.00)^T, \quad \boldsymbol{\mu}_2^{(6)} = (2.00, 2.00)^T$$

で，人工データの正規分布の平均ベクトルに一致した．

なお，図 9.17 はクラスター数を 3, 4, 8 と設定したときの結果である．

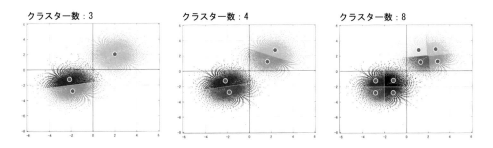

図 **9.17** 2 つの正規分布から生成した人工データの k-平均法によるクラスタリング．クラスター数を 3, 4, 8 と設定．

9.4 クラスタリングの評価

　教師あり学習ではテストデータには正解値が付与され，正解値とモデルから
出力される予測値や識別結果を比較することができるが，クラスタリングでは
データの正しい分類先が与えられているわけではない．凝集度と乖離度はクラ
スター内ではデータが密に分布し，クラスター間は遠くに離れているクラスター
構造が望ましいとする，クラスタリングの評価尺度である．

凝集度　データ $\boldsymbol{x}_i$ の凝集度 a_i は，同じクラスター G に属する他のデータとの
　　　　平均距離である．

$$a_i = \frac{1}{|G|-1} \sum_{\boldsymbol{x} \in G} \|\boldsymbol{x} - \boldsymbol{x}_i\|$$

乖離度　データ $\boldsymbol{x}_i$ の乖離度 b_i は，最も近い別のクラスター $\widetilde{G}$ に属するデータ
　　　　との平均距離である．

$$b_i = \frac{1}{|\widetilde{G}|} \sum_{\boldsymbol{x} \in \widetilde{G}} \|\boldsymbol{x} - \boldsymbol{x}_i\| \tag{9.4.1}$$

　a_i が小さいほど凝集度が高く，b_i が大きいほど乖離度が高い．凝集度が高く，
乖離度が高いほど大きな値をとる指標として，**シルエット係数**

$$s_i = \frac{b_i - a_i}{\max(a_i, b_i)} \tag{9.4.2}$$

があり，-1 から $+1$ の間の値をとる．全データに対するシルエット係数 s_i の

表 **9.3**　数学と英語の試験点数のデータセット

学生 ID	数学の点数	英語の点数	学生 ID	数学の点数	英語の点数
1	90	99	14	88	66
2	99	70	15	85	63
3	80	77	16	'84	55
4	89	83	17	54	60
5	60	88	18	55	60
6	66	84	19	67	78
7	50	67	20	73	91
8	59	56	21	77	99
9	77	55	22	70	88
10	80	67	23	70	75
11	95	68	24	71	72
12	97	99	25	81	77
13	92	60	26	91	80

平均値 $\bar{s}$ を用いてクラスタリングを定量評価する.

$$\bar{s} = \sum_i s_i \tag{9.4.3}$$

シルエット係数を用いれば,様々なクラスター数を設定し,そのときのクラスタリングの結果に対する平均シルエット係数が最大となるクラスター数を探し出すことによって,最適なクラスター数を求めることができる.

●例 9.4.1. 表 9.3 は学生 26 人の数学と英語の試験の点数で,これを用いて学生を複数のクラスに分けることを考える.図 9.18 はクラスター数を 3, 4, 5 と設定し,k-平均法によるクラスタリングを行った結果であるが,この図からはどのクラスター数が学生を適切にグループ分けしているか判断できないので,図 9.19 でクラスター数を 2～10 に設定し,それぞれについて平均シルエット係数を計算する.その結果,学生を平均シルエット係数が最大となる 4 つのグループに分けることで意思決定すればよい.

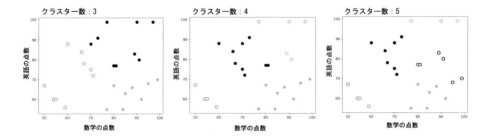

図 **9.18** 試験のデータのクラスター分析 (クラスター数を 3, 4, 5 に設定)

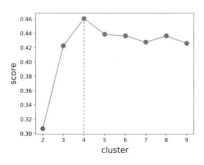

図 **9.19** 平均シルエット係数

10

ガウス過程回帰

　回帰分析において，目的変数の散らばりは予測精度に影響する．同じ回帰式が求められても，データの分布に応じて予測の不確定性は異なる．本章では，不確定性を表現する回帰式を考える．

10.1　ガウス過程回帰

　単回帰式

$$y = ax + b$$

はベクトル $\boldsymbol{x} = (x, 1)^T$, $\boldsymbol{\omega} = (a, b)^T$ を用いて

$$y = ax + b = (x, 1) \begin{pmatrix} a \\ b \end{pmatrix} = \boldsymbol{x}^T \boldsymbol{\omega}$$

と書き表すことができ，データ (x_i, y_i), $i = 1, 2, \cdots, N$ をこの式に当てはめる単回帰分析は，$\boldsymbol{\omega}$ に対する連立方程式

$$\begin{cases} y_1 = \boldsymbol{x_1}^T \boldsymbol{\omega} \\ y_2 = \boldsymbol{x_2}^T \boldsymbol{\omega} \\ \vdots \\ y_N = \boldsymbol{x_N}^T \boldsymbol{\omega} \end{cases}, \quad \boldsymbol{x_i}^T = (x_i, 1) \tag{10.1.1}$$

を解く問題である．(10.1.1) は

$$\boldsymbol{y} = X\boldsymbol{\omega}, \quad X = \begin{pmatrix} \boldsymbol{x_1}^T \\ \boldsymbol{x_2}^T \\ \vdots \\ \boldsymbol{x_N}^T \end{pmatrix}, \quad \boldsymbol{y} = \left(y_1, y_2, \cdots, y_N\right)^T \tag{10.1.2}$$

であり，X の擬似逆行列を $X^{\#}$ とすると

$$\boldsymbol{\omega} = X^{\#}\boldsymbol{y} \tag{10.1.3}$$

は，$\|\boldsymbol{y} - X\omega\|^2$ を最小にする $\boldsymbol{\omega} = (a,b)^T$ のうちで $\|\boldsymbol{\omega}\|$ を最小にするものである．

同様に，データ (x_{ij}, y_i), $i = 1, 2, \cdots, N$; $j = 1, 2, \cdots, n$ を

$$y = a_0 + a_1 x_1 + a_2 x_2 + \cdots + a_n x_n$$

に当てはめる重回帰は，$\boldsymbol{\omega} = \left(a_0, a_1, a_2, \cdots, a_n\right)^T$ を

$$\boldsymbol{\omega} = X^{\#}\boldsymbol{y}, \quad X = \begin{pmatrix} \boldsymbol{x_1}^T \\ \boldsymbol{x_2}^T \\ \vdots \\ \boldsymbol{x_N}^T \end{pmatrix}, \quad \boldsymbol{x_i}^T = \left(1,\ x_{i1},\ x_{i2}, \cdots,\ x_{in}\right),\ i = 1, 2, \cdots, N$$

で与えることであり，また，データ (x_i, y_i), $i = 1, 2, \cdots, N$ を

$$y = a_0 + a_1 x + a_2 x^2 + \cdots + a_n x^n$$

で当てはめる多項式回帰は，$\boldsymbol{\omega} = \left(a_0, a_1, a_2, \cdots, a_n\right)^T$ を

$$\boldsymbol{\omega} = X^{\#}\boldsymbol{y}, \quad X = \begin{pmatrix} \boldsymbol{x_1}^T \\ \boldsymbol{x_2}^T \\ \vdots \\ \boldsymbol{x_N}^T \end{pmatrix}, \quad \boldsymbol{x_i}^T = \left(1,\ x_i,\ x_i{}^2, \cdots,\ x_i{}^n\right),\ i = 1, 2, \cdots, N$$

で与えることである．

単回帰，重回帰，多項式回帰いずれの場合も，回帰式は

$$y = \boldsymbol{\omega}^T \boldsymbol{x} \tag{10.1.4}$$

となる．

図 10.1 では，説明変数が全域にわたって直線状に等分布で配置している左のデータも，領域によってその分布が変動する右のデータも，回帰式 $y = \boldsymbol{\omega}^T \boldsymbol{x}$ は同じになっている．特に，左図の領域 S では目的変数の散らばり度合いが小さく，説明変数から目的変数の値を正確に予測することが期待できるが，右図の領域 S では目的変数は大きく広がって分布し，予測の不確定性が高くなりそうである．

ここで，目的変数データ y_i に，平均 0，分散 σ^2 の正規分布 $\mathcal{N}(0, \sigma^2)$ に従う

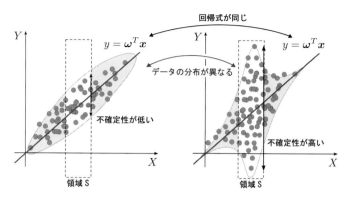

図 **10.1** データ分布と回帰式

ノイズ (雑音) ε_i が入ったとする[1].

$$y_i = \boldsymbol{\omega}^T \boldsymbol{x}_i + \varepsilon_i, \quad i = 1, 2, \cdots, N, \tag{10.1.5}$$

すなわち，説明変数 $\boldsymbol{x}_i$，回帰係数 $\boldsymbol{\omega}$ の下で y_i が観測される確率は

$$p(y_i|\boldsymbol{x}_i, \boldsymbol{\omega}) = \frac{1}{\sqrt{2\pi\sigma^2}} \exp\left\{-\frac{(y_i - \boldsymbol{\omega}^T \boldsymbol{x}_i)^2}{2\sigma^2}\right\}, \tag{10.1.6}$$

したがって，説明変数データ $\boldsymbol{x}_1, \boldsymbol{x}_2, \cdots, \boldsymbol{x}_N$ の各々に対して目的変数データ $y_1, y_2, \cdots, y_N$ が生成される共起確率は，各データが独立であれば

$$P(y_1, \cdots, y_N|\boldsymbol{x}_1, \cdots, \boldsymbol{x}_N, \boldsymbol{\omega}) = \prod_{i=1}^{N} p(y_i|\boldsymbol{x}_i, \boldsymbol{\omega})$$

$$= \frac{1}{(2\pi\sigma^2)^{n/2}} \exp\left\{-\frac{1}{2\sigma^2} \sum_{i=1}^{N} (y_i - \boldsymbol{\omega}^T \boldsymbol{x}_i)^2\right\} \tag{10.1.7}$$

となる.

$$\boldsymbol{y} = \left(y_1, y_2, \cdots, y_N\right)^T, \quad X = \left(\boldsymbol{x}_1{}^T, \boldsymbol{x}_2{}^T, \cdots, \boldsymbol{x}_N{}^T\right)^T$$

とおくと，

$$\boldsymbol{z} = \begin{pmatrix} y_1 - \boldsymbol{x}_1{}^T\boldsymbol{\omega} \\ y_2 - \boldsymbol{x}_2{}^T\boldsymbol{\omega} \\ \vdots \\ y_N - \boldsymbol{x}_N{}^T\boldsymbol{\omega} \end{pmatrix} = \begin{pmatrix} y_1 \\ y_2 \\ \vdots \\ y_N \end{pmatrix} - \begin{pmatrix} \boldsymbol{x}_1{}^T \\ \boldsymbol{x}_2{}^T \\ \vdots \\ \boldsymbol{x}_N{}^T \end{pmatrix}\boldsymbol{\omega} = \boldsymbol{y} - X\boldsymbol{\omega}$$

---

1) ホワイトノイズという. 中心極限定理により，独立同分布に従う確率変数の平均値は正規分布に漸近する.

に対して

$$\sum_{i=1}^{N} (y_i - \boldsymbol{\omega}^T \boldsymbol{x}_i)^2 = \boldsymbol{z}^T \boldsymbol{z}. \qquad (10.1.8)$$

よって (10.1.7) は次のようになる.

$$P(\boldsymbol{y}|X, \boldsymbol{\omega}) = \frac{1}{(2\pi\sigma^2)^{n/2}} \exp\left\{ -\frac{1}{2\sigma^2} (\boldsymbol{y} - X\boldsymbol{\omega})^T (\boldsymbol{y} - X\boldsymbol{\omega}) \right\}$$
$$= \frac{1}{(2\pi\sigma^2)^{n/2}} \exp\left\{ -\frac{1}{2\sigma^2} \|\boldsymbol{y} - X\boldsymbol{\omega}\|^2 \right\}$$

　回帰係数 $\boldsymbol{\omega}$ も確率変数であるとして，条件付き確率に関するベイズの定理 (p.43) と連鎖律を適用する.

$$P(\boldsymbol{\omega}|X, \boldsymbol{y}) = \frac{P(X, \boldsymbol{y}|\boldsymbol{\omega})P(\boldsymbol{\omega})}{P(X, \boldsymbol{y})} = \frac{P(\boldsymbol{y}|X, \boldsymbol{\omega})P(X|\boldsymbol{\omega})P(\boldsymbol{\omega})}{P(X, \boldsymbol{y})}$$

X が $\boldsymbol{\omega}$ に依存しないこと，$P(X, \boldsymbol{y})$ に $\boldsymbol{\omega}$ が入っていないことから[2]

$$P(\boldsymbol{\omega}|X, \boldsymbol{y}) \propto P(\boldsymbol{y}|X, \boldsymbol{\omega})P(\boldsymbol{\omega}),$$

さらに，$\boldsymbol{\omega}$ の事前確率が平均 $\boldsymbol{0}$，分散行列 Σ_ω の正規分布に従うとすると

$$P(\boldsymbol{\omega}|X, \boldsymbol{y}) \propto \frac{1}{(2\pi\sigma^2)^{n/2}} \exp\left\{ -\frac{1}{2\sigma^2} (\boldsymbol{y} - X\boldsymbol{\omega})^T (\boldsymbol{y} - X\boldsymbol{\omega}) \right\}$$
$$\times \frac{1}{(2\pi \det \Sigma_\omega)^{n/2}} \exp\left\{ -\frac{1}{2}\boldsymbol{\omega}^T \Sigma_\omega{}^{-1}\boldsymbol{\omega} \right\}$$
$$\propto \exp\left\{ -\frac{1}{2\sigma^2} (\boldsymbol{y}^T\boldsymbol{y} - 2\boldsymbol{y}^T X\boldsymbol{\omega} + \boldsymbol{\omega}^T X^T X\boldsymbol{\omega}) - \frac{1}{2}\boldsymbol{\omega}^T \Sigma_\omega{}^{-1}\boldsymbol{\omega} \right\}$$
$$\propto \exp\left\{ -\frac{1}{2}\boldsymbol{\omega}^T \left(\Sigma_\omega{}^{-1} + \frac{1}{\sigma^2} X^T X \right) \boldsymbol{\omega} + \frac{1}{\sigma^2}\boldsymbol{y}^T X\boldsymbol{\omega} - \frac{1}{2\sigma^2}\boldsymbol{y}^T\boldsymbol{y} \right\}.$$
$$(10.1.9)$$

ここで (10.1.9) の指数部分を整理し，平方完成する.

$$-\frac{1}{2} (\boldsymbol{\omega} - \boldsymbol{\alpha})^T \left(\Sigma_\omega{}^{-1} + \frac{1}{\sigma^2} X^T X \right) (\boldsymbol{\omega} - \boldsymbol{\alpha})$$
$$= -\frac{1}{2}\boldsymbol{\omega}^T \left(\Sigma_\omega{}^{-1} + \frac{1}{\sigma^2} X^T X \right) \boldsymbol{\omega} + \boldsymbol{\alpha}^T \left(\Sigma_\omega{}^{-1} + \frac{1}{\sigma^2} X^T X \right) \boldsymbol{\omega}$$
$$- \frac{1}{2}\boldsymbol{\alpha}^T \left(\Sigma_\omega{}^{-1} + \frac{1}{\sigma^2} X^T X \right) \boldsymbol{\alpha}$$

---

2)　ただし，$A \propto B$ は B が A に比例することを表す.

に注意して，$\boldsymbol{\alpha}$ を

$$\frac{1}{\sigma^2}\boldsymbol{y}^T X = \boldsymbol{\alpha}^T\left(\Sigma_\omega{}^{-1} + \frac{1}{\sigma^2}X^T X\right),$$

したがって

$$\boldsymbol{\alpha} = \frac{1}{\sigma^2}A^{-1}X^T\boldsymbol{y}, \quad A = \Sigma_\omega{}^{-1} + \frac{1}{\sigma^2}X^T X \qquad (10.1.10)$$

で定める．

ガウス過程回帰は，ホワイトノイズを含む訓練データから回帰式のパラメータ分布を推定し，それを用いて説明変数データから目的変数の数値を予測する．上述のことから，回帰式のパラメータ $\boldsymbol{\omega}$ の事後分布 $P(\boldsymbol{\omega}|X,\boldsymbol{y})$ は平均 $\boldsymbol{\alpha}$，分散行列 A^{-1} の正規分布であるので，入力された説明変数データ $\boldsymbol{x}^*$ に対して出力される目的変数 y^* の期待値 (平均) $\bar{y}$ は

$$\bar{y} = \int \boldsymbol{x}^{*T}\boldsymbol{\omega}P(\boldsymbol{\omega}|X,\boldsymbol{y})\,d\boldsymbol{\omega}$$
$$= \boldsymbol{x}^{*T}\int \boldsymbol{\omega}P(\boldsymbol{\omega}|X,\boldsymbol{y})\,d\boldsymbol{\omega} = \boldsymbol{x}^{*T}\boldsymbol{\alpha}, \qquad (10.1.11)$$

分散 $\sigma_y{}^2$ は

$$\sigma_y{}^2 = \int (\boldsymbol{x}^{*T}\boldsymbol{\omega} - \bar{y})^2 P(\boldsymbol{\omega}|X,\boldsymbol{y})\,d\boldsymbol{\omega}$$
$$= \int (\boldsymbol{x}^{*T}\boldsymbol{\omega} - \boldsymbol{x}^{*T}\boldsymbol{\alpha})^2 P(\boldsymbol{\omega}|X,\boldsymbol{y})\,d\boldsymbol{\omega}$$
$$= \boldsymbol{x}^{*T}\int (\boldsymbol{\omega} - \boldsymbol{\alpha})(\boldsymbol{\omega} - \boldsymbol{\alpha})^T P(\boldsymbol{\omega}|X,\boldsymbol{y})\,d\boldsymbol{\omega}\,\boldsymbol{x}^*$$
$$= \boldsymbol{x}^{*T}A^{-1}\boldsymbol{x}^* \qquad (10.1.12)$$

となる．

10.2 高次元特徴ベクトル

前節で考察した回帰式 (10.1.4) では，入力データに対する予測の期待値が (10.1.11) であり，訓練データ中の入力ベクトル $\boldsymbol{x}_i$, $i = 1, 2, \cdots, N$ の線形結合となって，回帰式が表現できる出力データの形が制限される．そこでベクトル関数 $\boldsymbol{\phi}$ を用いて，入力 $\boldsymbol{x} \in \mathbf{R}^n$ を高次元空間に射影し，得られた特徴ベクト

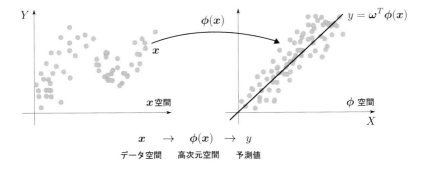

図 **10.2** 高次元特徴ベクトルを介したガウス過程回帰

ル $\boldsymbol{\phi}(\boldsymbol{x}) \in \mathbf{R}^m$ に対してガウス過程回帰を行う.

この場合, データ

$$(\boldsymbol{\phi}(\boldsymbol{x}_i), y_i), \quad \boldsymbol{x}_i \in \mathbf{R}^n, \ \boldsymbol{\phi}(\boldsymbol{x}_i) \in \mathbf{R}^m, \ y_i \in \mathbf{R}, \ \ i = 1, 2, \cdots, N$$

は, 回帰係数 $\boldsymbol{\omega}$ とノイズ ε_i に対して関係

$$y_i = \boldsymbol{\omega}^T \boldsymbol{\phi}(\boldsymbol{x}_i) + \varepsilon_i, \quad i = 1, 2, \cdots, N \tag{10.2.1}$$

をもつ. ただし, ε_i は平均 0, 分散 σ^2 の正規分布 $\mathcal{N}(0, \sigma^2)$ に従うものとする.
このとき, 与えられたデータの下で回帰係数 $\boldsymbol{\omega}$ が発生する事後確率は, 平均

$$\boldsymbol{\alpha} = \frac{1}{\sigma^2} A^{-1} \Phi(X)^T \boldsymbol{y}, \tag{10.2.2}$$

分散行列

$$A^{-1} = \left(\Sigma_\omega^{-1} + \frac{1}{\sigma^2} \Phi(X)^T \Phi(X) \right)^{-1} \tag{10.2.3}$$

の正規分布に従う. ただし,

$$\Phi(X) = \left(\boldsymbol{\phi}(\boldsymbol{x}_1)^T, \boldsymbol{\phi}(\boldsymbol{x}_2)^T, \cdots, \boldsymbol{\phi}(\boldsymbol{x}_N)^T \right)^T$$

である. よって (10.2.1) による, 入力データ $\boldsymbol{x}^*$ に対する出力の平均 $\bar{y}$ は

$$\bar{y} = \boldsymbol{\phi}(\boldsymbol{x}^*)^T \boldsymbol{\alpha}, \tag{10.2.4}$$

分散 $\sigma_y{}^2$ は

$$\sigma_y{}^2 = \boldsymbol{\phi}(\boldsymbol{x}^*)^T A^{-1} \boldsymbol{\phi}(\boldsymbol{x}^*) \tag{10.2.5}$$

である.

ここで $N \times N$ 行列 K を

$$K = \Phi(X)\,\Sigma_\omega\,\Phi(X)^T$$

とすると

$$
\begin{aligned}
\frac{1}{\sigma^2}\Phi(X)^T\left(K + \sigma^2 E\right) &= \frac{1}{\sigma^2}\Phi(X)^T\,\Phi(X)\,\Sigma_\omega\,\Phi(X)^T + \Phi(X)^T \\
&= \left(\frac{1}{\sigma^2}\Phi(X)^T\,\Phi(X) + \Sigma_\omega^{-1}\right)\Sigma_\omega\,\Phi(X)^T \\
&= A\,\Sigma_\omega\,\Phi(X)^T
\end{aligned}
$$

となる. ただし, $E \in \mathbf{R}^{N \times N}$ は単位行列である. 左から A^{-1}, 右から $(K + \sigma^2 E)^{-1}$ をかければ

$$\frac{1}{\sigma^2}A^{-1}\,\Phi(X)^T = \Sigma_\omega\,\Phi(X)^T(K + \sigma^2 E)^{-1},$$

(10.2.2) より

$$\boldsymbol{\alpha} = \Sigma_\omega\,\Phi(X)^T(K + \sigma^2 E)^{-1}\boldsymbol{y}$$

であるので, (10.2.4) は

$$\bar{y} = \boldsymbol{\phi}(\boldsymbol{x}^*)^T\Sigma_\omega\,\Phi(X)^T(K + \sigma^2 E)^{-1}\boldsymbol{y} \qquad (10.2.6)$$

となる. また, (10.2.3) と次の補題[3)]

補題 (逆行列の公式). 同じサイズの正方行列 A, B, C, D について, $A, C,$
BCD が正則行列ならば

$$(A + BCD)^{-1} = A^{-1} - A^{-1}B(DA^{-1}B + C^{-1})^{-1}DA^{-1} \quad (10.2.7)$$

が成り立つ.

---

3) 証明は, 実際, 行列 $A + BCD$ と (10.2.7) の右辺をかけると単位行列 E が得られる.

$$
\begin{aligned}
&(A + BCD)\left(A^{-1} - A^{-1}B(DA^{-1}B + C^{-1})^{-1}DA^{-1}\right) \\
&= AA^{-1} - AA^{-1}B(DA^{-1}B + C^{-1})^{-1}DA^{-1} \\
&\quad + BCDA^{-1} - BCDA^{-1}B(DA^{-1}B + C^{-1})^{-1}DA^{-1} \\
&= E - B(DA^{-1}B + C^{-1})^{-1}DA^{-1} \\
&\quad + BCDA^{-1} - BCDA^{-1}B(DA^{-1}B + C^{-1})^{-1}DA^{-1} \\
&= E - BCC^{-1}(DA^{-1}B + C^{-1})^{-1}DA^{-1} \\
&\quad + BCDA^{-1} - BCDA^{-1}B(DA^{-1}B + C^{-1})^{-1}DA^{-1} \\
&= E + BCDA^{-1} - BC(C^{-1} + DA^{-1}B)(DA^{-1}B + C^{-1})^{-1}DA^{-1} \\
&= E + BCDA^{-1} - BCDA^{-1} = E
\end{aligned}
$$

より

$$A^{-1} = \Sigma_\omega - \Sigma_\omega \, \Phi(X)^T \left(\Phi(X) \, \Sigma_\omega \, \Phi(X)^T + \sigma^2 E \right) \Phi(X) \, \Sigma_\omega.$$

したがって (10.2.5) は

$$\sigma_y{}^2 = \phi(\boldsymbol{x}^*)^T \Big\{ \Sigma_\omega$$
$$- \Sigma_\omega \, \Phi(X)^T \left(\Phi(X) \, \Sigma_\omega \, \Phi(X)^T + \sigma^2 E \right)^{-1} \Phi(X) \, \Sigma_\omega \Big\} \phi(\boldsymbol{x}^*)$$

$$= \phi(\boldsymbol{x}^*)^T \Sigma_\omega \phi(\boldsymbol{x}^*)$$
$$- \phi(\boldsymbol{x}^*)^T \Sigma_\omega \, \Phi(X)^T \left(\Phi(X) \, \Sigma_\omega \, \Phi(X)^T + \sigma^2 E \right)^{-1} \Phi(X) \, \Sigma_\omega \phi(\boldsymbol{x}^*)$$

$$= \phi(\boldsymbol{x}^*)^T \Sigma_\omega \phi(\boldsymbol{x}^*)$$
$$- \phi(\boldsymbol{x}^*)^T \Sigma_\omega \, \Phi(X)^T \left(K + \sigma^2 E \right)^{-1} \Phi(X) \, \Sigma_\omega \phi(\boldsymbol{x}^*) \qquad (10.2.8)$$

である.

(10.2.6), (10.2.8) に現れる

$$\boldsymbol{k}(\boldsymbol{x}^*)^T := \phi(\boldsymbol{x}^*)^T \Sigma_\omega \Phi(X)^T \in \mathbf{R}^N,$$
$$K := \Phi(X) \, \Sigma_\omega \, \Phi(X)^T \in \mathbf{R}^{N \times N}$$

について,

$$\boldsymbol{k}(\boldsymbol{x}^*)^T = \phi(\boldsymbol{x}^*)^T \Sigma_\omega \Phi(X)^T$$
$$= \phi(\boldsymbol{x}^*)^T \Sigma_\omega \Big(\phi(\boldsymbol{x}_1), \phi(\boldsymbol{x}_2), \cdots, \phi(\boldsymbol{x}_N) \Big)$$
$$= \Big(\phi(\boldsymbol{x}^*)^T \Sigma_\omega \phi(\boldsymbol{x}_1), \; \phi(\boldsymbol{x}^*)^T \Sigma_\omega \phi(\boldsymbol{x}_2), \cdots, \phi(\boldsymbol{x}^*)^T \Sigma_\omega \phi(\boldsymbol{x}_N) \Big),$$

$$K = \Phi(X) \, \Sigma_\omega \, \Phi(X)^T$$
$$= \begin{pmatrix} \phi(\boldsymbol{x}_1)^T \\ \phi(\boldsymbol{x}_2)^T \\ \vdots \\ \phi(\boldsymbol{x}_N)^T \end{pmatrix} \Sigma_\omega \Big(\phi(\boldsymbol{x}_1), \phi(\boldsymbol{x}_2), \cdots, \phi(\boldsymbol{x}_N) \Big)$$
$$= \begin{pmatrix} \phi(\boldsymbol{x}_1)^T \Sigma_\omega \phi(\boldsymbol{x}_1) & \phi(\boldsymbol{x}_1)^T \Sigma_\omega \phi(\boldsymbol{x}_2) & \cdots & \phi(\boldsymbol{x}_1)^T \Sigma_\omega \phi(\boldsymbol{x}_N) \\ \phi(\boldsymbol{x}_2)^T \Sigma_\omega \phi(\boldsymbol{x}_1) & \phi(\boldsymbol{x}_2)^T \Sigma_\omega \phi(\boldsymbol{x}_2) & \cdots & \phi(\boldsymbol{x}_2)^T \Sigma_\omega \phi(\boldsymbol{x}_N) \\ \vdots & \vdots & \ddots & \vdots \\ \phi(\boldsymbol{x}_N)^T \Sigma_\omega \phi(\boldsymbol{x}_1) & \phi(\boldsymbol{x}_N)^T \Sigma_\omega \phi(\boldsymbol{x}_2) & \cdots & \phi(\boldsymbol{x}_N)^T \Sigma_\omega \phi(\boldsymbol{x}_N) \end{pmatrix}$$

であり，いずれの要素も

$$k(\boldsymbol{x}, \boldsymbol{x}') := \boldsymbol{\phi}(\boldsymbol{x})^T \Sigma_\omega \boldsymbol{\phi}(\boldsymbol{x}')$$

となっている．したがって，このカーネル $k(\boldsymbol{x}, \boldsymbol{x}')$ が求まれば, (10.2.6), (10.2.8) が得られる．このことをカーネルトリックとよぶ.

ここで正定値対称行列 Σ_ω を直交行列 U で対角化する. Σ を対角行列として

$$\Sigma_\omega = U\Sigma U^T = U\Sigma^{1/2}U^T U\Sigma^{1/2}U^T = \Sigma_\omega{}^{1/2}\Sigma_\omega{}^{1/2}, \quad \Sigma_\omega{}^{1/2} = U\Sigma^{1/2}U^T$$

と分解すると，$\boldsymbol{\psi}(\boldsymbol{x}) = \Sigma_\omega{}^{1/2}\boldsymbol{\phi}(\boldsymbol{x}')$ を用いて

$$k(\boldsymbol{x}, \boldsymbol{x}') = \boldsymbol{\phi}(\boldsymbol{x})^T \Sigma_\omega \boldsymbol{\phi}(\boldsymbol{x}') = \boldsymbol{\phi}(\boldsymbol{x})^T \Sigma_\omega{}^{1/2}\Sigma_\omega{}^{1/2}\boldsymbol{\phi}(\boldsymbol{x}') = \boldsymbol{\psi}(\boldsymbol{x})^T \boldsymbol{\psi}(\boldsymbol{x}')$$

と書ける．カーネル $k(\boldsymbol{x}, \boldsymbol{x}')$ は，2 つのベクトル $\boldsymbol{\psi}(\boldsymbol{x})$ と $\boldsymbol{\psi}(\boldsymbol{x}')$ の"内積"になっていることがわかる.

このように，カーネルトリックの方法を用いると，非線形関数を用いた回帰とその計算を簡略化することができる．次節でその適用例を紹介する.

10.3 訓練データと予測値

前節で述べた高次元特徴ベクトルによる回帰では，入力データ $\boldsymbol{x}^*$ に対する出力の平均 $\bar{y}$ が, (10.2.6) のとおり

$$\bar{y} = \boldsymbol{\phi}(\boldsymbol{x}^*)^T \Sigma_\omega \Phi(X)^T (K + \sigma^2 E)^{-1}\boldsymbol{y}, \qquad (10.3.1)$$

分散 $\sigma_y{}^2$ は, (10.2.8) のとおり

$$\sigma_y{}^2 = \boldsymbol{\phi}(\boldsymbol{x}^*)^T \Sigma_\omega \boldsymbol{\phi}(\boldsymbol{x}^*) - \boldsymbol{\phi}(\boldsymbol{x}^*)^T \Sigma_\omega \Phi(X)^T \left(K + \sigma^2 E\right)^{-1} \Phi(X) \Sigma_\omega \boldsymbol{\phi}(\boldsymbol{x}^*)$$

で与えられていた. (10.3.1) において

$$\boldsymbol{\phi}(\boldsymbol{x}^*)^T (K + \sigma^2 E)^{-1} = \big(\beta_1(\boldsymbol{x}^*), \beta_2(\boldsymbol{x}^*), \cdots, \beta_N(\boldsymbol{x}^*)\big) = \boldsymbol{\beta}(\boldsymbol{x}^*)^T$$

とおくと

$$\bar{y} = \boldsymbol{\beta}(\boldsymbol{x}^*)^T \boldsymbol{y} = \sum_{i=1}^{N} \beta_i(\boldsymbol{x}^*)y_i \qquad (10.3.2)$$

であり，$\bar{y}$ は $y_i, i = 1, 2, \cdots, N$ の線形和となっている．$\beta_i(\boldsymbol{x}^*)$ が入力データ $\boldsymbol{x}^*$ と訓練データ中の $\boldsymbol{x}_i$ との類似度を表していると考えると, (10.3.2) によって類似度が高いデータに対応する y_i には大きく重み付けされ，類似度が低いデー

タに対応する y_i には小さな重み付けによって無視されるように出力値が予測されていることがわかる.

●例 10.3.1. 図 10.3 の上図では,真のモデル

$$y = \cos 2x + \sin 4x$$

にノイズを加えた 20 個の訓練データと 10 個のテストデータを人工的に作成している.カーネルに**動径基底関数** (Radial Basis Function: RBF)

$$k(x, x') = \theta_1 \exp\left(-\frac{\|x - x'\|^2}{2\theta_2{}^2}\right)$$

を採用する.(θ_1, θ_2) は 2 次元のパラメータで,訓練データが生成される確率が最大となるように最適化する.下段左図は,(θ_1, θ_2) を最適化する前の回帰モデルによる予測値の平均と分散を示している.予測の平均と訓練データ,テストデータとの誤差や予測の分散が大きいことがわかる.下段右図は,(θ_1, θ_2) を最適化した後の回帰分析結果である.予測が訓練データやテストデータとよく一致すること,訓練データがある近傍では予測の分散が小さく確信度が高いこと,訓練データがない領域では予測の分散が大きく確信度が低くなっている

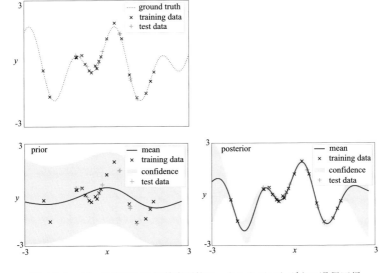

図 10.3 データ分布と動径基底関数カーネルを用いたガウス過程回帰

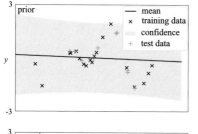
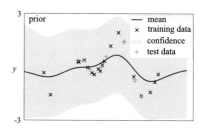
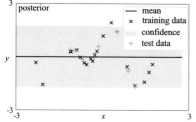
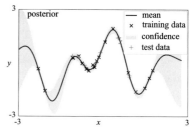

図 **10.4**　線形カーネルを用いたガウス過
　　　程回帰

図 **10.5**　Rational quadratic カーネル
　　　を用いたガウス過程回帰

ことがわかる.

　なお，カーネル関数によって回帰分析の結果が大きく変わるので，様々なカーネル関数を用いた場合の分析結果を確認し，試行錯誤によって取捨選択する必要がある. 図 10.4, 10.5 は，それぞれ**線形カーネル**

$$k(x, x') = \theta_1 x x' \quad (\theta_1 \text{ はパラメータ}),$$

Rational quadratic カーネル

$$k(x, x') = {\theta_1}^2 \left(1 + \frac{\|x - x'\|^2}{2\theta_2 {\theta_3}^2}\right)^{-\theta_2} \quad (\theta_1, \theta_2, \theta_3 \text{ はパラメータ})$$

を採用した場合のガウス過程回帰の結果である.

●例 10.3.2. ボストンの住宅価格データセット[4]には 14 個の変数の組

1 : CRIME　per capita crime rate by town　犯罪発生率

2 : ZN　proportion of residential land zoned for lots over 25,000 sq.ft.　25,000 平方フィート以上の住宅区間の割合

3 : INDUS　proportion of non-retail business acres per town　非小売業の土地面積割合

---

4)　Python のパッケージから `load_boston()` 関数でデータを読み込んで解析.

4 : CHAS Charles River dummy variable (=1 if tract bounds river; 0 otherwise) チャールズ側沿いかどうか (川沿いなら 1, 川沿いでないなら 0)

5 : NOX nitric oxides concentration (parts per 10 million) 窒素酸化物の濃度

6 : RM average number of rooms per dwelling 一戸当たりの平均部屋数

7 : AGE proportion of owner-occupied units built prior to 1940 1940 年よりも前に建てられた家屋の割合

8 : DIS weighted distances to five Boston employment centres 5 つあるボストン雇用センターまでの加重距離

9 : RAD index of accessibility to radial highways 幹線道路へのアクセス指数

10 : TAX full-value property-tax rate per \$10,000 \$10,000 当たりの固定資産税率

11 : PTRATIO pupil-teacher ratio by town 教師当たりの生徒の数

12 : B $1000(B_k - 0.63)^2$ where B_k is the proportion of blacks by town アフリカ系アメリカ人居住者の割合 B_k に関する指数

13 : LSTAT lower status of the population 低所得者人口の割合

14 : MEDV Median value of owner-occupied homes in \$1000's 所有者居住住宅価格の中央値 (単位は \$1,000)

からなる 506 個のデータが収録されている. 住宅価格を, 他の 13 個の変数データから予測する.

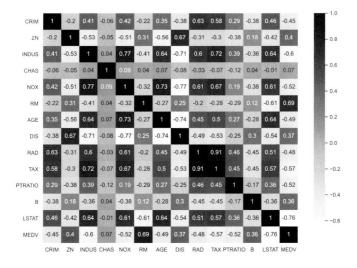

図 10.6 ボストン住宅価格データセットにおける変数間の相関係数

表 **10.1** ボストン住宅価格データに対するガウス過程回帰を用いた住宅
価格予測の統計量

説 明 変 数	最適化前の RMSE	最適化前の 95%信頼区間 の平均	最適化後の RMSE	最適化後の 95%信頼区間 の平均
1 変数 LSTAT	0.030	3.95	0.034	2.12
1 変数 RM	0.055	3.97	0.074	2.43
1 変数 INDUS	0.035	3.94	0.049	2.47
2 変数 LSTAT, RM	0.014	4.04	0.39×10^{-4}	1.68
3 変数 LSTAT, RM, INDUS	0.025	4.11	0.011	1.58
13 変数 すべて	0.059	4.86	0.037	1.18

まず，各変数間での相関関係を計算する．図 10.6 に示される変数間の相関係数より，住宅価格 (MEDV) と相関が高い変数は，LSTAT (低所得者人口)，RM (平均部屋数)，INDUS (非小売業割合) であることがわかる．

そこで，これら LSTAT, RM, INDUS から MEDV を予測する式を，カーネル関数に動径基底関数を採用したガウス過程回帰を用いて求める．その結果は表 10.1 としてまとめられる．なお，ボストン住宅価格データに関して，変数ごとのデータを正規化し，70% を訓練データ，30% をテストデータとして使用する．

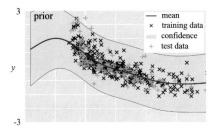
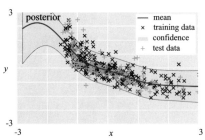

図 **10.7** LSTAT と MEDV の関係

表 10.1 の 1 行目では，最も相関が高い LSTAT を説明変数，MEDV を目的変数とした予測式の結果を示している．また，動径基底関数のパラメータを最適化する前後におけるガウス過程回帰の結果を図 10.7 に可視化する．住宅価格の

予測の平均値と実際の住宅価格がよ
く一致している．パラメータを最適
化する前の予測の平均値と実際の価
格の平均 2 乗誤差 (RMSE: Root
Mean Squared Error) は 0.030 であ
り，各テストデータにおける 95%信
頼区間の平均値は 3.95 である．パラ
メータを最適化した後における予測
の平均値と実際の価格の平均 2 乗誤
差は 0.034 であり，95%信頼区間の
平均値は 2.12 である．これは，パラ
メータを最適化することによって，真
値が含まれている信頼区間を狭めた
住宅価格の予測式が求められている
ことを示唆している．なお，図 10.7
からも予測の 95%信頼区間内に多く
の実データがおさまっていることが
確認できる．

表 10.1 の 2 行目では，相関が 2 番
目に高い RM を説明変数，MEDV を
目的変数とした予測式の結果を示し
ている．この予測式の結果をグラフ
に可視化したものが図 10.8 である．
動径基底関数のパラメータの最適化
前後における住宅価格の予測の平均
値と実際の住宅価格の平均 2 乗誤差
は 0.055, 0.074 であり，LSTAT を採
用したときよりやや誤差が増加する．
95%信頼区間の平均値は，パラメー
タを最適化することによって 3.97 か
ら 2.43 に減少することから，より狭
い範囲内で住宅価格が予測できることが示されている．

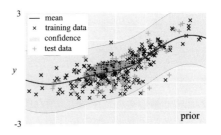
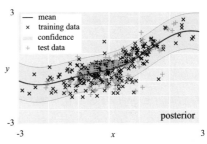

図 **10.8** RM と MEDV の関係

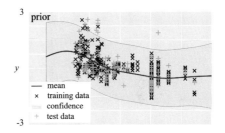
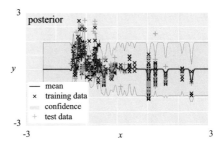

図 **10.9** INDUS と MEDV の関係

　表 10.1 の 3 行目では，相関が 3 番目に高い INDUS を説明変数，MEDV を目的変数とした予測式の結果を示している．この予測式の結果をグラフに可視化したものが図 10.9 である．先述の RM を予測に採用した場合と同様に，動径基底関数のパラメータの最適化前後における住宅価格の予測の平均値と実際の住宅価格の平均 2 乗誤差は 0.035, 0.049 であり，LSTAT を採用したときよりやや誤差が増加する．95%信頼区間の平均値は，パラメータを最適化することによって 3.94 から 2.47 に減少した．

　これまででは，1 つの説明変数のみを用いて住宅価格の予測式を導出してきた．次に，相関が高い変数 2 つ (LSTAT と RM) を説明変数，MEDV を目的変数とした予測式を求める．その予測結果を表 10.1 の 4 行目に示す．動径基底関数のパラメータを最適化する前後における予測と実際の住宅価格の平均 2 乗誤差は 0.014, 0.39×10^{-4} である．LSTAT もしくは RM の 1 変数のみを用いた予測結果 (表 10.1 の 1 行目もしくは 2 行目) と比較すると，誤差が減少していることが確認できる．さらに，95%信頼区間も最適化後では 1.68 であり大きく減少している．関係性の高い変数を組み合わせることによって，高い精度で住宅価格が予測できるようになったことが確認できる．

　さらに，相関の高い変数 INDUS を説明変数に追加して，LSTAT, RM, INDUS から MEDV を予測する式を求める．その予測結果を表 10.1 の 5 行目に示す．パラメータを最適化する前後における住宅価格の予測と実際値の平均 2 乗誤差は 0.025, 0.011 である．相関が高い変数 2 つ (LSTAT と RM) のみを採用した場合と比較して，誤差が少し増加している．しかし，パラメータ最適化後の 95%信頼区間は 1.58 と減少している．信頼区間の範囲を狭めて住宅価格が予測できるようになることが示唆される．

　最後に，MEDV 以外のすべての変数を説明変数としたガウス過程回帰を用いて，住宅価格の予測を行う．その予測結果を表 10.1 の 6 行目に示す．パラメータ最適化後の 95%信頼区間は 1.18 となり，上述の結果と比較して最も小さくなっている．すなわち，多くの変数を情報として予測式に取り入れることによって，信頼区間を狭くすることができており，真値が存在する範囲をより限定しながら住宅価格が予測できていることが示されている．

11

データの識別

前章までで，説明変数から連続値の目的変数を予測計算する数理モデルをみてきたが，発話における音声信号からその音が 50 音のどれかを求める音声認識や，画像データからそこに写っている物体が「イヌ」なのか「ネコ」なのかを求める画像認識などでは，入力データを有限個の離散値と表されるカテゴリ (クラス) に割り当てる必要がある．入力データを，その特徴パターンに応じてそれが属するカテゴリに分ける処理が**分類** (識別) である．

11.1 k-近傍法

NN (nearest neighbor method, 最近傍法) は，分類・識別の最も簡易な方法で，あらかじめ正解クラスが付与されたデータセットの中で入力データに最も類似しているデータを発見し，それに付与されているクラスに入力データを分類する．

まず，データ

$$(\boldsymbol{x}_i, y_i), \quad \boldsymbol{x}_i \in \mathbf{R}^n,\ y_i \in \{1, 2, \cdots, M\},\ i = 1, 2, \cdots, N$$

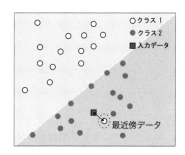

図 **11.1** 1 つの最近傍データ○に基づいた分類

がある．M は分類される先のクラスの総数で，各クラスに 1 から M の整数値が振られている．どのクラスに入るかわからない入力データ $\boldsymbol{x}$ が与えられたとき，各データ $\boldsymbol{x}_i$ との**類似度** $similarity(\boldsymbol{x}, \boldsymbol{x}_i)$ を計算する．類似度としては 2 つのベクトル $\boldsymbol{x}$ と $\boldsymbol{x}_i$ の向きの差異を数値化した余弦類似度や位置の違いを数値化したユークリッド距離などを用いる．このとき，類似度が最も高いデータ

$$\mathcal{R} = \max_i similarity(\boldsymbol{x}, \boldsymbol{x}_i) \qquad (11.1.1)$$

を検索し，$\boldsymbol{x}_{\mathcal{R}}$ が属しているクラス $y_{\mathcal{R}}$ と同じクラスに入力データを分類する．

ただし，この方法はノイズに頑健ではない．例えば，図 11.1 は，クラス 1 とクラス 2 のラベルを付与したデータである．クラス 2 のラベルが付与されるべきところを誤ってクラス 1 のラベルが付けられたデータがあるとすると，その近傍に入力したデータを，誤ったラベルが付与されたクラス 1 に分類してしまう．

ノイズデータに対する頑健性を高める方策として，入力データに類似している上位 k 個のデータを発見し，それらのデータに付与されるクラスの多数決をとってデータを分類する方法が **K-NN** (k-nearest neighbor method, **k-近傍法**) である．図 11.2 は k-近傍法を適用した結果である．入力された同じデータに対して，類似度が高い $k = 5$ 個のデータを選択する．1 個のデータにはクラス 1 のラベルが付与され，4 個のデータにはクラス 2 のラベルが付与されているので，入力データを得票数の多いクラス 2 に分類する．このように，類似度の高い複数のデータを選択，分類して，各データの 1 票の重みを低減し，少数のノイズデータに対して頑健な分類を実行する．

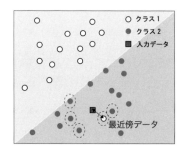

図 11.2 k-近傍法．入力データに対して類似度が高い 5 個 ($k = 5$) のデータのうちクラス 1 のデータ○が 1 個，クラス 2 のデータ●が 4 個．多数決により入力データをクラス 2 に分類する．

表 **11.1**　商品購買データおよび顧客のテストデータ (23 歳，お小遣い 10 千円) との距離

顧客 ID	年齢 (歳)	お小遣い (千円)	購入商品	距 離 の 式	距離	類似度 順位
1	30	45	B	$(30 - 23)^2 + (45 - 10)^2$	1274	7
2	25	21	A	$(25 - 23)^2 + (21 - 10)^2$	125	4
3	18	3	A	$(18 - 23)^2 + (3 - 10)^2$	74	3
4	45	50	B	$(45 - 23)^2 + (50 - 10)^2$	2084	9
5	31	23	A	$(31 - 23)^2 + (23 - 10)^2$	233	5
6	20	4	A	$(20 - 23)^2 + (4 - 10)^2$	45	2
7	52	55	B	$(52 - 23)^2 + (55 - 10)^2$	2866	10
8	22	5	A	$(22 - 23)^2 + (5 - 10)^2$	26	1
9	40	25	B	$(40 - 23)^2 + (25 - 10)^2$	514	6
10	50	45	A	$(50 - 23)^2 + (45 - 10)^2$	1954	8

●**例 11.1.1.** 表 11.1 は顧客の年齢，お小遣い，商品 A と B のどちらを購入したかを記録したデータで，図 11.3 は散布図で可視化したものである．これら顧客データを商品の販促活動に取り込む．例として *k*-近傍法を活用し，年齢 23 歳，お小遣い 10 千円の新規顧客が商品 A と商品 B のどちらを嗜好するかを予測する．

　新規顧客と顧客 ID が 1 番の年齢差は $30 - 23 = 7$ 歳，所得差は $45 - 10 = 35$ 千円 であり，この 2 人の顧客のユークリッド距離の 2 乗は $7^2 + 35^2 = 1274$ である．同様に，顧客 ID が 2 番，3 番，…，10 番の顧客との距離も計算して，距離が小さいほど 2 人の顧客の類似度が高いとみる．表 11.1 の右端列は，この類似度に従って 10 人の顧客の順位付けをしたものである．新規顧客と類似して

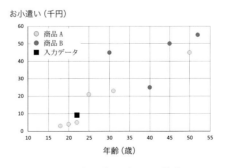

図 11.3　商品購買データの散布図

いる $k = 5$ 人の顧客は，ID 8 番，6 番，3 番，2 番，5 番で，各顧客が購入した商品は A，A，A，A，A である．すなわち，商品 A の得票数は 5 票，商品 B の得票数は 0 票であるので，新規顧客は商品 A を嗜好すると予測する．

setosa   versicolor   virginica

図 **11.4** アヤメの分類[1]

●例 **11.1.2.** 図 11.4 は「アヤメ」を "setosa"，"versicolor"，"virginica" の 3 種に分類したものである．図 11.5 がアヤメの特徴量で，表 11.2 は各サンプルの「がく片の長さ」「がく片の幅」「花弁の長さ」「花弁の幅」データと，「種類」のラベルを付与したアヤメのデータセットである．

　このデータに k-近傍法を適用して，アヤメの特徴量から種類を予測する分類器を構築する．なお，交差検定を適用して，無作為にデータセットの 75% を訓練データ，残り 25% をテストデータに分割し，訓練データを学習した (訓練データを記憶する) 分類器の性能をテストデータを使用して評価する．テストデータ数に対して種類の予測が

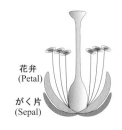

図 **11.5** がく片と花弁の概略図

正解であったデータ数の割合を正解率とし，アヤメの分類性能の指標とする．$k = 3$ とした 10 回の交差検定での正解率は

$$0.921, \ 0.894, \ 0.974, \ 0.974, \ 1.00, \ 1.00, \ 0.894, \ 0.947, \ 0.974$$

で，平均正解率は 0.955 である．図 11.6 で $k = 1, 2, 3, \cdots, 30$ として交差検定を実施し，変数 k の最適値を探索すると，$k = 17$ のときに正解率が最大値 0.982

---

1)　https://www.datacamp.com/community/tutorials/machine-learning-in-r より引用.

表 **11.2** アヤメのデータセット. "setosa", "versicolor", "virginica"を
それぞれ 0, 1, 2 に置き換えている.

がく片の長さ	がく片の幅	花弁の長さ	花弁の幅	種類
5.1	3.5	1.4	0.2	0
4.9	3.0	1.4	0.2	0
4.7	3.2	1.3	0.2	0
⋮	⋮	⋮	⋮	⋮
6.2	3.4	5.4	2.3	2
5.9	3.0	5.1	1.8	2

をとる. 図 11.7 では, $k = 17$ とした交差検定において, 各テストデータの正
解の分類先と予測結果との比較を可視化した.

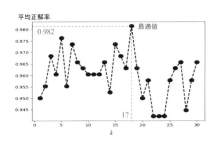

図 **11.6** 変数 k と正解率の関係

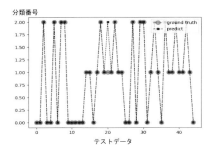

図 **11.7** k-近傍法によるアヤ
メのデータの分類結果

11.2 ロジスティック回帰

　学生の 1 日当たりの平均勉強時間と試験の合否結果のデータを用いて, 勉強
時間から合否を予測するモデルを作成するため, 平均勉強時間を説明変数 x, 合
否結果を目的変数 y とした回帰直線

$$y = ax + b \tag{11.2.1}$$

を求める. 目的変数は「合格」「不合格」という離散値をとる**カテゴリ応答変
数**である.「合格」を 1,「不合格」を 0 として回帰直線を導出し, 求められた
回帰直線の説明変数に勉強時間を代入すると目的変数の値が計算されるが, そ

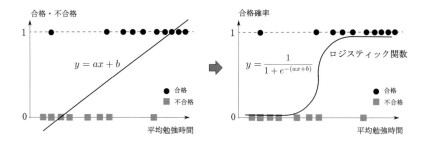

図 **11.8** 平均勉強時間と合否結果のデータ

の値は 0.1 や 0.8 のような連続値になる.

　回帰直線の目的関数を連続量とするため，合格する確率値 p を導入し，**オッ
ズ比** r を

$$r = \frac{p}{1-p} \tag{11.2.2}$$

と定める．オッズ比は 0 以上の数値であるのに対して，回帰直線の目的変数が
負の値をとることもあり，合否予測として出力されるオッズ比が負となった場
合の解釈は難しい．そこで**ロジット関数**

$$y = \log r = \log \frac{p}{1-p} \tag{11.2.3}$$

によってオッズ比を変換し，$-\infty$ から $+\infty$ の間の数値をとる y を回帰直線の
目的変数とする．回帰分析によって求められた目的変数の数値を上述の変換を
逆に遡り，オッズ比，「合格」「不合格」の確率を計算する．一般に，カテゴリ
応答変数の確率を制限のない連続値に変換する関数を**リンク関数**とよぶ．

　(11.2.3) を回帰直線 (11.2.1) に代入すると

$$\log \frac{p}{1-p} = ax + b,$$

これより

$$p = \frac{1}{1 + e^{-(ax+b)}} \tag{11.2.4}$$

となる．右辺を**ロジスティック関数**とよび，この (11.2.4) によって説明変数
からカテゴリ応答変数の確率を予測することを**ロジスティック回帰分析**とい
う．複数の説明変数 $x_i,\ i = 1, 2, \cdots, n-1$ を用いたロジスティック関数は，
$\boldsymbol{x} = (x_1, x_2, \cdots, x_{n-1}, 1)^T,\ \boldsymbol{\omega} = (a_1, a_2, \cdots, a_{n-1}, b)^T$ に対して

$$f(\boldsymbol{x}) = \frac{1}{1 + e^{-\boldsymbol{\omega}^T \boldsymbol{x}}} \tag{11.2.5}$$

である.

訓練データ

$$(\boldsymbol{x}_i, y_i), \quad \boldsymbol{x}_i \in \mathbf{R}^n, \ y_i \in \{0, 1\}, \ i = 1, 2, \cdots, N$$

が与えられたとき，説明変数 $\boldsymbol{x}_i$ に対してカテゴリ応答変数が $y_i = 1$ となる確率 $P(y_i)$ を出力するロジスティック関数 $f(\boldsymbol{x}_i)$ は

$$P(y_i) = f(\boldsymbol{x}_i)^{y_i} \left(1 - f(\boldsymbol{x}_i)\right)^{1-y_i}$$

を満たす．例えば，$y_i = 1$ のとき $P(1) = f(\boldsymbol{x}_i)$, $y_i = 0$ のとき $P(0) = 1 - f(\boldsymbol{x}_i)$ である.

データ $(\boldsymbol{x}_i, y_i)$, $i = 1, 2, \cdots, N$ の共起確率 L は，各データが独立であるとすると，それらの確率の積

$$L = \prod_{i=1}^{N} P(y_i) = \prod_{i=1}^{N} f(\boldsymbol{x}_i)^{y_i} \left(1 - f(\boldsymbol{x}_i)\right)^{1-y_i}$$

になる．訓練データセット中の説明変数とカテゴリ応答変数の関係を最もよく表現するロジスティック関数を求めることは，この共起確率が最大となるような最適なパラメータ $\boldsymbol{\omega}$ を探索することである．共起確率 L が最大となるのはその対数 $\log L$ も最大になるときなので，

$$\log L = \sum_{i=1}^{N} \left[y_i \log f(\boldsymbol{x}_i) + (1 - y_i) \log(1 - f(\boldsymbol{x}_i)) \right]$$

が最大となるパラメータ $\boldsymbol{\omega}$ を最急降下法で求める．パラメータ $\boldsymbol{\omega}$ に対する目的関数 $\log L$ の勾配は

$$\frac{\partial \log L}{\partial \boldsymbol{\omega}} = \sum_{i=1}^{N} \left[\frac{y_i}{f(\boldsymbol{x}_i)} \frac{\partial f(\boldsymbol{x}_i)}{\partial \boldsymbol{\omega}} - \frac{1 - y_i}{1 - f(\boldsymbol{x}_i)} \frac{\partial f(\boldsymbol{x}_i)}{\partial \boldsymbol{\omega}} \right] \tag{11.2.6}$$

であり，

$$\frac{\partial f(\boldsymbol{x}_i)}{\partial \boldsymbol{\omega}} = \frac{e^{-\boldsymbol{x}_i^T \boldsymbol{\omega}}}{\left(1 + e^{-\boldsymbol{x}_i^T \boldsymbol{\omega}}\right)^2} \, \boldsymbol{x}_i^T = f(\boldsymbol{x}_i) \left(1 - f(\boldsymbol{x}_i)\right) \boldsymbol{x}_i^T$$

によって

$$\frac{\partial \log L}{\partial \boldsymbol{\omega}} = \sum_{i=1}^{N} \left(y_i - f(\boldsymbol{x}_i)\right) \boldsymbol{x}_i^T \tag{11.2.7}$$

となる．最急降下法ではこの勾配に基づいてパラメータ $\boldsymbol{\omega}$ を繰り返し更新する.

$$\boldsymbol{\omega}_{k+1} = \boldsymbol{\omega}_k + \delta\boldsymbol{\omega}_k, \quad \text{ただし}, \quad \delta\boldsymbol{\omega}_k = \alpha \left(\frac{\partial \log L}{\partial \boldsymbol{\omega}_k} \right)^T, \quad \alpha > 0$$

(11.2.7) における $y_i - f(\boldsymbol{x}_i)$ は以下のとおりである.

- $y_i = 1$. $f(\boldsymbol{x}_i)$ が 1 に近ければ $y_i - f(\boldsymbol{x}_i)$ は小さくなる.
- $y_i = 1$. $f(\boldsymbol{x}_i)$ が 0 に近ければ $y_i - f(\boldsymbol{x}_i)$ は大きくなる.
- $y_i = 0$. $f(\boldsymbol{x}_i)$ が 1 に近ければ $y_i - f(\boldsymbol{x}_i)$ は大きくなる.
- $y_i = 0$. $f(\boldsymbol{x}_i)$ が 0 に近ければ $y_i - f(\boldsymbol{x}_i)$ は小さくなる.

したがって, カテゴリ応答変数の正解値が出力される確率が大きいと, 適切に
パラメータが求められているためその修正量は小さく, 逆にカテゴリ応答変数
の正解値が出力される確率が小さいと, 適切に表現するパラメータがみつかっ
ていないためパラメータを大きく修正する.

一方, ロジスティック関数の最適なパラメータを効率的に探索する別の方法
では, 最適なパラメータで 1 次の最適性必要条件

$$\frac{\partial \log L}{\partial \boldsymbol{\omega}} = \sum_{i=1}^{N} (y_i - f(\boldsymbol{x}_i)) \, \boldsymbol{x}_i{}^T = 0$$

が成り立つことに着目する. これは n 次の連立方程式であり, これを満たす解
をニュートン法で探索する. (4.3.8) において目的関数 $f(\boldsymbol{x})$, パラメータ $\boldsymbol{x}$ を
それぞれ $\log L, \boldsymbol{\omega}$ とすれば, ヘッセ行列

$$\begin{aligned}
\left(\frac{\partial^2 \log L}{\partial \boldsymbol{\omega}^2} \right) &= \frac{\partial}{\partial \boldsymbol{\omega}} \left[\sum_{i=1}^{N} \boldsymbol{x}_i (y_i - f(\boldsymbol{x}_i)) \right] \\
&= -\sum_{i=1}^{N} \boldsymbol{x}_i \frac{\partial f(\boldsymbol{x}_i)}{\partial \boldsymbol{\omega}} \\
&= -\sum_{i=1}^{N} f(\boldsymbol{x}_i) \left(1 - f(\boldsymbol{x}_i) \right) \boldsymbol{x}_i \, \boldsymbol{x}_i{}^T
\end{aligned}$$

を用いて

$$\boldsymbol{\omega}_{k+1} = \boldsymbol{\omega}_k + \delta\boldsymbol{\omega}_k, \quad \text{ただし}, \quad \delta\boldsymbol{\omega}_k = -\left(\frac{\partial^2 \log L}{\partial \boldsymbol{\omega}^2} \right)^{-1} \left(\frac{\partial \log L}{\partial \boldsymbol{\omega}} \right)^T$$

と $\boldsymbol{\omega}$ を更新することができる.

本節では, ロジット関数を用いて離散値の目的変数を連続値にするロジス
ティック回帰の方法について解説した.

11.3 多クラス分類

カテゴリ応答変数 y のとりうる値が 0 と 1 の 2 クラスで，説明変数 $\boldsymbol{x}$ と目的関数がカテゴリ $y = 0$ と $y = 1$ に分類される確率のあいだに関係

$$P(y = 0) \propto \exp(\boldsymbol{x}^T \boldsymbol{\omega}_0), \quad P(y = 1) \propto \exp(\boldsymbol{x}^T \boldsymbol{\omega}_1)$$

が成り立つとする．$y = 0$ と $y = 1$ の確率を加えると 1 になるので，

$$P(y = 0) = \frac{e^{\boldsymbol{x}^T \boldsymbol{\omega}_0}}{e^{\boldsymbol{x}^T \boldsymbol{\omega}_0} + e^{\boldsymbol{x}^T \boldsymbol{\omega}_1}}, \quad P(y = 1) = \frac{e^{\boldsymbol{x}^T \boldsymbol{\omega}_1}}{e^{\boldsymbol{x}^T \boldsymbol{\omega}_0} + e^{\boldsymbol{x}^T \boldsymbol{\omega}_1}}$$

である．第 2 式は

$$P(y = 1) = \frac{1}{1 + e^{\boldsymbol{x}^T (\boldsymbol{\omega}_0 - \boldsymbol{\omega}_1)}}$$

であり，$\boldsymbol{\omega}_0 - \boldsymbol{\omega}_1 = -\boldsymbol{\omega}$ とおけば，(11.2.5) と同じ式になる．

同様に y が K 種類の値をとり，説明変数 $\boldsymbol{x}$ と目的関数がカテゴリ $y = 1, 2, \cdots, K$ に分類される確率のあいだに関係

$$\begin{cases} \log P(y = 1) \approx \boldsymbol{x}^T \boldsymbol{\omega}_1, \\ \log P(y = 2) \approx \boldsymbol{x}^T \boldsymbol{\omega}_2, \\ \qquad\qquad \vdots \\ \log P(y = K) \approx \boldsymbol{x}^T \boldsymbol{\omega}_K \end{cases}$$

が成り立つとすると，

$$p_k = P(y = k) = \frac{e^{\boldsymbol{x}_i^T \boldsymbol{\omega}_k}}{\displaystyle\sum_{j=1}^{K} e^{\boldsymbol{x}_j^T \boldsymbol{\omega}_j}}, \quad k = 1, 2, \cdots, K \tag{11.3.1}$$

が得られる．

訓練データ

$$(\boldsymbol{x}_i, y_i), \quad \boldsymbol{x}_i \in \mathbf{R}^n, \ y_i \in \{1, 2, \cdots, K\}, \ i = 1, 2, \cdots, N$$

が与えられたとき，(11.3.1) に従って

$$p_{ik} = \frac{e^{\boldsymbol{x}_i^T \boldsymbol{\omega}_k}}{\displaystyle\sum_{j=1}^{K} e^{\boldsymbol{x}_j^T \boldsymbol{\omega}_j}}$$

とおき，ベクトル $\boldsymbol{t}_i = (t_{ij})$ を

$$t_{ij} = \begin{cases} 0 & (j \neq y_i), \\ 1 & (j = y_i) \end{cases}$$

で定めれば，説明変数 $\boldsymbol{x}_i$ に対してカテゴリ応答変数が y_i となる確率 $P(y_i)$ は

$$P(y_i) = \prod_{j=1}^{K} {p_{ij}}^{t_{ij}},$$

その対数は

$$\log P(y_i) = \sum_{j=1}^{K} t_{ij} \log p_{ij}$$

となる．ここで $\boldsymbol{t}_i$ を **one-hot ベクトル**[2)]という．

$(\boldsymbol{x}_i, y_i)$, $i = 1, 2, \cdots, N$ の共起確率の対数

$$\log L = \sum_{i=1}^{N} \sum_{j=1}^{K} t_{ij} \log p_{ij} \tag{11.3.2}$$

を目的関数とみなし，$\log L$ を最大にするパラメータ $\boldsymbol{\omega}_k$ を最急降下法によって求める．

$$\frac{\partial \log L}{\partial \boldsymbol{\omega}_k} = \sum_{i=1}^{N} \sum_{j=1}^{K} \frac{t_{ij}}{p_{ij}} \frac{\partial p_{ij}}{\partial \boldsymbol{\omega}_k} \tag{11.3.3}$$

において

$$\frac{\partial p_{ik}}{\partial \boldsymbol{\omega}_k} = \left(p_{ik} - {p_{ik}}^2\right) \boldsymbol{x}_i^{T}, \quad \frac{\partial p_{ij}}{\partial \boldsymbol{\omega}_k} = -p_{ij}p_{ik}\boldsymbol{x}_i^{T}, \quad j \neq k,$$

クロネッカーのデルタ δ_{jk} を用いてまとめて書くと

$$\frac{\partial p_{ij}}{\partial \boldsymbol{\omega}_k} = \left(\delta_{jk}p_{ik} - p_{ij}p_{ik}\right) \boldsymbol{x}_i^{T}$$

となる．(11.3.3) に代入すれば

$$\frac{\partial \log L}{\partial \boldsymbol{\omega}_k} = \sum_{i=1}^{N} \sum_{j=1}^{K} \frac{t_{ij}}{p_{ij}} \left(\delta_{jk}p_{ik} - p_{ij}p_{ik}\right) \boldsymbol{x}_i^{T} = \sum_{i=1}^{N} \left(t_{ij} - p_{ik}\right) \boldsymbol{x}_i^{T},$$

ただし $\sum_{j=1}^{K} t_{ij} = 1$ を用いた．以上からパラメータの更新則は

$$\boldsymbol{\omega}_k^{(l+1)} = \boldsymbol{\omega}_k^{(l)} + \delta\boldsymbol{\omega}_k^{(l)}, \quad \text{ただし}, \quad \delta\boldsymbol{\omega}_k^{(l)} = \alpha \left(\frac{\partial \log L}{\partial \boldsymbol{\omega}_k^{(l)}}\right)^{T}, \; \alpha > 0$$

となる．

---

2) 1 つの成分が 1 で，残りの成分がすべて 0 のベクトルを one-hot ベクトルという．

●例 11.3.1. 表 11.3 は，10 個の訓練データ

$$(x_i, y_i), \quad x_i \in \mathbf{R}, \ y_i \in \{0, 1\}, \ i = 1, 2, \cdots, 10$$

である．

表 11.3 ロジスティック回帰分析の訓練データ

説明変数 x	0.5	1.0	1.5	1.7	2.0	2.2	2.5	3.0	3.3	5.5
カテゴリ応答変数 y	0	0	0	0	0	1	0	1	1	1

訓練データから求めた，説明変数 x に対してカテゴリ応答変数が $y = 1$ となる確率を表すロジスティック関数は

$$P(y = 1) = \frac{1}{1 + e^{-1.2x + 3.2}}$$

である．上式に $x = 3.6$ を代入するとカテゴリ応答変数が $y = 1$ となる確率 $P(y = 1) = 0.75$ が得られる．カテゴリ応答変数が $y = 0$ となる確率が $P(y = 0) = 0.25$ であるので，データ $x = 3.6$ は確率が大きい $y = 1$ のクラスに分類する．同様に，$x = 1.2$ のデータに対して，$y = 1$ となる確率が $P(y = 1) = 0.15$，$y = 0$ となる確率が $P(y = 0) = 0.85$ となり，データ $x = 1.2$ を $y = 0$ のクラスに分類する．

図 11.9 は，訓練データ，ロジスティック関数，説明変数から予測されるカテゴリ応答変数を描いたものである．$x = 2.7$ 付近で $y = 0$ となる確率と $y = 1$ となる確率が等しくなり，ここを境界にしてデータを分類するが，これは訓練データの説明変数とカテゴリ応答変数の関係を適切に表現しているといえよう．

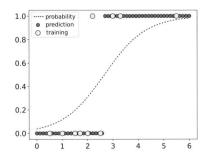

図 11.9 訓練データとロジスティック関数

●例 11.3.2. 乳がん患者から採取した細胞のデジタル画像から細胞核の形状を
数値化した 569 件のデータがある[3]. 各データは 30 個の特徴量

1 mean radius (平均半径)

2 mean texture (グレースケールテクスチャの平均)

3 mean perimeter (外周の平均長さ)

4 mean area (平均面積)

5 mean smoothness (平均滑らかさ)

6 mean compactness (平均のコンパクトさ)

7 mean concavity (輪郭の凹部の平均重要度)

8 mean concave points (輪郭の凹部の数の平均)

9 mean symmetry (対称性)

10 mean fractal dimension (平均フラクタル次元)

11 radius error (半径誤差)

12 texture error (テクスチャの誤差)

13 perimeter error (外周の誤差)

14 area error (面積誤差)

15 smoothness error (滑らかさの誤差)

16 compactness error (コンパクトさの誤差)

17 concavity error (輪郭の凸部の重要度誤差)

18 concave points error (輪郭の凹部の数の誤差)

19 symmetry error (対称性の誤差)

20 fractal dimension error (フラクタル次元の誤差)

21 worst radius (半径の最悪値)

22 worst texture (テクスチャの最悪値)

23 worst perimeter (外周長さの最悪値)

24 worst area (面積の最悪値)

25 worst smoothness (滑らかさの最悪値)

26 worst compactness (コンパクトさの最悪値)

27 worst concavity (輪郭の凹部の重要度の最悪値)

28 worst concave points (輪郭の凹部の数の最悪値)

29 worst symmetry (対称性の最悪値)

30 worst fractal dimension (フラクタル次元の最悪値)

---

3) Python のパッケージから `load_breast_cancer()` 関数でデータを読み込んで解析. なお,
本解析で用いられている細胞のデジタル画像のイメージプロセッシングの技術については, W.N.
Street, W.H. Wolberg and O.L. Mangasarian "Nuclear feature extraction for breast
tumor diagnosis," 1993 International Symposium on Electronic Imaging: Science and
Technology, Vol.1905, pp.861–870 を参照.

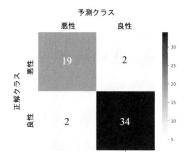

図 11.10　ロジスティック回帰分析による乳がんの「悪性」「良性」判定

があり，それぞれ「悪性」か「良性」かのラベルが付与されている．最悪値は最も悪性度の高い値をさしている．30 個の特徴量を説明変数とし，ロジスティック回帰分析によって悪性 ($y = 0$) か良性 ($y = 1$) かを予測する．図 11.10 は，569 個のデータからその 9 割にあたる 512 個を無作為に選んで訓練データとし，残り 57 個のデータを「悪性」「良性」判定してその性能を検証して混合行列を可視化したものである．列方向はデータに付与された正解ラベル，行方向はロジスティック回帰によって識別した結果である．混合行列の対角成分の数値は正しく識別されたデータ数，非対角成分の数値は誤識別されたデータ数で，対角成分の数値が大きく非対角成分の数値が小さいほど，識別性能が高い．例えば左上段の 19 という数字は，「悪性」データが正しく「悪性」と判定されたデータ数，右上段の「2」は「悪性」データが誤って「良性」と判定されたデータ数である．左下段の「2」は「良性」のデータが誤って「悪性」と判定されたデータ数，右下段の「34」は良性データが正しく「良性」と判定されたデータ数である．

　図 11.11 は，データの分類・識別性能に使われる指標である，**TP** (True Positive, 真陽性)，**FN** (False Negative, 偽陰性)，**FP** (False Positive, 偽陽性)，**TN** (True Negative, 真陰性) の数，および適合率 (Precision)，再現率 (Recall) を表している．適合率，再現率ともに 1 に近いほど識別性能が高い．この乳がんの判定例では，

　　真陽性の数 (TP) = 19.「悪性」のデータを正しく「悪性」と判定した件数
　　　(悪性を検出)，
　　偽陰性の数 (FN) = 2.「悪性」のデータを誤って「良性」と判定した件数

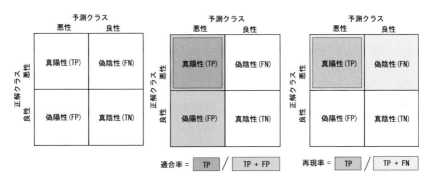

図 **11.11** データの分類・識別の性能指数

(悪性を非検出),

偽陽性の数 (FP) = 2. 「良性」のデータを誤って「悪性」と判定した件数 (誤検出),

真陰性の数 (TN) = 34. 「良性」のデータを正しく「良性」と判定した件数.

また，適合率は悪性と検出したもののうち正しく判定される割合で

$$適合率 = \frac{TP}{TP+FP} = \frac{19}{19+2} = 0.90,$$

再現率は悪性のもののうち正しく悪性が検出される割合で

$$再現率 = \frac{TP}{TP+FN} = \frac{19}{19+2} = 0.90$$

となる.

「良性」のデータを「悪性」と誤検出することをおそれて「悪性」が検出される基準を高くすると適合率は高くなるが，「悪性」を見逃す偽陰性の数が増えて再現率が低下する. 逆に「悪性」を見逃す偽陰性を減らすために「悪性」と判定される基準をゆるくすると，「良性」も誤って「悪性」と判定する偽陽性の件数が増えて適合率が低下する. トレードオフの関係がある適合率と再現率がともに高い識別器を設計することが求められることになる.

11.4 ナイーブベイズ分類器

確率や統計を利用してデータを分類する識別器を**統計的識別器**とよぶ. 統計的識別器を用いたデータ $\boldsymbol{x}$ の分類は, 条件付き確率 $P(c|\boldsymbol{x})$ の最大値を与えるクラス $c = \tilde{c}$, すなわち,

$$\tilde{c} = \arg\max_c P(c|\boldsymbol{x}) \tag{11.4.1}$$

に $\boldsymbol{x}$ を割り振ることである. ここで $P(c|\boldsymbol{x})$ は, データ $\boldsymbol{x}$ の条件の下でクラス c が起こる確率, あるいはデータ $\boldsymbol{x}$ がクラス c に識別される確率を示し, (11.4.1) は, c が右辺で, c に対する $P(c|\boldsymbol{x})$ の最大値を達成することを表している.

この (11.4.1) にベイズの定理を適用すると

$$\tilde{c} = \arg\max_c \frac{P(c)P(\boldsymbol{x}|c)}{P(\boldsymbol{x})} \tag{11.4.2}$$

が得られる. $P(\boldsymbol{x})$ は c に依存しないので, 分子が最大になる c を求めればよい.

$$\tilde{c} = \arg\max_c P(c)P(\boldsymbol{x}|c)$$

条件付き確率 $P(\boldsymbol{x}|c)$ を直接推定することは容易ではないが, $\boldsymbol{x} = (x_1, x_2, \cdots, x_n)$ の各成分 x_i が互いに独立と仮定すれば,

$$P(\boldsymbol{x}|c) = \prod_{i=1}^n P(x_i|c),$$

したがって, データ $\boldsymbol{x}$ をクラスに分類する識別問題 (11.4.2) は

$$\tilde{c} = \arg\max_c P(c) \prod_{i=1}^n P(x_i|c) \tag{11.4.3}$$

に帰着する. この方法を**ナイーブベイズ分類器**とよぶ[4].

●**例 11.4.1.** 表 11.4 で示す顧客の性別, 年代, 商品 A と商品 B のどちらを購入したかを記録した購買データを用いて, 「女性, 10 代」の新規顧客が A, B のどちらを嗜好するかを予測し, 販売促進活動につなげたい.

まず, 顧客 ID 1 番と 8 番が属性「女性, 10 代」に合致しているので, 同じ属性を有する顧客は嗜好傾向が類似している考え, 新規顧客も同じ A を嗜好することが予測できる.

次に, 「男性, 20 代」の新規顧客が A, B のどちらを嗜好するかを予測する. 購買データのなかに属性が「男性, 20 代」に一致する顧客がいないので, 「男

---

4) 言葉の由来は $\boldsymbol{x}$ の各成分が独立であるという仮定が「天真爛漫」(naive) であることにある.

表 **11.4** 購買データセット (性別, 年代, 購入製品)

顧客 ID	性別	年代	購入商品
1	女性	10 代	A
2	女性	20 代	A
3	女性	20 代	A
4	男性	10 代	B
5	男性	10 代	A
6	女性	30 代	B
7	男性	30 代	B
8	女性	10 代	A
9	女性	20 代	A
10	男性	30 代	B

性, 20 代」の顧客が A, B を購入する確率 $P(\text{A}|\text{男性}, 20\text{代})$, $P(\text{B}|\text{男性}, 20\text{代})$
を求め, 値が大きいほうの商品を購入すると予測したいが, データ数が少なく,
これらを計算することは困難である. そこでナイーブベイズ分類器を用いて次
の式を導き, 式中の各確率値を求めてどちらの確率が高いかを調べる.

$$P(\text{A}) \times P(\text{男性}|\text{A}) \times P(20\text{代}|\text{A}),$$

$$P(\text{B}) \times P(\text{男性}|\text{B}) \times P(20\text{代}|\text{B})$$

表 11.5 左は, A を購入した顧客のデータを抜き出したものである. 10 人中
6 人の顧客が A を購入しているので,

「A を購入する」確率 $P(\text{A}) = 6/10$

がわかる. また, A を購入した 6 人のうち男性が 1 人, 女性が 5 人であること
から

表 **11.5** 商品別の購買データセット (性別, 年代)

顧客 ID	性別	年代	購入商品
1	女性	10 代	A
2	女性	20 代	A
3	女性	20 代	A
5	男性	10 代	A
8	女性	10 代	A
9	女性	20 代	A

顧客 ID	性別	年代	購入商品
4	男性	10 代	B
6	女性	30 代	B
7	男性	30 代	B
10	男性	30 代	B

　　「A を購入したという条件の下で男性である」確率 $P(男性|A) = 1/6$,
　　「A を購入したという条件の下で女性である」確率 $P(女性|A) = 5/6$

となる．さらに A を購入した 6 人のうち 10 代が 3 人，20 代が 3 人，30 代が 0 人であることから

　　「A を購入したという条件の下で 10 代である」確率 $P(10\,代|A) = 3/6$,
　　「A を購入したという条件の下で 20 代である」確率 $P(20\,代|A) = 3/6$,
　　「A を購入したという条件の下で 30 代である」確率 $P(30\,代|A) = 0/6$

が得られる．

　　表 11.5 右では，B を購入した顧客のデータを抜き出している．10 人中 4 人の顧客が B を購入しているので，

$$「B を購入する」確率 P(B) = 4/10.$$

また，B を購入した 4 人のうちで男性が 3 人，女性が 1 人であるから

　　「B を購入したという条件の下で男性である」確率 $P(男性|B) = 3/4$,
　　「B を購入したという条件の下で女性である」確率 $P(女性|B) = 1/4$.

さらに，B を購入した 4 人の中で 10 代が 1 人，20 代が 0 人，30 代が 3 人であるから

　　「B を購入したという条件の下で 10 代である」確率 $P(10\,代|B) = 1/4$,
　　「B を購入したという条件の下で 20 代である」確率 $P(20\,代|B) = 0/4$,
　　「B を購入したという条件の下で 30 代である」確率 $P(30\,代|B) = 3/4$.

　　以上のことから

$$P(A) \times P(男性|A) \times P(20\,代|A) = 6/10 \times 1/6 \times 3/6 = 1/20,$$
$$P(B) \times P(男性|B) \times P(20\,代|B) = 4/10 \times 3/4 \times 0/4 = 0$$

となり，「男性，20 代」の新規顧客は A を購入することが予測できる．

11.5　ナイーブベイズ分類器 (続き)

　　データ数を数え上げ，総数に対する該当データ数の割合で各確率を計算することの妥当性を，最適化理論によって確認しよう．

　　n, M, K をそれぞれ属性の数，各属性値がとりうる離散値の数，クラスの数

として，訓練データを $(\boldsymbol{x}_i, y_i)$, $i = 1, 2, \cdots, N$, ただし，

$$\boldsymbol{x}_i = \left(x_{i1}, x_{i2}, \cdots, x_{in}\right)^T, \quad x_{ij} \in \{1, 2, \cdots, M\}, \quad y_i \in \{1, 2, \cdots, K\}$$

とする．前節の例では1つ目の属性値 (性別) を男性 1, 女性 2 とし，$x_{11} = 2$, $x_{41} = 1$ とすれば，ID 1, 4 の顧客の性別が女性，男性であることを表す．2 つ目の属性値 (年代) についても，10 代，20 代，30 代を 1, 2, 3 として $x_{12} = 1$, $x_{22} = 2$ によって ID 1, 4 の顧客の年代が 10 代，20 代であることを表す．

訓練データの独立性を仮定し，共起確率

$$\phi = \prod_{i=1}^{N} P(\boldsymbol{x}_i, y_i) = \prod_{i=1}^{N} P(y_i) P(\boldsymbol{x}_i | y_i) = \prod_{i=1}^{N} \left\{ P(y_i) \prod_{j=1}^{n} P(x_{ij} | y_i) \right\}$$

が最大となるように，クラス k の確率 $p(k)$ と，クラス k の条件の下で j 番目の属性値が l となる確率 $p_j(l|k)$ の最適値を求める．共起確率の対数が目的関数，すべての場合の確率値を足し合わせると 1 になるという性質が制約条件である．

$$\underset{p(k), p_j(l|k)}{\text{maximize}} \sum_{i=1}^{N} \log P(y_i) + \sum_{i=1}^{N} \sum_{j=1}^{n} \log P(x_{ij} | y_i)$$

$$\text{subject to} \quad \sum_{i=1}^{K} p(i) = 1, \quad \sum_{l=1}^{M} p_j(l|k) = 1, \ j = 1, 2, \cdots, n; \ k = 1, 2, \cdots, K$$

ラグランジュ乗数を α, $\boldsymbol{\beta} = (\beta_{jk})$ とおき，ラグランジュ関数を

$$L(\boldsymbol{\theta}, \alpha, \boldsymbol{\beta}) = \sum_{i=1}^{N} \log P(y_i) + \sum_{i=1}^{N} \sum_{j=1}^{n} \log P(x_{ij} | y_i)$$

$$- \alpha \left(\sum_{i=1}^{K} p(i) - 1 \right) - \sum_{j=1}^{n} \sum_{k=1}^{K} \beta_{jk} \left(\sum_{l=1}^{M} p_j(l|k) - 1 \right)$$

$$\tag{11.5.1}$$

で定める．ただし，

$$\boldsymbol{\theta} = \left(p(k), p_1(l|k), \cdots, p_n(l|k) \right), \quad \boldsymbol{\beta} = \left(\beta_{jk} \right)_{j=1,2,\cdots,n; \ k=1,\cdots,K}$$

である．目的関数を最大にする $p(k)$, $p_j(l|k)$ は

$$\frac{\partial L(\boldsymbol{\theta}, \alpha, \boldsymbol{\beta})}{\partial p(k)} = 0, \quad \frac{\partial L(\boldsymbol{\theta}, \alpha, \boldsymbol{\beta})}{\partial p_j(l|k)} = 0 \tag{11.5.2}$$

を満たさなければならない．

(11.5.1) において $p(x_{ij}|y_i)$, $p_j(i|k)$ は $p(k)$ と独立で

$$\frac{\partial \log P(y_i)}{\partial p(k)} = \frac{1}{p(k)}, \ y_i = k, \quad \frac{\partial \log P(y_i)}{\partial p(k)} = 0, \ y_i \neq k$$

であるので，(11.5.2) の第 1 式は

$$\frac{\partial L(\boldsymbol{\theta}, \alpha, \boldsymbol{\beta})}{\partial p(k)} = \frac{n(k)}{p(k)} - \alpha = 0$$

となる．ただし $n(k)$ は，訓練データ中での $y_i = k$ となるデータの個数である．したがって，

$$n(k) = \alpha p(k), \quad k = 1, 2, \cdots, K, \tag{11.5.3}$$

これより

$$\sum_{k=1}^{K} n(k) = \alpha \sum_{k=1}^{K} p(k) \tag{11.5.4}$$

である．(11.5.4) の左辺は訓練データの全データの個数 N に等しく，右辺の $\sum_{k=1}^{K} p(k)$ は 1 となることから $\alpha = N$ となり，(11.5.3) から

$$p(k) = \frac{n(k)}{N} \tag{11.5.5}$$

が得られる．(11.5.5) は，最適条件の下でクラス k の確率 $p(k)$ が，訓練データのデータ数に対するクラス k のデータ数の割合となることを示している．

同様にして，

$$\frac{\partial \log P(x_{ij}|y_i)}{\partial p_j(l|k)} = \frac{1}{p_j(l|k)}, \ x_{ij} = l, \quad y_i = k,$$

$$\frac{\partial \log P(x_{ij}|y_i)}{\partial p_j(l|k)} = 0, \quad x_{ij} \neq l \text{ または } y_i \neq k$$

より，(11.5.2) の第 2 式は

$$\frac{\partial L(\boldsymbol{\theta}, \alpha, \boldsymbol{\beta})}{\partial p_j(l|k)} = \frac{n_j(l, k)}{p_j(l|k)} - \beta_{jk} = 0$$

を意味する．ただし $n_j(l, k)$ は訓練データ中で j 番目の属性値が l，すなわち $x_{ij} = l$ であり，かつクラス k，すなわち $y_i = k$ であるデータの個数である．したがって

$$n_j(l, k) = \beta_{jk} p_j(l|k) \tag{11.5.6}$$

であり，(11.5.6) を $l = 1, 2, \cdots, M$ で加えて

$$\sum_{l=1}^{M} n_j(l, k) = \beta_{jk} \sum_{l=1}^{M} p_j(l|k) \tag{11.5.7}$$

となる．(11.5.7) の左辺は，訓練データ中においてクラス k であるデータの個

数，右辺は 1 であるので

$$\beta_{jk} = n(k),$$

したがって (11.5.6) は

$$p_j(l|k) = \frac{n_j(l,k)}{n(k)} \qquad (11.5.8)$$

となる．(11.5.8) は，クラス k の条件の下で j 番目の属性値が l となる確率 $p_j(l|k)$ が，訓練データ中のクラス k のデータ数に対する j 番目の属性値が l かつクラス k であるデータ数の割合であることを示している．

以上により，総数に対する該当データ数の割合で各確率を計算することの妥当性が示された．

先の例 11.4.1 では，「B $(k=2)$ を購入した顧客の年代 $(j=2)$ が 10 代 $(l=1)$ である」確率

$$P(10 \text{ 代 } |\text{B}) = p_2(1|2)$$

は，訓練データ中で，B を購入したデータ数

$$n(k=2) = n(\text{商品 B}) = 4$$

に対する 10 代かつ B を購入したデータ数

$$n_2(l=1, k=2) = n(10 \text{ 代}, \text{B}) = 1$$

の割合

$$p_2(1|2) = \frac{n_2(l=1, k=2)}{n(k=2)} = \frac{1}{4}$$

とすればよいことを示している．

●例 11.5.1. 迷惑メール 10 通，通常メール 90 通を受け取り，迷惑メール中「仕事」「投資」「当選」という単語が含まれるものがそれぞれ 1, 4, 5 通，通常メール中「仕事」「投資」「当選」という単語が含まれるものがそれぞれ 15, 1, 1 通である．これらのデータを訓練データとして迷惑メールのフィルタを設計する．例えば，「投資」という単語が含まれているメール，迷惑メールに「投資」という単語が含まれる確率 $P(\text{迷惑})P(\text{投資} | \text{迷惑})$ と，通常メールに「投資」という単語が含まれる確率 $P(\text{通常})P(\text{投資} | \text{通常})$ を比較して，大きい値のクラスに分類する．ベイズの定理を適用すると

$$P(迷惑)P(投資 \mid 迷惑) = \frac{n(迷惑)}{N}\frac{n(投資, 迷惑)}{n(迷惑)} = \frac{10}{100} \times \frac{4}{10} = \frac{1}{25},$$

$$P(通常)P(投資 \mid 通常) = \frac{n(通常)}{N}\frac{n(投資, 通常)}{n(通常)} = \frac{90}{100} \times \frac{1}{90} = \frac{1}{100}$$

$$\tag{11.5.9}$$

となる．ただし N, $n(迷惑)$, $n(通常)$ はそれぞれ全メール，迷惑メール，通常メールの件数，また，$n(投資, 迷惑)$, $n(投資, 通常)$ はそれぞれ投資が含まれていた迷惑メールと通常メールの件数である．(11.5.9) により，このメールを迷惑メールに振り分ける．

「投資」と「仕事」という単語が両方含まれているメールについても同様に，$P(迷惑)P(投資, 仕事 \mid 迷惑)$, $P(通常)P(投資, 仕事 \mid 通常)$ を求め，大きい確率値のクラスに分類する．「投資」と「仕事」の出現が互いに独立であると仮定すると

$$P(迷惑)P(投資, 仕事 \mid 迷惑) = P(迷惑)P(投資 \mid 迷惑)P(仕事 \mid 迷惑)$$

$$= \frac{10}{100} \times \frac{4}{10} \times \frac{1}{10} = \frac{1}{250},$$

$$P(通常)P(投資, 仕事 \mid 通常) = P(通常)P(投資 \mid 通常)P(仕事 \mid 通常)$$

$$= \frac{90}{100} \times \frac{1}{90} \times \frac{15}{90} = \frac{1}{600}$$

であるので，このようなメールも迷惑メールに振り分ければよい．

本節では，既知のデータから関連する事象の生起確率を求めて識別するナイーブベイズ分類器の有効性について解説した．

12

自然言語処理

　日常生活で読み書き・会話に使用している言語を**自然言語**という．計算機による自然言語処理は，機械翻訳・チャットロボットなどのサービス，古典・小説・ニュース記事の分析，学術的文章の構文解析など様々な分野で応用されている．自然言語処理の研究分野は広大ですべてを網羅することはできないが，本章では自然言語と，確率統計や機械学習との接点について紹介する．

12.1　文書の数値化と分類

　文書は文章から成り立ち，プログラムなどの開発言語とは異なる自然言語の一例である．文書を計算処理するために，文章の特徴を表す素性を数値ベクトルで記述する．文章 d の**素性ベクトル** $\boldsymbol{x}_d$ は機械学習で "特徴ベクトル" とよぶもので，各要素 j と d に現れる単語 w を対応させ，w の頻度 $d(w)$ を j の値として d を数値データ化したものである．

●例 12.1.1. 与えられた文章

　　d : "data science is related to data mining, machine learning and big data"

に対して，d に現れるすべての単語を書き出した単語のリスト (辞書)

　　1. and,　2. big,　3. data,　4. is,　5. learning,　6. machine,　7. mining,　8. related,　9. to

を作る．辞書中の単語とベクトルの要素を対応付け，

　　"*and*"，"*big*"，"*data*"，"*is*"，"*learning*"，"*machine*"，"*mining*"，"*related*"，"*to*"

を 1 次元目，2 次元目，3 次元目，4 次元目，5 次元目，6 次元目，7 次元目，8 次

元目, 9 次元目とする. 次に, 対応付けた単語が文書中に出現する回数 n_d を要素として, d の素性ベクトル $\boldsymbol{x}_d$ を定める. 例えば "and" は 1 回出現するので 1 次元目の要素は 1, "data" は 3 回出現するので 3 次元目の要素は 3 となる.

$$n_d(\text{``and''}) = 1, \quad n_d(\text{``big''}) = 1, \quad n_d(\text{``data''}) = 3, \quad n_d(\text{``is''}) = 1,$$

$$n_d(\text{``learning''}) = 1, \quad n_d(\text{``machine''}) = 1, \quad n_d(\text{``mining''}) = 1,$$

$$n_d(\text{``related''}) = 1, \quad n_d(\text{``to''}) = 1$$

そこで, 文章 d を 9 次元の素性ベクトル

$$\boldsymbol{x}_d = \begin{pmatrix} 1, & 1, & 3, & 1, & 1, & 1, & 1, & 1, & 1 \end{pmatrix}^T$$

で数値化する (図 12.1). 単語のつながり, 語順, 構造の情報は失うが, 単語の数を数えるだけで簡易に文章を数値化できる.

"data science is related to data mining, machine learning and big data"

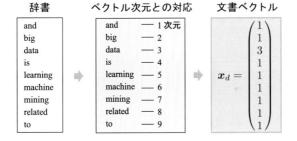

図 **12.1** 文書の数値化

●例 12.1.2. 2 つの文章

d_1 : "a cat bites a mouse" (猫がねずみを噛む)

d_2 : "a mouse bites a cat" (ねずみが猫を噛む)

は同じ辞書

1. a, 2. bites, 3. cat, 4. mouse

をもち, 素性ベクトルも

$$\boldsymbol{x}_{d_1} = (2, \ 1, \ 1, \ 1)^T, \quad \boldsymbol{x}_{d_2} = (2, \ 1, \ 1, \ 1)^T$$

で同じである (図 12.2).

d_1 : " a cat bites a mouse "

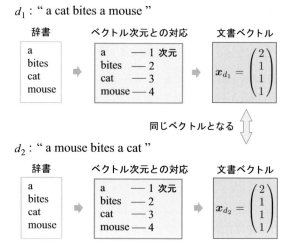

図 **12.2** 異なる 2 つの文書の数値化

　各単語が文書中に出現する回数で文章を数値化する上記の方法を "**Bag of Words**" とよぶ. 図 12.3 はこの方法で文書を単語に分割し, バラバラになった単語を袋の中に詰めた状態を示している. 単純な Bag of Words では, 例 12.1.2 のように, 異なる意味の文書を同じ素性ベクトルとして数値化することがある.

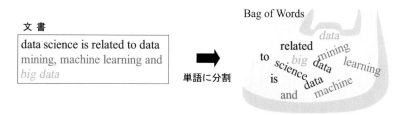

図 **12.3** Bag of Words

　連続した N 個の単語のまとまりを**単語 N グラム**, 特に $N = 1$, $N = 2$, $N = 3$ の場合をそれぞれ**ユニグラム** (unigram), **バイグラム** (bigram), **トライグラム** (trigram) とよぶ. N グラム ($N \geq 2$) を 1 つの語彙として辞書に登録し, 文章中における N グラムの頻度を成分として素性ベクトルを定めれば, 単語の語順やつながりを数値化することができる.

●**例 12.1.3.** 例 12.1.2 の文章 d_1, d_2 に対し，単語バイグラムを用いて素性ベクトルを求める．異なる単語の種類が 4 であるので，2 単語のまとまりの種類の数は 16 で，次の行列で表すことができる．

$$\begin{pmatrix} g_{11} & g_{12} & g_{13} & g_{14} \\ g_{21} & g_{22} & g_{23} & g_{24} \\ g_{31} & g_{32} & g_{33} & g_{34} \\ g_{41} & g_{42} & g_{43} & g_{44} \end{pmatrix}$$

$$= \begin{pmatrix} \text{``a a''} & \text{``a bites''} & \text{``a cat''} & \text{``a mouse''} \\ \text{``bites a''} & \text{``bites bites''} & \text{``bites cat''} & \text{``bites mouse''} \\ \text{``cat a''} & \text{``cat bites''} & \text{``cat cat''} & \text{``cat mouse''} \\ \text{``mouse a''} & \text{``mouse bites''} & \text{``mouse cat''} & \text{``mouse mouse''} \end{pmatrix}$$

ここで g_{ij} は，辞書の i 番目の単語の後に j 番目の単語が続く 2 単語の並びを 1 つの記号として表現する．例えば g_{13} は，1 番目の単語 "a" の後に 3 番目の単語 "cat" が続く単語バイグラムである．図 12.4 は，文章 d_1 では "a cat" $(= g_{13})$ が 1 回，"cat bites" $(= g_{32})$ が 1 回，"bites a" $(= g_{21})$ が 1 回，"a mouse" $(= g_{14})$ が 1 回出現し，文章 d_2

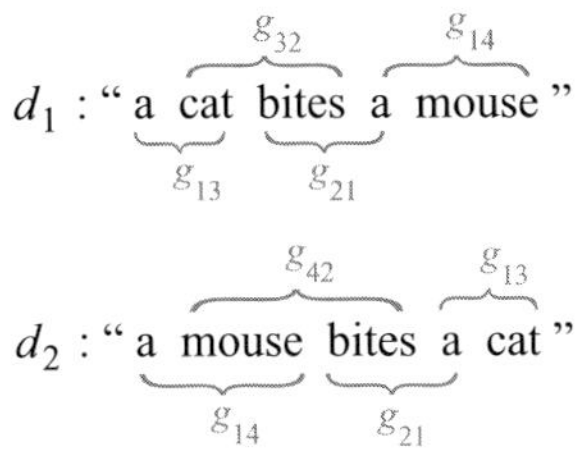

図 **12.4** 単語バイグラム

では "a mouse" $(= g_{14})$ が 1 回，"mouse bites" $(= g_{42})$ が 1 回，"bites a" $(= g_{21})$ が 1 回，"a cat" $(= g_{13})$ が 1 回出現することを示している．

$g_{11}, g_{12}, \cdots, g_{44}$ を素性ベクトルの 1 次元目，2 次元目，…，16 次元目に対応付ける．d_1 の素性ベクトル $\boldsymbol{x}_{d_1}$ は $g_{13}, g_{14}, g_{21}, g_{32}$ に対応する成分が 1，それ以外の成分が 0，d_2 の素性ベクトル $\boldsymbol{x}_{d_2}$ は $g_{13}, g_{14}, g_{21}, g_{42}$ に対応する成分が 1，それ以外の成分が 0 になる．

$$\boldsymbol{x}_{d_1} = \bigl(0, 0, 1, 1, 1, 0, \cdots, \overset{10\,次元目}{\overset{\vee}{1}}, 0, \cdots, 0\bigr)$$
$$\boldsymbol{x}_{d_2} = \bigl(0, 0, 1, 1, 1, 0, \cdots, \overset{14\,次元目}{\overset{\vee}{1}}, 0, \cdots, 0\bigr)$$

$\boldsymbol{x}_{d_1} \neq \boldsymbol{x}_{d_2}$ より，d_1, d_2 を異なる素性ベクトルとして表すことができた．なお，単語ユニグラム，バイグラム，トライグラムと進むと単語の組合せが増え，素性ベクトルも高次元化し計算コストが高くなる．

以上のように，文章を素性ベクトルで表すことができると，各文章間の類似度をユークリッド距離

$$d(\boldsymbol{x}_{d_1}, \boldsymbol{x}_{d_2}) = \sqrt{\left(\boldsymbol{x}_{d_1} - \boldsymbol{x}_{d_2}\right)^T \left(\boldsymbol{x}_{d_1} - \boldsymbol{x}_{d_2}\right)} = \sqrt{2} \qquad (12.1.1)$$

や余弦類似度

$$\cos\theta = \frac{\boldsymbol{x}_{d_1}{}^T \boldsymbol{x}_{d_2}}{\|\boldsymbol{x}_{d_1}\|\,\|\boldsymbol{x}_{d_2}\|} = \frac{3}{4} \qquad (12.1.2)$$

で求めて数値化し，クラスタリングによって文章を分類することができる．

12.2 単語 N グラムモデル

　文章中の単語の品詞を判定する形態素解析や，話し言葉の音声データを文字列に変換する音声認識では，単語列 $W = w_1\,w_2\cdots w_l$ が生成される確率

$$P(W) = P(w_1)P(w_2|w_1)P(w_3|w_1 w_2)\cdots P(w_l|w_1\cdots w_{l-1})$$

$$= \prod_{i=1}^{l} P(w_i|w_1\cdots w_{i-1})$$

に関する**統計的言語モデル**用いて，単語の並びに関する規則性を抽出する．

　様々な長さの単語列 $w_1\cdots w_{i-1}$ に対してその条件の下で次の単語 w_i が観測される条件付き確率 $P(w_i|w_1\cdots w_{i-1})$ を定めることは困難であるので，**単語 N グラムモデル**

$$P(w_i|w_1\cdots w_{i-1}) = P(w_i|w_{i-N+1}\cdots w_{i-1})$$

では，w_i の直前の $N-1$ 個の単語列にのみ依存すると仮定する．右辺の $w_{i-N+1}\cdots w_{i-1}$ は単語 $N-1$ グラムである．単語バイグラムモデルの場合は

$$P(W) = \prod_{i=1}^{l} P(w_i|w_{i-1})$$

で，前章のナイーブベイズ分類器のところ (11.4 節) で確認したように，この右辺の各条件付き確率は，訓練データ中において w_{i-1} が出現した回数 $n(w_{i-1})$ に対する単語バイグラム $w_{i-1}w_i$ が出現した回数 $n(w_{i-1}, w_i)$ の割合

$$P(w_i|w_{i-1}) = \frac{n(w_{i-1}, w_i)}{n(w_{i-1})}$$

に等しい．

●例 12.2.1. 2 つの文章

> d_1 ： "data science is related to data mining, machine learning, and big
>   data"

> d_2 ： "big data refers to large data set"

からなる文書を訓練データとして，単語バイグラムモデルを構築する．最初に
各単語をノード (頂点)，1 つの単語に次の単語が出現する接続関係を単語ノー
ド間のエッジ (辺) で表し，単語が出現する順にノード間を遷移するエッジを加
える．d_1 の場合，"data" の次に "science"，"science" の次に "is" が出現して
いるので，"data" のノードから "science" のノード，"science" のノードから
"is" のノードへとエッジでつなぐ．図 12.5 は，d_2 についても同じ操作をして，
この文書の単語バイグラムモデルをノードとエッジのグラフ構造で表現したも
のである．

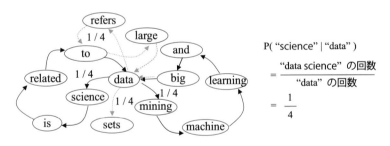

"data science is related to data mining, machine learning and big data"

"big data refers to large data sets"

図 **12.5** 単語バイグラムモデル

　次に，単語間の遷移確率を計算する．例えば，文書中 "data" の次に "science"，
"mining"，"refers"，"sets" が続く回数はすべて 1，"data"が出現した回数

$$n(\text{"data"})$$

は 4，そのうち "science"，"mining"，"refers"，"sets" へ遷移した回数

$$n(\text{"data", "science"}), \quad n(\text{"data", "mining"}),$$
$$n(\text{"data", "refers"}), \quad n(\text{"data", "sets"})$$

もすべて 1 であるので，data から science, mining, refers, sets へ遷移する確
率は，

$$P(\text{``science''}|\text{``data''}) = \frac{n(\text{``data''}, \text{``science''})}{n(\text{``data''})} = \frac{1}{4},$$

$$P(\text{``mining''}|\text{``data''}) = \frac{n(\text{``data''}, \text{``mining''})}{n(\text{``data''})} = \frac{1}{4},$$

$$P(\text{``refers''}|\text{``data''}) = \frac{n(\text{``data''}, \text{``refers''})}{n(\text{``data''})} = \frac{1}{4},$$

$$P(\text{``sets''}|\text{``data''}) = \frac{n(\text{``data''}, \text{``sets''})}{n(\text{``data''})} = \frac{1}{4}$$

となる.

12.3 品詞バイグラム

文章は単語のつながりである．単語には品詞が付随し，品詞間のつながりに規則性があることが推測できる．英語の文章では "new", "nice", "easy" といった単語の集合・グループは「形容詞」であり，形容詞の後に名詞が現れる傾向が強く，動詞の後に続けて動詞が現れることはほとんどない．そこで「品詞の出現はその直前の品詞にのみ依存する」「品詞から各単語が生成される」と仮定して，単語列 $W = w_1 w_2 \cdots w_l$ と品詞列 $C = c_1 c_2 \cdots c_l$ の確率を

$$P(W, C) = \prod_{i=1}^{l} P(c_i|c_{i-1}) P(w_i|c_i) \tag{12.3.1}$$

とする．ただし，c_i は単語 w_i の品詞である．

遷移する状態と各状態における事象の生成確率を組合せた統計的言語モデルを品詞バイグラムモデルという．(12.3.1) は状態が品詞間を遷移し，遷移先の品詞が単語を生成する確率で，右辺の 2 種類の確率は，それぞれ

$$P(c_i|c_{i-1}) = \frac{n(c_{i-1}, c_i)}{n(c_i)}, \quad P(w_i|c_i) = \frac{n(c_i, w_i)}{n(c_i)}$$

で求めることができる．ただし，$n(c_i)$ は訓練データ中に品詞 c_i が出現した回数，$n(c_{i-1}, c_i)$ は品詞バイグラム c_{i-1}, c_i が出現した回数，$n(c_i, w_i)$ は単語 w_i に品詞 c_i が付与されている回数である．

単語列は観測できるが，品詞は単語列に対して記載されているわけではないので，品詞バイグラムモデルを用いて観測された単語列 W から品詞列 $\widetilde{C}$ を求める．

$$\widetilde{C} = \arg\max_C P(C|W) = \arg\max_C \frac{P(W,C)}{P(W)} = \arg\max_C P(W,C)$$

一般に，各事象の出現する確率がその直前の事象にのみに依存する過程を**マルコフ過程**とよぶ．品詞バイグラムモデルでは，状態 (品詞) が出現する確率はその直前の状態 (品詞) に依存するマルコフ過程に従う．一方，単語列が観測データであるのに対して，品詞列は直接観測できるものではない．この意味で，品詞バイグラムモデルは**隠れマルコフモデル**とよばれているものの一つである．

●例 12.3.1. 単語列 W に品詞列 C が付与された訓練データ文書

W_1 : " data science is related to data mining, machine learning, and big data "
C_1 : " N   N   V   PP   P   N   G   N   G   C A N "
W_2 : " big data refers to large data set "
C_2 : " A   N   V   P   A   N   N "

がある．A, C, G, N, P, PP, V はそれぞれ形容詞 (Adjective)，接続詞 (Conjunction)，動名詞 (Gerund)，名詞 (Noun)，前置詞 (Particle)，過去分詞 (Past Participle)，動詞 (Verb) である．例えば，"data"，"science"，"is" の品詞はそれぞれ Noun, Noun, Verb であり，図 12.6 は品詞をノード，品詞間の遷移をエッジで表したグラフである．

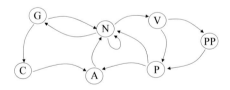

"data science is related to data mining, machine learning and big data"
N   N   V PP   P   N   G   N   G   C A N

"big data refers to large data sets"
A   N   V   P   A   N   N

図 **12.6** 品詞間の遷移グラフ

次に，品詞間の遷移確率を計算する．例えば，N から N もしくは他の品詞へ遷移する回数 $n(\mathrm{N})$ は 6，その内訳は N から N へ遷移する回数 $n(\mathrm{N},\mathrm{N})$ が 2，N から V へ遷移する回数 $n(\mathrm{N},\mathrm{V})$ が 2，N から G へ遷移する回数 $n(\mathrm{N},\mathrm{G})$ が 2 であるので，N から N, V, G へ遷移する確率は

$$P(\mathrm{N|N}) = \frac{n(\mathrm{N,N})}{n(\mathrm{N})} = \frac{2}{6}, \qquad P(\mathrm{V|N}) = \frac{n(\mathrm{N,V})}{n(\mathrm{N})} = \frac{2}{6},$$

$$P(\mathrm{G|N}) = \frac{n(\mathrm{N,G})}{n(\mathrm{N})} = \frac{2}{6}$$

となる.

"data science is related to data mining, machine learning and big data"
　　N　　N　V　PP　　P　N　　G　　　N　　　G　　C　A　N

"big data refers to large data sets"
　　A　　N　　V　　P　　A　N　　N

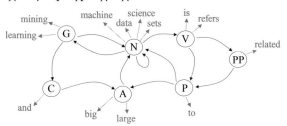

図 **12.7**　品詞から単語が生成されるグラフ

　図 12.7 は，上記の訓練データにおいて，品詞ノードが単語を生成する状況を示したものである．例えば，("data", "Noun") の組合せは "Noun" が "data" を，("science", "Noun") の組合せは "Noun" が "science" を生成することを表している．品詞が単語を生成する確率も計算することができる．例えば N が出現する回数 $n(\mathrm{N})$ が 8 であり，その内訳が

(1) 単語 "data"に品詞 N が付与されている回数 $n(\mathrm{N}, \text{``data''}) = 5$

(2) 単語 "science"に品詞 N が付与されている回数 $n(\mathrm{N}, \text{``science''}) = 1$

(3) 単語 "machine"に品詞 N が付与されている回数 $n(\mathrm{N}, \text{``machine''}) = 1$

(4) 単語 "sets"に品詞 N が付与されている回数 $n(\mathrm{N}, \text{``sets''}) = 1$

であることから，品詞 N から単語 "data", "science", "machine", "sets" を生成する確率は

$$P(\text{``data''}|\mathrm{N}) = \frac{n(\mathrm{N}, \text{``data''})}{n(\mathrm{N})} = \frac{5}{8},$$

$$P(\text{``science''}|\mathrm{N}) = \frac{n(\mathrm{N}, \text{``science''})}{n(\mathrm{N})} = \frac{1}{8},$$

$$P(\text{``machine''}|\mathrm{N}) = \frac{n(\mathrm{N}, \text{``machine''})}{n(\mathrm{N})} = \frac{1}{8},$$

$$P(\text{``sets''}|\text{N}) = \frac{n(\text{N, ``sets''})}{n(\text{N})} = \frac{1}{8}$$

となる.

12.4 カウントベースによる関連判定

　前節までで，文章を単語の出現頻度から構成される数値ベクトルとして表現する方法を解説したが，単語を数値として表現して類似度を計算すると，類似関係 (シソーラス) の抽出や単語間の演算を行うことができる．単語を数値ベクトル化として表現するために，「単語の意味はその周辺の単語によって形成される」という**分散仮説**をたてる．このとき，単語を数値ベクトル化する方法として，カウントベースと推論ベースの 2 種類がある．

　カウントベースでは，注目する単語のその前後にどのような単語がどれだけの頻度で出現するかを数え上げ，その頻度を成分とするベクトルを求める．

●例 12.4.1.　　　　d: "I work with data science and AI"
単語をすべて書き出して辞書

　　1. I,　2. $work$,　3. $with$,　4. $data$,　5. $science$,　6. and,　7. AI

を作り，"I", "work", $\cdots$ を 1 次元目，2 次元目，$\cdots$ として，辞書中の単語とベクトルの要素を対応付ける．"science" という単語に着目すると，直前・直後に "data"・"and" が 1 個ずつあるので，"data" と "and" に該当する要素の数を 1，その他の要素を 0 としたベクトルを作成し，この単語の特徴ベクトルとする (図 12.8)[1].

$$\boldsymbol{x}_{science} = \begin{pmatrix} 0, & 0, & 0, & 1, & 0, & 1, & 0 \end{pmatrix}^T$$

次に，文脈の幅を前後 1 単語として，すべての単語の特徴ベクトルを求める．

$$\boldsymbol{x}_I = (0, 1, 0, 0, 0, 0, 0)^T, \qquad \boldsymbol{x}_{work} = (1, 0, 1, 0, 0, 0, 0)^T,$$
$$\boldsymbol{x}_{with} = (0, 1, 0, 1, 0, 0, 0)^T, \qquad \boldsymbol{x}_{data} = (0, 0, 1, 0, 1, 0, 0)^T,$$

---

　1)　なお，注目する単語の 2 つ前までの単語と 2 つ後ろまでの単語を考慮する場合には，その特徴ベクトルは

$$\boldsymbol{x}_{science} = \begin{pmatrix} 0, & 0, & 1, & 1, & 0, & 1, & 1 \end{pmatrix}^T$$

となる．このように，いくつ前と後ろの単語までを考慮するのかによって単語の特徴ベクトルは変わる．意味を定める単語の周辺状況が**文脈 (コンテクスト)** である．

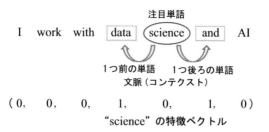

図 **12.8** カウントベースによる単語の特徴ベクトル

$$\boldsymbol{x}_{science} = (0,\ 0,\ 0,\ 1,\ 0,\ 1,\ 0)^T,\qquad \boldsymbol{x}_{and} = (0,\ 0,\ 0,\ 0,\ 1,\ 0,\ 1)^T,$$
$$\boldsymbol{x}_{AI} = (0,\ 0,\ 0,\ 0,\ 0,\ 1,\ 0)^T$$

各特徴ベクトルを行ベクトルとして列方向に並べ，単語バイグラムにおいて各
単語が共起する回数を成分とする**共起行列**を図 12.9 のように求める．

	I	work	with	data	science	and	AI
I	0	1	0	0	0	0	0
work	1	0	1	0	0	0	0
with	0	1	0	1	0	0	0
data	0	0	1	0	1	0	0
science	0	0	0	1	0	1	0
and	0	0	0	0	1	0	1
AI	0	0	0	0	0	1	0

図 **12.9** 単語の共起行列

　さてここで，同じ文書で頻繁に使われる 2 つの単語は何か意味の重なりがあ
ると考える．例えば，学校に関する文書では，"study" や "book" が頻繁に使
用される一方，単語 "財務会計" があまり使用されることはない．同じ文書で使
用されている "study" や "book" は関係性が強いが，これら 2 つの単語と "財
務会計"の関係性は弱い．したがって，単語の共起頻度が，単語の結び付きを数
値として表現しているとみることができる．
　それでは同じ文書で，"the" と "book" の共起関係はどうであろうか．"the
book" という表現が頻出することは容易に想像される．この 2 つの単語の共起回
数は大きいが，"the book" と "study book" ではどちらの表現のほうが出現回数

が大きいであろうか. "the book" のほうがより自然な表現で, 出現回数も大きいであろう. すると "the" と "book" の共起回数のほうが "study" と "book" の共起回数より大きくなる. "the" と "study" とを比較したとき, "book" とより強い関連性をもつ単語は "the" であるという結論になり, 一般的に感じられる主観とは合致しない.

そこで, 2 つの単語の各頻度と共起する頻度を用いて相互情報量を導入する. 単語 a と単語 b の**相互情報量** $I(a, b)$ を

$$I(a, b) = \log_2 \frac{P(a, b)}{P(a)P(b)} \tag{12.4.1}$$

と定義する. $P(a)$, $P(b)$ はそれぞれ単語 a, b の出現確率, $P(a, b)$ は単語 a, b の共起確率である. 相互情報量は, 2 つの単語 a, b の相互依存度を数値化したもので, この値が大きいほど 2 つの単語の関連性が高い.

(12.4.1) の右辺の確率を, 文書中の単語の総個数 N, 単語 a, b の個数 $n(a)$, $n(b)$, および単語バイグラム ab もしくは ba の個数 $n(a, b)$ を用いて表すと

$$I(a, b) = \log_2 \frac{n(a, b)/N}{n(a)/N \times n(b)/N} = \log_2 \frac{Nn(a, b)}{n(a)\, n(b)}$$

となる.

●例 **12.4.2.** 単語総個数 $N = 10{,}000$ の文書がある. 単語 "the", "book", "study" の個数が

$$n(\text{``the''}) = 1000, \quad n(\text{``book''}) = 20, \quad n(\text{``study''}) = 10,$$

単語バイグラム "the book" もしくは "book the" の個数が

$$n(\text{``the''}, \text{``book''}) = 10,$$

単語バイグラム "study book" もしくは "book study" の個数が

$$n(\text{``study''}, \text{``book''}) = 5$$

である.

この場合, "the" と "book" の相互情報量は

$$I(\text{``the''}, \text{``book''}) = \log_2 \frac{10000 \times 10}{1000 \times 20} \approx 2.32, \tag{12.4.2}$$

"study" と "book" の相互情報量は

$$I(\text{``study''}, \text{``book''}) = \log_2 \frac{10000 \times 5}{10 \times 20} \approx 7.97 \tag{12.4.3}$$

となる．“the”–“book” と “study”–“book” では，共起回数は前者のほうが多いが，相互情報量は後者のほうが大きい．

12.5 推論ベースによる関連判定

推論ベースでは，周辺の単語から注目する単語を類推するモデルを学習する CBoW (Continuous Bag of Words) 法と，注目する単語からその周辺単語を類推するモデルを学習する Skip Gram 法がある (図 12.10)．以下では，CBoW 法を中心に解説する．

Continuous Bag of Words 法
注目単語
I work with data ? and AI
周辺単語から注目単語を類推
Skip Gram 法
注目単語
I work with ? science ? AI
注目単語から周辺単語を類推

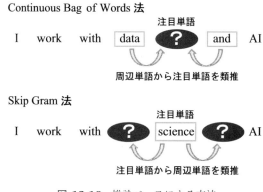

図 **12.10** 推論ベースによる方法

CBoW 法では，周辺単語から注目単語を類推するモデルをニューラルネットワークによって構築する．各単語は，該当する成分を 1，その他の成分を 0 とする one-hot ベクトルとして表す．図 12.11 のように，単語 “I”，“work” が

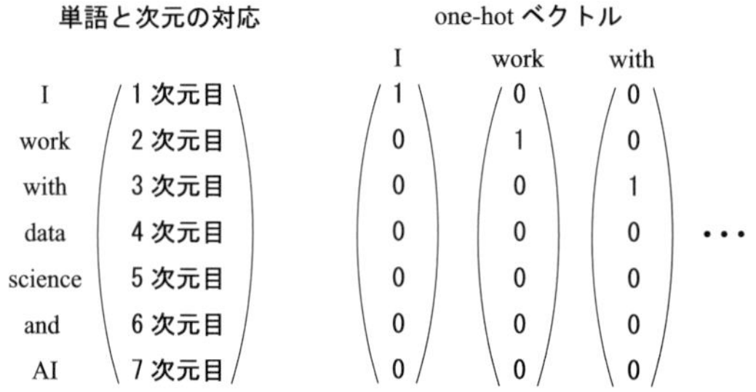

単語と次元の対応
one-hot ベクトル
I work with
I 1 次元目 1 0 0
work 2 次元目 0 1 0
with 3 次元目 0 0 1
data 4 次元目 0 0 0
science 5 次元目 0 0 0
and 6 次元目 0 0 0
AI 7 次元目 0 0 0
• • •

図 **12.11** 単語の one-hot ベクトル

それぞれ 1 次元目, 2 次元目に対応する場合, "I" は 1 次元目の成分が 1, その他の成分が 0 である one-hot ベクトル

$$\boldsymbol{x}_I = \begin{pmatrix} 1, & 0, & 0, & 0, & 0, & 0, & 0 \end{pmatrix}^T,$$

"work" は 2 次元目の成分が 1, その他の成分が 0 である one-hot ベクトル

$$\boldsymbol{x}_{work} = \begin{pmatrix} 0, & 1, & 0, & 0, & 0, & 0, & 0 \end{pmatrix}^T$$

で表す. 次に, 図 12.12 のように注目単語の前後の単語に該当する one-hot ベクトル $\boldsymbol{x}$ を入力とし, 注目単語の one-hot ベクトルを出力するニューラルネットワークを考える. 注目単語の周辺状況として, 直前の 1 単語と直後の 1 単語のみから注目単語を予測する場合, ニューラルネットワークは直前・直後の単語に対応する one-hot ベクトル $\boldsymbol{x}_{-1}, \boldsymbol{x}_{+1}$ を入力として受け取る.

　入力ベクトルはシナプス重み結合を介して中間層に伝達し, 信号を受け取った中間層の内部状態 $\boldsymbol{z}$ を

$$\boldsymbol{z} = \frac{1}{2}(\boldsymbol{z}_{-1} + \boldsymbol{z}_{+1}), \quad \text{ただし,} \quad \boldsymbol{z}_{-1} = W_{in}\boldsymbol{x}_{-1}, \quad \boldsymbol{z}_{+1} = W_{in}\boldsymbol{x}_{+1}$$

で求める. 直前・直後の単語 $\boldsymbol{x}_{-1}, \boldsymbol{x}_{+1}$ と中間層の重み結合は, 同じ行列 W_{in} を用いる. 中間層の内部状態は活性関数 f で変換し, 出力層に向けて信号 $f(\boldsymbol{z})$ を放出する. $f(\boldsymbol{z})$ は, 中間層と出力層の間をつなぐシナプス結合 W_{out} によって増幅し, 出力層に内部状態

$$\boldsymbol{y} = W_{out}f(\boldsymbol{z}) \tag{12.5.1}$$

を伝達する. 出力層の各ニューロンは単語に対応し, 各ニューロンの内部状態

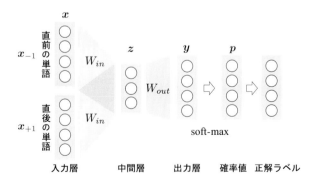

図 **12.12** CBoW のニューラルネットワーク

y を soft-max 関数

$$p_i = \frac{e^{y_i}}{\sum\limits_{j=1}^{n} e^{y_j}}$$

によって確率値 $\boldsymbol{p}\,(=p_i)$ に変換する．ここで $y_i,\ p_i$ はそれぞれベクトル $\boldsymbol{y},\ \boldsymbol{p}$ の第 i 成分である．周辺単語と注目単語のデータセットを訓練データとして用い，注目単語の one-hot ベクトルとニューラルネットワークによる注目単語の予測確率 $\boldsymbol{p}$ の誤差が最小となるように重み結合 W_{in} と W_{out} を定めて，周辺単語から注目単語を類推するモデルを学習する．

　入力層と中間層の関係について詳細にみていく．入力した one-hot ベクトル $\boldsymbol{x}$ を，行列 W_{in} によって特徴ベクトル

$$\boldsymbol{z} = W_{in}\boldsymbol{x}$$

に線形変換する．ニューラルネットワークの一部として，各単語に対応するニューロンが構成する入力層が入力信号 $\boldsymbol{x}$ を受け取り，入力層と中間層の間のシナプス結合 W_{in} によって増幅した信号 $\boldsymbol{z}$ を中間層に伝達する (図 12.13)．$\boldsymbol{x}$ の 1 次元目に相当する単語は，1 次元目の成分が 1，その他の成分が 0 である one-hot ベクトルで表す．この $\boldsymbol{x}$ を入力すると，変換後の特徴ベクトル $\boldsymbol{z}$ は行列 W_{in} の第 1 列目になる．同様に，$\boldsymbol{x}$ の 2 次元目に相当する単語は 2 次元目の成分が 1，その他の成分が 0 である one-hot ベクトルで表され，この $\boldsymbol{x}$ を入力すると，変換後の特徴ベクトル $\boldsymbol{z}$ は行列 W_{in} の第 2 列目になる．k 次元目に該当する単語の特徴ベクトル $\boldsymbol{z}$ を求めることは，ニューラルネットワークを学習して得られるモデルパラメータ行列 (重みパラメータのモデル行列) W_{in} の第

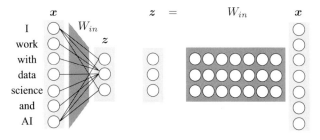

図 **12.13**　入力ベクトル $\boldsymbol{x}$ から特徴ベクトル $\boldsymbol{z}$ へのニューラルネットワーク (左) と線形変換 (右)

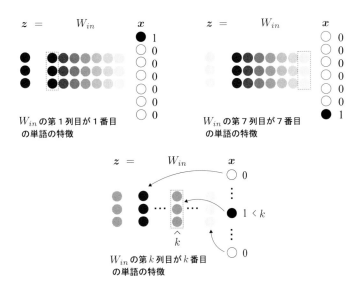

図 **12.14** 単語の特徴ベクトル $\boldsymbol{z}$ と W_{in} の関係

k 列目を抜き出すことにほかならない (図 12.14).

word2vec は，このようにして単語の特徴を数値化したベクトルを抽出する手法である．word2vec により得られる単語の特徴ベクトルから単語間の類似度を求めると，意味の似ている他の単語を検索したり，似ている単語のグループを求めることができる．また，複数の単語の足し算や引き算をベクトル計算として実行することも可能になる．

●**例 12.5.1.**　　"King" − "Man" + "Woman" → " ? "

この例では，単語 "King"，"Man"，"Woman" をそれらの特徴ベクトル

$$\boldsymbol{x}_{King}, \quad \boldsymbol{x}_{Man}, \quad \boldsymbol{x}_{Woman}$$

に置き換えて求められる特徴ベクトル

$$\boldsymbol{x} = \boldsymbol{x}_{King} - \boldsymbol{x}_{Man} + \boldsymbol{x}_{Woman} \tag{12.5.2}$$

を計算し，そのベクトルと最も類似している特徴ベクトルを有する単語をみつける．単語 "King" と "Man" の差異をベクトルとして求め，それを単語 "Woman"に加えている特徴ベクトルを計算していると解釈できるので，出力が "Queen" であることを期待する (図 12.15)．実際に

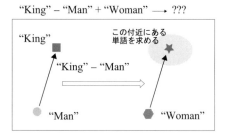

図 **12.15** word2vec を用いた単語間の計算例

$$\text{"王"} - \text{"男"} + \text{"女"} \rightarrow \text{"?"}$$

について，日本語 258 億語規模コーパス (語彙数 482,223) を学習した word2vec
を用いて単語間の足し算・引き算の計算を実行してみたところ，類似度の高い
単語を 3 つが "王女"，"王妃"，"女王" であった．また，求めた特徴ベクトルと
"王女"，"王妃"，"女王" の各特徴ベクトルの余弦類似度は 0.573, 0.561,0.559
であった．

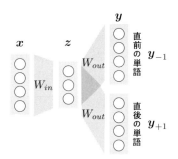

図 **12.16** Skip Gram 法のニューラルネットワーク

最後に，図 12.16 は，**Skip Gram 法**によって注目単語から周辺単語を類推す
るニューラルネットワークで，注目単語の one-hot ベクトル x を入力とし，そ
の直前，直後の単語の one-hot ベクトル y_{-1}, y_{+1} を出力する．注目単語と周辺
単語のデータセットを訓練データとし，周辺単語の one-hot ベクトルとニュー
ラルネットワークに注目単語を入力したときの出力ベクトルの誤差が最小とな
るように重み結合 W_{in}, W_{out} を求める．CBoW の場合と同様に，W_{in} の第 k
列目を取り出し，k 番目の単語の特徴ベクトルを得る．

Part **IV**

データエンジニアリング

13

データの収集・蓄積・加工

　デジタル化の進展，ネットワークの高度化，IoT 関連機器の小型化・低コスト化による IoT の進展により，スマートフォン等を通じた位置情報や行動履歴，インターネットやテレビでの視聴・消費行動等に関する情報，小型化したセンサ等から得られるビッグデータの収集・蓄積・加工は，データエンジニアリングにおいて必須である．本章で解説するのはそのための様々な方策である．

13.1　データ表現

　図 13.1 は，様々なデータの種類を示している．国や地方公共団体が提供する「オープンデータ」，センサなど M2M (Machine to Machine) から吐き出されるストリーミングデータ (「M2M データ」)，暗黙知 (ノウハウ) をデジタル化・

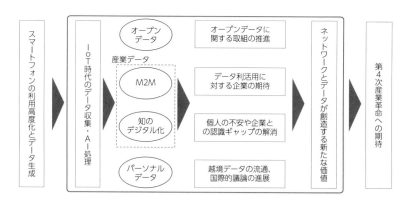

図 13.1　ビッグデータ[1]

1)　総務省「平成 29 年度版情報通信白書」https://www.soumu.go.jp/johotsusintokei/whitepaper/ja/h29/pdf/29honpen.pdf, p.53, 図表 2-1-1-1 を一部修正のうえ引用.

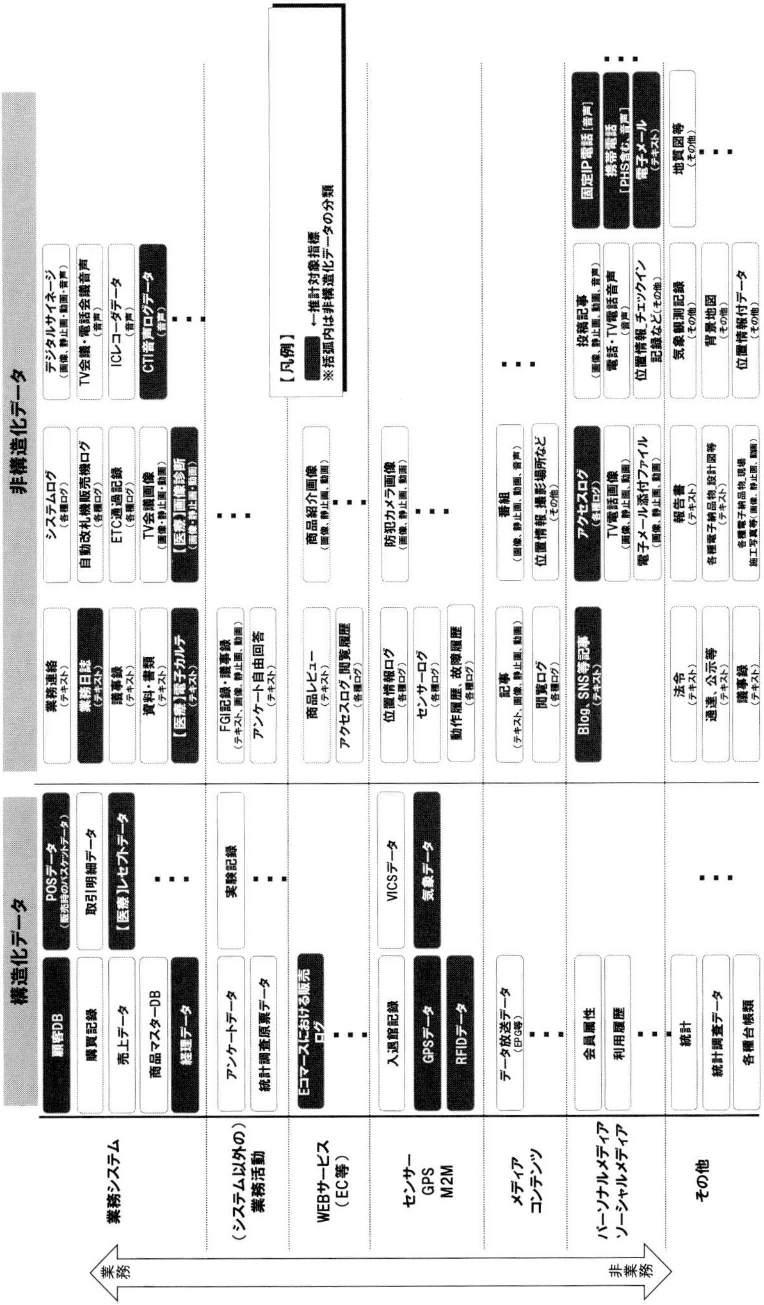

構造化データ

非構造化データ

[凡例]
■ ←推計対象指標
※ 点線内は非構造化データの分類

業務システム
- 顧客DB
- 購買記録
- 売上げデータ
- 商品マスター-DB
- 【医療】レセプトデータ
- POSデータ（電子的なレジスタデータ）
- 取引明細データ
- 業務連絡（テキスト）
- 業務日誌（テキスト）
- 議事録（テキスト）
- 資料・書類（テキスト・素材）
- 【医療】電子カルテ（テキスト）
- システムログ（各種ログ）
- 自動改札機販売ログ（各種ログ）
- ETC通過記録（各種ログ）
- TV会議録画（画像・静止画・動画）
- 【医療】画像診断（画像・静止画・動画）
- デジタルサイネージ（画像・静止画・動画・音声）
- TV会議・電話会議音声（音声）
- ICレコーダーデータ（音声）
- CTI音声ログデータ（音声）

（システム以外の）業務活動
- アンケートデータ
- 統計調査原票データ
- 実験記録
- FGI記録・議事録（テキスト、画像、静止画、動画）
- アンケート自由回答（テキスト）

WEBサービス（EC等）
- ECサービスにおける販売ログ
- 商品レビュー（テキスト）
- アクセスログ 閲覧履歴（各種ログ）
- 商品紹介画像（画像、静止画）

センサー GPS M2M
- 入退館記録
- GPSデータ
- RFIDデータ
- VICSデータ
- 気象データ
- 位置情報ログ（各種ログ）
- センサーログ 動作履歴、故障履歴（各種ログ）
- 防犯カメラ画像（画像、静止画）

メディアコンテンツ
- データ放送データ（EP連系）
- 記事（テキスト、画像、静止画、動画）
- 閲覧ログ（各種ログ）
- 番組（画像、静止画、動画、音声）
- 位置情報・撮影場所など

パーソナルメディア ソーシャルメディア
- 会員属性
- 利用履歴
- Blog, SNS等記録（テキスト）
- アクセスログ（各種ログ）
- 投稿記事（画像、静止画、動画、音声）
- 電話・TV電話音声（音声）
- 位置情報・チェックイン記録など（その他）
- TV電話画像（画像、静止画、動画）
- 電子メール添付ファイル記録など（その他）
- 固定IP電話［音声］
- 携帯電話［PHSも含む］（音声）
- 電子メール（テキスト）

その他
- 統計
- 統計調査データ
- 各種台帳類
- 法令（テキスト）
- 通達、公示等（テキスト）
- 議事録（テキスト）
- 報告書（テキスト）
- 各種統計情報、設計図書（テキスト）
- 各種標準品目録など（その他）
- 施工写真等（画像、静止画、動画）
- 気象観測記録（その他）
- 背景地図（その他）
- 位置情報データ（その他）
- 地質図等（その他）

業務 ↔ 非業務

図 13.2　様々な種類のデータ（総務省「ビッグデータ時代における情報量の計測に係る名調査研究報告書」2013 年 3 月
https://www.soumu.go.jp/johotsusintokei/linkdata/h26_05_houkoku.eps, p.7 より引用.）

構造化したデータ（「知のデジタル化」），個人の属性にかかわる「パーソナルデータ」など，収取されるデータは質・量ともに膨大なものになっていることがわかる．図 13.2 に示すのは，オープンデータ，パーソナルデータといった大括りな分類にとどまらない，データの詳細な種類である．

　第 1 章では，データが社会そのもののあり方を変えていることを述べた．例えば，通話データなどの音声データを収集し，それを訓練データとして用いることで音声認識精度が大きく向上するにともない，コールセンターへの音声自動応答システムの導入が進んでいる．また YouTube をはじめとして画像や動画の蓄積が進み，それらを訓練データとして用いることで画像認識の精度が大きく向上するにともない，カメラ画像を用いた顔認証による入退場管理システムが普及してきている．さらに，文法などの構造情報を整理した大量の**コーパスデータ**が自然言語処理の精度を向上するにともない，ニュース記事の自動要約システムが導入されている．経済面での効率化を越えて，社会，文化，働き方，さらには生き方にも変化を及ぼすものとなっているのである (図 13.3)．

　「情報」をひとことで定義することは難しい．データ，情報，知識，知恵を区別する考え方もある．例えば，学生 A，B，C のテストの点数は 90, 80, 60 といったように，そこに意味付けがなく単なる数値だけのものはデータである．

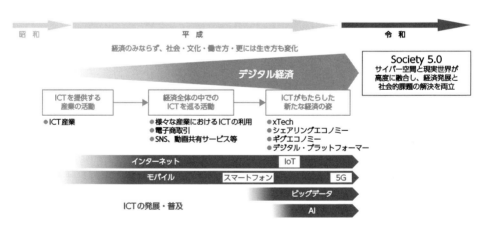

図 **13.3** 社会・文化・働き方・生き方の変化[2]

2) 総務省「令和元年度版情報通信白書」https://www.soumu.go.jp/johotsusintokei/whitepaper/ja/r01/pdf/01honpen.pdf, p.3, 図表 0-1-1-1 より引用．

平均点と比較することで，学生 C は理解が十分でないという結論を得たとすれば，これは情報である．さらに，予習時間とテストの点数に正の相関があるなど，他の情報とのあいだに存在する規則性を発見すれば，それは知識となる．一つの見方として，情報とは伝達され，行動変容を引き起こすものであるということもいえよう．

　本節でまず説明するのは，データの表現法である．人と計算機のあいだでの情報伝達を可能にするには，計算機が扱える形で情報を表現することが必要となる．計算機において様々なデータ・情報はどのように表現されているのであろうか．計算機が扱う情報は，0 または 1 の列として表現される．DRAM (ダイナミック RAM)[3] ではコンデンサに蓄えられる電荷の有無，SRAM (スタティック RAM) ではフリップフロップ回路のとる状態で 0 と 1 を区別する．通常，0 を OFF，1 を ON に対応させる．2 進法 1 桁が計算機が扱う情報の最小単位であり，**1 ビット**とよぶ．

　数の表現　　基本となるのは数の表現である．正の整数は 2 進法で表す．例えば，

$$11010_{(2)}$$

は 10 進法の 26 を表す．

$$1 \times 2^4 + 1 \times 2^3 + 0 \times 2^2 + 1 \times 2^1 + 1 \times 2^0 = 26$$

という計算をすることで 10 進法の 26 になることが確認できる．

　2 進法で大きな数字を表す場合に桁数が大きくなる．そこで簡潔に表現するために 16 進法も用いられる．A から F が 10 進法の 10 から 15 に対応し，

$$1A_{(16)} = 1 \times 16^1 + 10 \times 16^0 = 26$$

となる．先頭に 0x を付けて，0x1A と表現することもある．

　負の整数は 2 の補数で表現する．**補数**とは，ある基数法において桁上がりが生じる最小の数である．例えば，10 進法で 61 の補数は 39 である．実際，

$$61 + 39 = 100$$

のように，39 を足して初めて桁上りが生じる．4 ビットで記録する場合は

$$0111_{(2)} + 1001_{(2)} = 0000_{(2)}$$

---

3)　RAM: random access memory

となるため，2進法で $0111_{(2)}$ の補数は $1001_{(2)}$ となる．10進法の

$$1 + (-1) = 0$$

から考えて，$1001_{(2)}$ を $-0111_{(2)}$ と考えてもよい．一番上の桁が0である場合 ($0000_{(2)}$ から $0111_{(2)}$) を正の整数，一番上の桁が1である場合 ($1000_{(2)}$ から $1111_{(2)}$) を負の整数と考える．

有限小数は浮動小数点を用いて

$$a \times 2^b, \quad 1 \le a < 2$$

で表現し，a を仮数，b を指数とよぶ．10進数の2.625は

$$1.3125 \times 2^1$$

と表現できるので，仮数 $a = 1.3125$，指数 $b = 1$ である．**単精度浮動小数点**は，符号部 (1ビット)，指数部 (8ビット)，仮数部 (23ビット) の計32ビットで表現する．符号部は正の場合0，負の場合1となる．指数部は，$b = 1$ に127を足して

$$1 + 127 = 128 = 10000000_{(2)}$$

と表現する．これを**げたばき方式**とよび，指数が負の場合でも表現可能である．一方，仮数部は仮数の小数点以下を使って，0.5, 0.25, 0.125, 0.0625, …を順に引いていく．この場合，0.3125から0.5を引くと負の数となるので0とする．次は $0.3125 - 0.25 = 0.0625$ となるので1．その次は0.0625から0.125を引くと負の数となるので0．最後は $0.0625 - 0.0625 = 0$ となるので1．以上をまとめ，符号部，指数部，仮数部を結合して

$$01000000001010000000000000000000$$

と表現する．この表現法は **IEEE754** という標準規格になっている．

文字の表現　　文字の表現には **ASCII** コードを使う．例えば文字Aを2進法 1000001 (16進法41) で表現する．16進法で00から1Fが制御コード，20が空白，21から7Eが図形文字，7Fが制御文字を表している．

データ分析では数字や文字が計算機内部でどう表現されているかまで注意する必要はあまりないが，データ表現法の選択は機械学習アルゴリズムを適用した際の計算時間や精度に影響するものであるため，適切な表現を選択することが重要である．

信号の表現　　アナログ信号をデジタル信号に変換する場合もある．人の発

する声はアナログ信号であり，計算機で処理するにはデジタル信号に変換する必要がある．時間的に連続変化するアナログ量をデジタル量に変換するとき，標本化，量子化，符号化の 3 つの操作が必要となる．**標本化**は，とびとびの時間 $t = 0, T, 2T, 3T, \cdots$ での値を抜き出す操作で，T を**サンプリング周期**とよぶ．**量子化**では，抜き出した値をある刻み幅で分けて代表値で表す．**符号化**は，その代表点を 0 と 1 の組合せで表すことである．

デジタル化すると，ノイズ除去が簡単になる．データ量を削減するという点では，標本化においてサンプリング周期を大きくすること，量子化において刻み幅を大きくすることが有効である．しかし，サンプリング周期を大きくしすぎると，もとの波形を復元できなくなる．図 13.4 の左側はサンプリング周期 T_s を 50 に設定した場合，右側はサンプリング周期を 150 に設定した場合を示している．左図では復元波形と元波形と近い形をしているが，右図では復元波形は元波形と大きく異なっている．

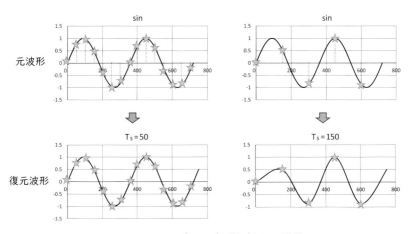

図 **13.4**　サンプリング周期が与える影響

テキストの表現　　テキストは既に文字列として表現されているので，データ表現法の選択という余地はないようであるが，例えば，ニュース記事を政治，経済，スポーツ，科学などに分類する場合，テキストをどのように特徴付けるかが問題になる．特徴付けを定めることを**特徴量抽出**という．例えば，以下のテキストを，Politics, Business, Science などのカテゴリに分類するような問題である．

- 文書 1：U.S. and China Agree to Work Together to Tackle Climate Change
- 文書 2：Fastest Inflation in 31 Years Puts More Heat on Washington
- 文書 3：Highlights From SpaceX's Launch of NASA's Crew-3 Mission to the Space Station

説明を簡単にするため，以下の文を考える．

- 文書 1：I go to the park.
- 文書 2：I will go shopping.

特徴量抽出法の一つは，文書中の単語の数を数えることである．表 13.1 は上記文書の単語数を数えた結果である．文書中に頻繁に現れる単語は，その文書の特徴を表していると考えることができるが，その単語がどの文書にも現れているとすれば，文書の特徴を表しているとはいえない．例えば，映画の記事には movie という単語が多く現れるが，それよりは，action, romance, SF, kids などの単語のほうがより重要そうである．

表 13.1　単語の出現頻度

	go	park	shopping	the	to	will
文書 1	1	1	0	1	1	0
文書 2	1	0	1	0	0	1

tf-idf 法はこの考え方に基づく．tf を

$$\frac{文書 j における単語 i の出現回数}{文書 j における全単語の出現回数},$$

idf を

$$\frac{\log(文書の数+1)}{単語 i を含む文書の数}$$

とし，tf-idf = tf * idf を計算する．ただし，* は数の積を表す．表 13.2 は上記文書の tf-idf で，ベクトルの大きさを 1 として正規化する．go はどちらの文書にも現れるので値が小さい．

表 13.2　tf-idf の計算

	go	park	shopping	the	to	will
文書 1	0.380	0.534	0	0.534	0.534	0
文書 2	0.449	0	0.632	0	0	0.632

13.2 IoT 機 器

　最初にデータ・AI 利活用の流れを説明する．図 13.5 は掃除ロボットの制御の事例である．掃除ロボットは，室内を動き回ってごみを集めるという要求と，壁や椅子などにぶつからない，また，階段を滑り落ちて自身を破壊することがないようにするという要求を両立する．機械学習の技術を用い，例えば，カメラ画像から，壁かカーテンかテーブルの脚かといった物体認識を行う．環境を認識すると，技術を用いて効率的な移動経路を決定する．

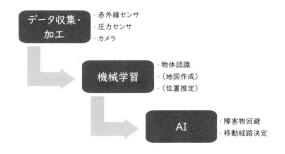

図 **13.5**　掃除ロボットの制御

　機械学習，特に教師あり学習を適用するには学習データが必要である．カーテン一つをとっても色や模様は様々であり，1 種類のカーテンだけでなく複数種類のカーテンのデータがあるほうがよい．機械学習による予測精度は学習アルゴリズムだけでなく，学習データの質に大きく影響を受けるので，データ収集は効率的な問題解決が可能なシステムを実現するために重要である．

　図 13.6 は，スーパーマーケットやドラッグストアの陳列棚設計の事例である．来店者の商品購買を促進するには棚割が重要である．**棚割**とは，どの商品にどれくらいの広さを割り当てるか，また，上段・中段・下段の別や，どの商品とどの商品を並べて配置するか決定することをいう．機械学習を用いて，どの商品がどれくらい需要があるかを推定する．過去の類似の事例から新商品の需要予測も行う．また，棚の大きさは有限であり，配置しなければならない商品の種類も決まっているので，全体の制約を満たすように棚割を作成する．こういった意思決定に，AI 技術を援用し機械学習を用いて需要予測するとしても，もとになる学習データが必要である．地域などによって売れ方が異なるため，当該店舗でのデータが重要である．掃除ロボットの事例と同様に，棚割作成に

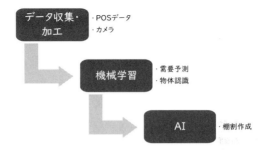

図 **13.6**　スーパーマーケットの陳列棚の配置決定

おいてもデータ収集の段階が重要である.

　データ収集では，どこからデータを収集するかを考える必要がある．**IoT** (Internet of Things) 機器はその主要なものの一つである．IoT は様々な物がインターネットにつながること，また，インターネットにつながる様々な物自体をさす．衣服，冷蔵庫などの家電，エアコンや照明を含めた家屋といった様々な物がインターネットに接続されている．電気ポットをネットワークに接続すると，電源の ON/OFF，給湯などの操作を検出し，遠隔地の家族に動作状況を伝達して高齢者の見守りに役立てることができる．掃除ロボットでネット接続機能を有するものは，出張時など外出先からでもスマートフォン等で操作可能である．スマートロックは，玄関錠に後付けすることでスマホ操作による解施錠やオートロックができる．HEMS (Home Energy Management System) は，家庭で使うエネルギー管理システムである．家電や電気設備とつないで，電気やガスなどの使用量をモニター画面などで「見える化」したり，太陽光発電を売電するなどの効率的な電力利用を実現できる.

　図 13.7 は，スマートフォンが有するセンサである．我々が居住する環境には多くのセンサが存在している．それらがネットワークに接続することで，即時的に利用するだけでなく，データを蓄積して学習データなどに活用できるようになる.

　なお，IoT 機器自身は十分な記憶容量をもたないものが多い．そこで収集したデータをクラウド等のインターネット上のサーバに送信して保存する．こう

---

　4)　総務省 ICT スキル総合習得教材 `https://www.soumu.go.jp/ict_skill/pdf/ict_skill_1_2.pdf`, p.18 より引用.

情　報	センサ	用　途
光，画像	照度センサ，カメラ	画面の明るさ調節，撮影用カメラ
音　声	マイクロフォン	通話，音声入力
圧　力	圧力センサ	物理ボタン
生体電流	静電容量式タッチセンサ	タッチパネル，指紋認証
地磁気	磁気センサ（電子コンパス）	地図表示等における方角の把握
電　波	電波センサ（GPS 電波等の受信）	地図表示等における位置の把握
速度変化（重力加速度）	加速度センサ	機器の向きによる画面方向の変更
角加速度（回転）	ジャイロセンサ	カメラの手ぶれ補正，AR（拡張現実）の表示補正

図 **13.7**　スマートフォンが有するセンサ[4]

すると円滑なデータの集約と蓄積が可能になる．データの蓄積は家庭内に限らず，工場などにおいてもその価値は大きい[5]．不良品の発生データを収集し故障発生時期を予測して故障前に修理したり，在庫情報を収集し欠品時期を予測することで事前に発注することができる．

13.3　ウェブ情報

　ここでは，ウェブからのデータ収集について説明する．企業はデータ共有に消極的である．ライバル企業の利益につながるおそれがあるといったビジネス上の問題の他に，個人情報保護の観点で顧客に迷惑をかけるおそれもある．インターネット接続サービス AOL が，個人識別情報を取り除いたうえで，自社の検索エンジンに対する数百万の "検索クエリデータセット" を公開したことがある．しかし，このデータを分析すると個人識別情報を明かすことが可能であると報道され，データセットの公開は中止となった．

　さらに，検索操作の匿名化は困難である．いくつかの企業は **API**[6]を一部公開している．API の公開は，社会貢献という意図もあるかもしれないが，検索クエリの頻度と広告料金を組み合わせたデータを公開することで，広告を出そ

---

5)　AWS (Amazon Web Services) では，スマートファクトリなど IoT のユースケースが示されている．

6)　ここで API とは，各種システムやサービス (ハードウェア，OS，ミドルウェアおよびウェブサービス等) を利用するアプリケーションソフトウェアを開発・プログラミングするためのインタフェースを意味する．

うと考える人が増えることを期待しての行動かもしれないし，クラッカーにサイト攻撃されるより，振舞いが明確な API を提供するほうが企業によって都合がよいという考え方に基づくものかもしれない．

　企業のもつデータの他に，政府系データソースもある．米国の市，州，連邦政府は新規事業の出願を促進し，業務の遂行方法を改善するためにデータを公開している．`https://www.data.gov/` は，連邦政府がデータソースを一元管理するために立ち上げたサイトである．日本でも政府統計ポータルサイト「e-Stat」[7] から国内の様々な統計データを入手可能である．また，教育用標準データセット「SSDSE」[8] は，データ分析のための汎用素材として e-Stat の統計データをもとに作成・公開されているデータセットである．政府のカタログサイト「DATA.GO.JP」[9] では，二次利用可能な様々なオープンデータを入手可能である[10]．行政によるオープンデータの公開は進みつつあるが，まだ十分とはいえない．

　さらに，学会などが公開しているアカデミックデータもある．多くの学会誌は，論文出版に先立って他の研究者のために出典を明らかにするよう要請している．論文を読むことで，膨大な量の経済学，医学，人口統計学，歴史，科学など様々なデータが発見可能である．研究論文用の検索エンジンとしては Google Scholar がある．論文は玉石混淆であるが，査読を受けているという点で一定の信頼性があるといえる[11]．

　ウェブページには，価値のあるテキストや数値データも含まれている．スパイダリングとは，分析に使う正しいページ群をダウンロードする作業をいう．Amazon の売れ筋ランキングページを一定間隔でダウンロードするなどがその例である．やや高度なスパイダリングとしては，URL の名前の規則性を使用するものがある．例えば URL が日付と製品 ID で構成されている場合，その数字をスキャンすることで必要な範囲のページ群を取得できる．より高度なスパイダリングには，特定のルートページからすべてのリンクを再帰的にたどってそ

---

7)　`https://www.e-stat.go.jp/`
8)　`https://www.nstac.go.jp/SSDSE/`
9)　`https://www.data.go.jp/`
10)　機械の読み取りに適したデータ形式 (csv など) で，二次利用が可能な利用ルールで公開されたデータはオープンデータとよばれる．
11)　ただし，公開されたデータセットについては，既に誰かの手によって綿密に分析されている可能性が高く，新しくおもしろい結果を引き出すのは難しいかもしれない．

のサイトのすべてのページを取り込むものがあり，**ウェブクローリング**とよばれる．これは，Google がウェブページの索引付けのために行っている方法である[12]．

また，**スクレイピング**とは，計算機で分析するための準備として，各ページから目的とするコンテンツを抽出する作業をいう．図 13.8 に示す HTML ファイルに対して，「大阪大学…」といったタイトル部分を取得する，あるいは，URL部分を取得するなどがその例である[13]．

```
   <!DOCTYPE html>
<html lang="ja">
    <head>
        <meta charset="UTF-8">
        <meta name="viewport" content="width=device-width, initial-scale=1.0">
        <meta name="description" content="大阪大学の全学共通教育の企画開発と実
            <meta property="og:type" content="website" />
            <meta property="og:title" content="CELAS" />
            <meta property="og:image" content="https://www.celas.osaka-u.ac.jp.
            <title>CELAS</title>

        <link rel="stylesheet" href="https://www.celas.osaka-u.ac.jp/wp-content.
                <link rel="stylesheet" href="https://www.celas.osaka-u.a
        <meta name="robots' content='max-image-preview:large' />
```

図 **13.8** HTML ファイルの例

このスクレイピングにおいて，例えば，HTML データから URL だけ取り出したい，HTML データから URL のホスト名部分だけ取り出したいといった要求が生じた場合，人手で一つひとつ該当箇所を検索してといった作業を大量データに対して行うことは困難であるし，見落としなども発生する．**正規表現**は，文字列の集合を一つの文字列で表現する方法の一つであり，正規表現を用いると，前者の要求に対しては

$$\texttt{https?://([\textbackslash w-]+\textbackslash.)+[\textbackslash w-]+(/[\textbackslash w- ./?\%\&=]*)?}$$

後者の要求に対しては

$$\texttt{https?://[\textasciicircum/]+/}$$

と記述すればよい．

---

12) ただし，短い周期で何度も訪問するとサイトに対する攻撃とみなされ，プロバイダがアクセスをブロックする場合がある．各サイトの利用規約を十分理解することが必要で，違反すると罰金を課されることもある．

13) Python で Beautiful Soup などのライブラリを使うと，スクレイピングを簡単に実施できる．コーディングなしでウェブ上でスクレイピングできるサービスもある．

　この正規表現は MS Word などでも使うことができる．例えば，文書中の「第
1 回」，「第 2 回」，…，「第 7 回」を検索したいとき，数字部分だけ変えて 7 回同
様な検索をする代わりに，図 13.9 のように，検索オプションでワイルドカード
を使用するという選択をして，検索する文字列に「第 [1-7] 回」と入力する．

図 **13.9**　MS Word における正規表現の使用

　正規表現は，アルファベットとよばれる記号と，それ以外の数個の演算記号を
使って言語を表現する．図 13.10 は正規表現の例である[14]．正規表現は便利な
文字列検索ツールであるが，もともと**形式言語理論**[15]において正規言語を表す
ための手段として導入されたものであり，計算機科学の基礎理論である．プロ
グラミング言語，コンパイラ，ネットワークプロトコルなども形式言語である．

---

　14)　なお，アプリケーションやプログラミング言語によってどのような正規表現が使えるかは異
なる．
　15)　形式言語理論とは，その文法 (構文，統語論) や，場合によっては意味 (意味論) が形式的に
与えられている言語のこと．

正規表現	意　味
|	選言 google|googol → google, googol のいずれかにマッチ
()	スコープ goog(le|ol) → 上と同様
?	直前の表現が 0 個か 1 個ある go?gle → ggle か gogle にマッチ
*	直前の表現が 0 個以上 go*gle → ggle, gogle, google, gooogle,...
+	直前の表現が 1 個以上ある go+gle → gogle, google, gooogle,...

正規表現	意　味
.	任意の一文字にマッチ
[...]	括弧内に含まれる一文字にマッチ [012] → 0, 1, 2 のいずれかにマッチ
[^...]	括弧内に含まれない一文字にマッチ
^	行の最初にマッチ ^goo → google にはマッチ，OKgoogle にはマッチしない
$	行の最後にマッチ
\\{m,n\\}	直前のブロックの m 回以上 n 回以下の繰り返しにマッチ a{2,3} → aa, aaa にマッチ

図 **13.10** MS Word における正規表現の使用

13.4 データ加工

　データ加工とは，与えられたデータ集合を分析可能な形に変換することである．Excel などの使い方に習熟することも必要であるが，ここでは**データクレンジング**について説明する．データクレンジングは，データの不完全な部分，誤った部分，不正確な部分，無関係な部分を特定し，汚れたデータを置換，修正，削除することである．不正確で一貫性のないデータでは，洗練された機械学習手法を用いても誤った結論を導いてしまう．例えば国勢調査の数字を分析し，インフラやサービスに対する支出や投資がさらに必要な地域を決定する際に，多くの欠測値 (データの抜け) があれば誤った意思決定となる．

　データクレンジングのまえに，まず整然データと雑然データについて説明しておこう．**整然データ**とは，1 行が 1 つの観測 (データ点) に整形された表形式のことで，すべての行が同一の型 (定数個の属性の組) となる．一方，**雑然デー**

タは，整然データでないものである．表 13.3 は整然データ，表 13.4 は雑然データである．どちらの表も含まれている情報自体は同じであるが，どちらの形式が扱いやすいであろうか．

表 13.3　整然データの例

地域	時間帯	気温℃
東京	午前	10
東京	午後	12
大阪	午前	13
大阪	午後	16

表 13.4　雑然データの例

地域	気温℃ (午前)	気温℃ (午後)
東京	10	12
大阪	13	16

　一見，雑然データのほうが簡潔で見やすいが，計算機処理に適しているのは整然データのほうである．整然データでは，同一地域・時間帯の観測に限定した表がフィルタを用いることで入手可能であり，単純なソートによって最も気温の高い地域と時間帯を知ることができる．同一時間帯の平均気温と同一地域の平均気温がほとんど同じ式で計算可能であることも整然データの利点である．夜間などの時間帯を追加したりする際に表の形の変更も不要である．分析結果を発表する際は表の形式を適宜変更してよいが，分析の際は，整然データで保存しておくことが望ましい．

　さて，**データクレンジング**とは，汚れたデータを特定して置換・修正・削除することであることは述べた．ここで "汚れたデータ" とは，破損したデータ，不正なデータ，例外的なデータなどである．統計処理の観点では，外れ値・異常値・欠測値への対処が主である．**外れ値**とは他の測定値から大きく外れた値である．その原因が不明という点で以下の異常値と区別する．**異常値**は外れ値のなかで原因が判明しているものであり，操作誤りや機器故障によって異常になったものである．**欠測値**は測定データに含まれていないが，本来測定されるべき値である．例えば，アンケートの「無回答」や記入漏れなどで発生する．

　外れ値・異常値の処理に関して，異常値であればそのデータを削除する．それ以外のものに対しては，どこからを外れ値として扱うかという問題がある．外れ値の判定に関しては，検定して評価する方法がある．例えば，第 1 と第 3 四分位数の区間から外れるもの，つまり上位 25% と下位 25% を外れ値とみなすといったやり方である．また，標準偏差を σ として，平均からの乖離が 2〜3σ に達するものを外れ値とみなすといったやり方もある．他にスミルノフ・グラ

ブス検定，トンプソン検定などがある．ただし，機械的に外れ値を削除してしまうことは危険であり，例えば，新薬の効果判定などでは外れ値を削除して効果があると結論づけることには疑問がある．また，分析目的により何を外れ値と考えるかは異なる．スマートフォンの利用行動分析においてヘビーユーザーの行動を外れ値として除外するか，含めるか，その基準は分析目的によって変化する．

　次に，欠測値の処理について述べる．欠測値が存在すると統計処理が不可能になる．例えば，身体測定でクラスの一人でも欠席しているとクラス平均を計算できなくなる．欠測値への対処では以下の各点を検討する．

- 統計調査の推定目標を確認する．
- 欠測の発生状況を確認する．欠測率や欠測パターンに傾向はあるかを確認する．
- 欠測データメカニズム，補助変数の利用可能性を検討する．ランダムな欠測であるか，ランダムでない欠測かなどを調べる．ランダムでない欠測であれば，データ収集法自体を再検討する．
- 適切な欠測データ処理方法の候補を検討する．層化平均値代入，回帰代入，マッチング代入，横置き代入など，妥当と考えられる値で置き換える．
- 適切な処理方法を選択する．いくつかの方法を試して分析に差がでるかどうか確認する．

　以上の外れ値・異常値・欠測値への対処に加え，**データの変換**が必要となる場合がある．機械学習，および最適化アルゴリズムの多くは複数の特徴量の区間が同じである場合にうまく動作する．例えば，特徴量 1 が $[1, 10]$，特徴量 2 が $[1, 10000]$ の区間で測定されているとする．真値が $(4, 8000)$ となるサンプルに対して，現モデルの予測値が $(1, 9000)$ であるとき，誤差の 2 乗和は特徴量 1 に関して

$$(4 - 1)^2 = 9,$$

特徴量 2 に関して

$$(8000 - 9000)^2 = 1 \times 10^6$$

となる．前者は無視できる程度の値であるため，学習アルゴリズムは特徴量 2 に関する誤差を小さくしようと振る舞う．しかし，比率で考えれば特徴量 1 に関する誤差のほうが大きく，特徴量 1 に関する誤差を小さくすべきと考えられ

る．このように，特徴量のとりうる範囲が大きく異なる場合，正規化，あるい
は，標準化といった操作が必要となる．**正規化**とは，$[0,1]$ の範囲にスケーリン
グすることである．また，**標準化**とは，平均値 0，標準偏差 1 となるようにス
ケーリングすることである．

　また，多くの機械学習アルゴリズムでは，入力として数値を想定しているもの
が多い．よって，例えば，blue, green, red という 3 つの色が特徴量の定義域と
して与えられているとき，それらを "数値表現に変換" することが必要である．
ここで，色は名義尺度であり，3 つの色には大小関係がないことに注意が必要で
ある．さて，数値表現を与える際に，blue を 0，green を 1，red を 2 と単純に
変換すると問題が生じる．気温データ 20, 25, 30 に対しては，$20 < 25 < 30$ と
いう大小関係があるとして扱われることを期待する．学習アルゴリズムにとっ
ては，0, 1, 2 も 20, 25, 30 も単なる数字の列であり，色であるか気温である
かといった意味は理解していない．そのため，学習アルゴリズムは，green は
blue よりも大きく，red は green よりも大きいと想定してしまう．これは名義
尺度の扱いとしては誤りである．名義尺度を数値で表現するには，**"one-hot
エンコーディング"** という形式で表現するとよい．これは，blue, green, red を
3 つの新しい特徴量に変換するもので，blue は $(1,0,0)$，green は $(0,1,0)$，red
は $(0,0,1)$ と表現する．色数に応じて列数が増えることや，新しい色が出現す
るたびに列数を増やす必要があることが問題であるが，存在しない大小関係を
仮定するといった問題は回避できる．

　最後に，**名寄せ**とは，概念や対象に対する表記を統一することである．自然
言語による表現は自由度が高く，例えば「東京」と「東京都」は表記は異なるが
同一地域をさす．また，図書データで「學問のすゝめ」と「学問のすすめ」が
あれば，それらは同一著作物をさすと考えられる．一方，同姓同名の別人には
適宜名前を付けて統一的に区別することが必要である．名寄せは，もともとは
複数の銀行口座にわたって同一顧客を追跡して一元管理することを意味してい
たが，今ではより広い意味で用いられている．適切に名寄せをしないと加工結
果から得る情報が不正確になる．表記の同一性に基づいて処理できないデータ
形式は機械的な処理に不向きである．例えば，複数の図書館での貸出件数を集
計するといった場合，「學問のすゝめ」と「学問のすすめ」を別々に扱うと不正
確なデータとなる．そのため，名寄せは実用上重要である．

13.5 クラウドソーシング

クラウドソーシングは，Crowdsourcing = Crowd + sourcing という造語であり，インターネットを介して不特定多数の人々に仕事を依頼する仕組みである[16]．クラウドソーシングに関連する考え方として**ヒューマンコンピュテーション**がある．書名の一致判定など，計算機よりも人間が得意なタスクが存在する．ヒューマンコンピュテーションは，人を計算プロセスに組み込むという考え方であり，データ抽出，データ分類，アノテーションなどデータ収集・加工に関する様々なタスクを効率的，かつ，安価に実施可能であり，近年注目を集めている[17]．

図 13.11 に Amazon Mechanical Turk のワーカー用画面を示す．依頼者，タ

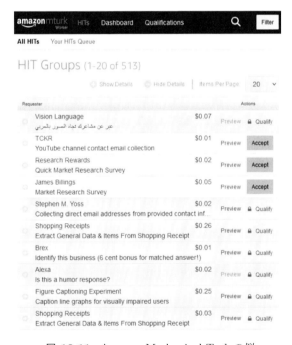

図 13.11 Amazon Mechanical Turk の例

---

16) クラウドコンピューティングなどの cloud(雲) ではなく，crowd(群衆) である点に注意する．

17) 実際の利用に関しては，Amazon Mechanical Turk，クラウドワークス，ランサーズなどのクラウドソーシングサイトが存在している．

スク内容，報酬がリストされている．ワーカーは興味のあるタスクを選択し完了することで，依頼者から報酬を得ることができる．依頼者にとっては，オンデマンドで労働力を活用できる，また，ワーカーは世界中に存在するため，アラビア語の方言データの収集なども可能である．実際に依頼されているタスクとしては，音声データの書き起こしや，レシートからのデータ抽出などがある．

　多くのクラウドソーシングサイトでは，特定のワーカーをつねに雇用する形態ではないため，ワーカーの指名はできない点が問題である．つまり，タスクを依頼するごとにワーカーは異なり，その結果，作業品質も変化することになる．よって，依頼者にとっては "一定の品質水準を達成するにはどうすればよいか" が課題となる．

　この問題への対処策として，複数 (例えば 3 人) のワーカーに同じタスクを依頼し，投票で結果を決定するという方法がある．投票方式に関しては，単純多数決，ボルダ法，最尤法など様々な方法が存在する．**ボルダ法**は，例えば 3 つの選択肢があれば，一位に 3 点，二位に 2 点，三位に 1 点と点数を付け，点数の総和が最大の選択肢を選択する方法である．**最尤法**は，真の値を仮定したときに，実際にワーカーの作業結果が生じる確率を計算し，その確率が最大となる選択肢を選択する方法である．クラウドソーシングに関して，理論上優れるのはボルダ法であると報告されている[18]．ただし，Mechanical Turk 上の実験ではボルダ法は推定誤りが大きく，単純多数決が比較的良い性能を示した．この理論と実際のギャップを埋めるには，ワーカーの振舞いに関してより精緻なモデルを獲得することが必要である．投票方式に関する議論の他に，3 人に依頼すればよいのか，5 人がよいのかといった何人に依頼すればよいかを決める方法もある．

　クラウドソーシングにおいては，作業するのが計算機ではなく人であるため，"作業への動機づけ" も重要な課題である．内因的動機付けと外因的動機付けの差を調べた研究がある[19]．例えば，画像中の血球数とマラリア感染した血球数を数えるタスクがワーカーに与えられる．ここで，内因的動機付けとして，ある

18) ボルダ法の性能に関しては，文献 Mao, A., Procaccia, A.D. and Chen, Y.: Better human computation through principled voting, Proc. 27th AAAI Conf. on Artificial Intelligence (AAAI'13), pp.1142–1148 (2013) などを参照．

19) Rogstadius, J., *et al.* (2021). An Assessment of Intrinsic and Extrinsic Motivation on Task Performance in Crowdsourcing Markets. Proceedings of the International AAAI Conference on Weblogs and Social Media, 5(1), 321–328 を参照．

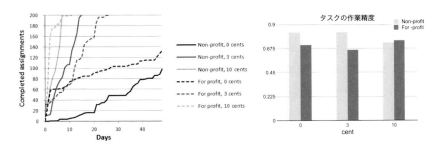

図 **13.12** 動機付けが作業結果に与える影響[20]

ワーカー群には NPO 団体が人命救助のためタスクを依頼しているという説明
が与えられ，別のワーカー群には営利目的の製薬企業がタスクを依頼している
という説明が与えられた．外因的動機付けは金銭報酬の多寡である．図 13.12
に実験結果を示す．結果は，報酬を低く設定したとき，内因性動機付けのほう
が作業品質が良くなったというものである．ただし，結果の再現性に関しては
さらに検討が必要である．

　この他にも，経済的インセンティブ，社会的インセンティブによるワーカー
の作業結果を比較した研究がある[21]．

- Tournament scoring：「あなたの回答の正確さを他のワーカーと比較します」
- Cheap talk：「後であなたの回答の正確さを調べます」
- Cheap talk：「正確な回答をすることがあなたの仕事です」
- Solidarity：「あなたは赤チームです。チームの成績が他のチームと比べて良ければボーナスを支払います」
- Humanization：「前もってお礼を言います Aaron」
- Reward accuracy：「秘密の質問に正解すればボーナスを支払います」
- Reward agreement：「あなたの回答が多数派案に一致すればボーナスを支払います」

　ワーカーの動機付けは，計算機科学と心理学の境界領域として興味深い課題
である．

---

20) 左図：脚注 19) の文献より Figure 3 を引用．右図：同文献 Table1 をもとに作成．

21) Shaw, A.D., Horton, J.J. and Chen, D.L.: Designing incentives for inexpert human raters, Proc. ACM 2011 Conf. on Computer Supported Cooperative Work (CSCW'11), pp.275–284 (2011) を参照.

　クラウドソーシングに関する説明の最後として，"DARPA ネットワークチャレンジ" を紹介しておく[22]．これは，米国本土に係留された気象観測用気球をいかに早く見つけるかというもので，2009 年に実施された．優勝賞金は 4000 米ドルであった．このチャレンジで問われたものは，各地域に散らばった潜在的ボランティアを集めて，効率的問題解決を可能とする大規模チームをいかに形成するかというものである．結果は，MIT チームがチャレンジ開始から 9 時間かからずに 10 個の気球を発見し優勝した．他のチームが twitter の利用などを試みたのに対し，MIT チームは報酬の支払い法を工夫した．MIT チームが採用したのは，**再帰的インセンティブスキーム**とよばれるものである．これは A が B をチームに誘い，さらに B が C をチームに誘い，さらに C が D をチームに誘い，D が気球を発見した場合，D に 2000 ドル，C に 1000 ドル，B に 500 ドル，A に 250 ドル支払うというものである．画像データに対するアノテーションといったタスクだけでなく，工夫することで，大規模な問題解決も可能となる事例といえよう．

13.6　データベース

　データサイエンスはデータを分析し，予測モデルを構築してそれを利用する．データ分析には，まずデータの収集・蓄積が必要である．IoT 機器からデータ収集しても，蓄積しなければならない．単回帰分析で扱った飲料支出金額データ (5.2 節) は各家庭からの情報を収集して加工したものであり，前段階として何らかデータを蓄積する仕組みが必要である．データサイエンスや AI 技術の実応用を考える際，データは大規模になりがちである．また，購買データなどを考えれば，データの追加・更新・削除などが頻繁に発生するため，データの一貫性の維持が重要となる．多くの応用では，データベース管理システムが利用される．**データベース**とは，登録や検索，更新，削除が容易にできるように整理されたデータの集合であり，その運用，管理を行うシステムが**データベース管理システム**である．

---

　22)　DARPA ネットワークチャレンジの詳細については，DARPA のサイト https://www.darpa.mil/about-us/timeline/network-challenge，または，文献 John, C.T. *et al.* 2011. Reflecting on the DARPA Red Balloon Challenge. Commun. ACM 54, 4 (April 2011), 78–85. https://doi.org/10.1145/1924421.1924441 など参照．

　データベースを管理する立場でなくても，データ管理部門から行数が数百万にもなる大規模データを受け取った場合，Excel ではファイルを開くことができない[23]．Excel ではなくテキストエディタでファイルを開くことができたとしても，条件に合致するデータだけ取り出すといった処理は困難である．このような場合，データベースソフトウェアを利用することになる[24]．

　データベースは社会で広く使用されている．各種切符購入・予約，銀行の預金処理，株取引，電子百科事典，人事管理，生産管理，在庫管理，病院のカルテ管理，コンビニの POS システムなど，多くの情報システムの背後にはデータベースが存在している．表 13.5 はデータベースの例である．

表 **13.5**　データベースの例

user_id	name	age	gender
1	豊中	19	M
2	吹田	20	F
3	箕面	21	M
4	中之島	23	F

　このデータベースは，Excel データと同じように見えるが以下の点で異なる．まず，データ型に制限があり，age には数値型データが入ると定められており，"二十五" といった文字列を入力することはできない．次に，セルに直接データや計算式を書き込むのではなく，**SQL** というデータベース用言語を使ってデータの抽出，集計，加工を行う．

　型の制限や SQL を介したデータアクセスの強制など Excel よりも不便であると考えるかもしれないが，これは，複数利用者での共有を意図したものである．このような制限を課すことで，データ間の矛盾や重複データの排除，データの機密保護と安全確保の一元管理を可能にしている．また，類似データを集中管理することでデータの冗長性 (無駄) を減少させることができる．データのコード化，用語統一，作業の標準化，業務の標準化といったことが合理化に貢献している．Excel で個別に管理すると一貫性が損なわれる例として，以下のような状況を考えるとよい．ある企業に人事部門，労務部門，給与計算部門が

---

[23]　Excel では，ワークシートの行数については 1,048,576 行，列数については 16,384 列という制限がある．なお，この数値についてはバージョンにより異なる．

[24]　有償のものとして Microsoft Access, Oracle Database, 無償のものとして MySQL, PostgreSQL などが存在する．

あるとして，個別にファイル管理していると仮定する．この場合，従業員 A の転居に対して 3 つのファイルの修正が必要となる．3 つのファイルが同時に更新されないと，給与の受け取り住所などに関して矛盾が発生し，一貫性の問題が生じる．ファイルをまとめてデータベースとして管理することで，この問題を回避できる．

　データベースは効率良くデータを扱うために，何種類かの仕組みが存在している．現在最もよく使われているのが関係データベースとよばれるものである．基本的には表形式のデータであり，顧客データベースと商品データベースなどに分割して管理し，必要に応じて表どうしを関連付けて処理するものである．

　ここでは，対象をどのようにモデル化するかについて説明する．公開されているデータセットなどは，機械学習アルゴリズムが適用可能な形に既に成形されているものが多い．しかし，最初から対象の表現 (モデル) が与えられているわけではない．自身でデータベースを設計する際は，そのモデリングの仕方を検討する必要がある．それは，モデリングの仕方によって運用・管理コストが変化するためである．実体関連モデルは，関係データベースを抽象的に表現する手法の一つであり，実体と関連とで情報をモデル化する．実体とは，存在し区別可能なもの (椅子，人，車など)，高次元の概念 (クモ類，植物など)，抽象的な概念 (資本主義，社会主義など) を含む．実体集合は，同種類の実体を集めたものである．例えば，すべての学生，すべての車などは実体集合となる．

　実体関連モデルは属性とキーをもつ．属性とは，実体のもつ性質であり，属性値は定義域からとる．例えば，定義域は整数，実数，文字列などになる．主キーとは，すべての実体を一意に識別可能な属性集合のことである．学校での学生データ管理においては，氏名は同姓同名の者が存在する可能性があるため，氏名を主キーとすることはできない．学生番号は，重複がないよう各学生に割

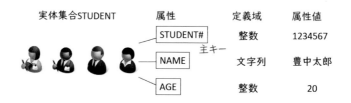

図 **13.13**　実体関連モデル：属性と主キー

り当てられるため，主キーとなる．図 13.13 に，実体集合とそれに付随する属
性，定義域，属性値を示す．この例では，学生番号 (STUDENT#) が主キーと
なる．

　関連は実体と実体の関係を示すものである．図 13.14 には，STUDENT と
いう実体集合と HOUSE という実体集合の間で，「居住」という関連が示され
ている．対応関係は 1 対 1 対応，多対 1 対応，多対多対応など様々なものが考
えられる．例えば，二人兄弟が双方学生で実家に居住しているといった場合は
多対 1 対応になる．その兄弟が実家と下宿の両方に居住しているといった場合
は多対多対応になる．

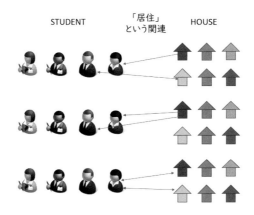

図 **13.14**　実体関連モデル：関連

　実体関連モデルは実体関連図を用いて表現できる．実体関連図で用いる記号
を図 13.15 に示す．図 13.16 に実体関連図の例を示す．実体 STUDENT には，
属性として STUDENT#, NAME, AGE が定義される．実体 HOUSE には

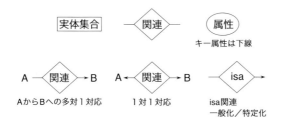

図 **13.15**　実体関連図で用いる記号

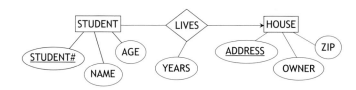

図 **13.16**   実体関連図の例

ADDRESS, OWNER, ZIP が定義される．前者は STUDENT#が，後者は
ADDRESS が主キーとなり，下線が引いてある．STUDENT と HOUSE の間
に関連 LIVES が定義され，LIVES は STUDENT#, ADDRESS, YEARS と
いう属性をもつ．実体関連図を作成し，関連名とその属性 (スキーマ) を整理す
ることで，データベース設計とする．

　表 13.6 にデータベースの例を示した．学生テーブルが関係変数を表す．学生
番号，氏名，年齢が属性を表す．表の最初の行は見出しである．

表 **13.6**   データベースとしての表現

	学生番号	氏名	年齢
学生テーブル	1	豊中太郎	19
	2	吹田花子	21
	3	箕面一郎	20
	4	池田華子	18
	5	茨木次郎	23

　実体関連モデルを考えることで，含めるべき属性の決定し，データベースを
設計できる．ただし，良いデータベースを設計するにはさらに検討が必要とな
る．図 13.17 は，スーパーマーケットのデータベースの一例を示している．右
側に実体関連図が描かれ，それに対応するデータベースが設計されている．例
えば，Lucky という名前のスーパーマーケットの住所はサンタモニカで，レタ
スが 0.35 で売られていることが示されている．各行を組 (**タプル**) とよぶ．ま
た，主キーである NAME, ITEM には下線が引かれている．ここでの仮定は，
NAME が決まると ADDRESS が一意に決まる，NAME と ITEM が決まると
PRICE が一意に決まるというものである．

　では，どこが悪い設計であろうか．まず，"冗長性の問題" がある．スーパー
マーケットのアドレスが売られているアイテムの数だけ重複している．次に，

SUPERMARKET

	NAME	ADDRESS	ITEM	PRICE
t_1	Lucky	サンタモニカ	レタス	0.35
t_2	Hughes	西口サンゼルス	米	6.50
t_3	Hughes	西口サンゼルス	レタス	0.45
t_4	Safeway	サンタモニカ	メロン	0.35

組（タプル）　　　　　　　　　　　　——線：キー

・実体関連図

図 **13.17**　悪いデータベース設計の例

"更新不整合の問題" がある．組 t_2 の ADDRESS の値の更新するとき，t_3 も同時に更新しないと矛盾が生じる．さらに，"挿入不整合の問題" がある．新しいスーパーマーケットが営業を始めるとき，アイテムの販売を始めるまでは，NAME と ADDRESS の追加が不可能である．これは，アイテム販売前にはキー ITEM の値が不足しているためである．最後に，"削除不整合の問題" がある．組 t_1 を削除すると，Lucky マーケットの ADDRESS 情報も失ってしまう．また，仮定の充足をチェックするだけでは情報を維持することができない．

　以上のような問題に対する解決法として正規化がある．正規化とはデータベースを適切に分解することである．図 13.18 に正規化の結果を示す．ここでは SUPERMARKET データベースと ITEM-MARKET データベースに分解されている．前者は NAME, ADDRESS のみを含む．後者は NAME, ITEM, PRICE のみを含む．こうすることで，先にあげた更新不整合，挿入不整合，削除不整合の問題を解消できる．ただし，表を分解したことで，例えば，レタスがどの住所で売られているかわからなくなったように思われるかもしれないが，この場合，2 つの表を結合することでもとの表が得られ，レタスが売られてい

SUPERMARKET

NAME	ADDRESS
Lucky	サンタモニカ
Hughes	西口サンゼルス
Safeway	サンタモニカ

ITEM-MARKET

NAME	ITEM	PRICE
Lucky	レタス	0.35
Hughes	米	6.50
Hughes	レタス	0.45
Safeway	メロン	0.35

図 **13.18**　正規化されたデータベース設計

る住所に答えることが可能になる．このように表を適切に分解して管理しておき，必要に応じて表の結合をして，知りたい質問に答えるというのが関係データベースの考え方である．

13.7 SQL

前節では，データベース設計に関して概観した．本節では，データベースが与えられているとして，必要な情報を引き出す **SQL** という言語の使用法について説明する．SQL は実用的なデータベースの利用において必要とされる機能すべてを提供することを念頭において開発された言語である．問い合わせの基本構文としては，以下に示すようなものである．

> SELECT 列名 1, 列名 2, ..., 列名 n
> FROM 表名 1, 表名 2, ..., 表名 m
> WHERE 探索条件

上記は，表 1 から表 m までを対象に，探索条件を満たす行を選択し，列 1 から列 n で構成される表を導出することを意味している．探索条件部 WHERE には様々な指定ができ，例えば，学生 ID が 1002，履修単位が 48 以上といった条件を付ける場合，以下のように表現できる．

> SELECT 氏名, 学部
> FROM 学生テーブル
> WHERE 学生 ID = '1002' AND 履修単位 >= 48

以下に示す実行例は，SQLBolt [25)] を用いて実際に試してみることが可能である．結果は図 13.19 のようになる．なお，"クエリ"とは，利用者の外部システムからデータベースに対する処理要求 (問い合せ) を文字列に表したものをいう．

●例 13.7.1. 1) SELECT クエリ

(a) Title を抽出：`SELECT title FROM movies;`
(b) Director を抽出：`SELECT director FROM movies;`
(c) Title と Director を抽出：`SELECT title, director FROM movies;`

---

25) https://sqlbolt.com/

Table: movies

Id	Title	Director	Year	Length_minutes
1	Toy Story	John Lasseter	1995	81
2	A Bug's Life	John Lasseter	1998	95
3	Toy Story 2	John Lasseter	1999	93
4	Monsters, Inc.	Pete Docter	2001	92
5	Finding Nemo	Andrew Stanton	2003	107
6	The Incredibles	Brad Bird	2004	116
7	Cars	John Lasseter	2006	117
8	Ratatouille	Brad Bird	2007	115
9	WALL-E	Andrew Stanton	2008	104
10	Up	Pete Docter	2009	101
11	Toy Story 3	Lee Unkrich	2010	103
12	Cars 2	John Lasseter	2011	120
13	Brave	Brenda Chapman	2012	102
14	Monsters University	Dan Scanlon	2013	110

図 **13.19** movies テーブル

- (d) Title と Year を抽出：`SELECT title, director FROM movies;`
- (e) すべての情報を抽出：`SELECT * FROM movies;`

2) 条件をもつクエリ

- (a) Id = 6 の Id, Title を抽出：`SELECT id, title FROM movies WHERE id = 6;`
- (b) 2000 年から 2010 年に公開された映画の Title, Year を抽出：`SELECT title, year FROM movies WHERE year BETWEEN 2000 AND 2010;`
- (c) 2000 年から 2010 年に公開された映画以外の Title, Year を抽出：`SELECT title, year FROM movies WHERE year < 2000 OR year > 2010;`
- (d) 公開が早いものから 5 つの映画の Title, Year を抽出：`SELECT title, year FROM movies WHERE year >= 2003;`

3) 条件をもつクエリ

- (a) すべての Toy Story シリーズを抽出：`SELECT title, director FROM movies WHERE title LIKE "Toy Story%";`
- (b) John Lasseter が監督をしたすべての映画を抽出：`SELECT title, director FROM movies WHERE director = "John Lasseter";`

- (c) John Lasseter 以外が監督をしたすべての映画を抽出: `SELECT title, director FROM movies WHERE director != "John Lasseter";`
- (d) WALL-*という title をもつすべての映画を抽出: `SELECT * FROM movies WHERE title LIKE "WALL-_";`

4) フィルタリングと並べ替え

- (a) 監督名を ABC 順に重複なしで抽出: `SELECT DISTINCT director FROM movies ORDER BY director ASC;`
- (b) 最近公開された 4 つの映画を新しいもの順に抽出: `SELECT title, year FROM movies ORDER BY year DESC LIMIT 4;`
- (c) Title を ABC 順に並べて,最初の 5 つの映画を抽出: `SELECT title FROM movies ORDER BY title ASC LIMIT 5;`
- (d) Title を ABC 順に並べて,次の 5 つの映画を抽出: `SELECT title FROM movies ORDER BY title ASC LIMIT 5 OFFSET 5;`

　本章では,データエンジニアリングで重要なデータの収集・蓄積・加工処理のツールについて解説した.

14

IT セキュリティ

　「パーソナルデータは新しい石油，つまり 21 世紀の価値ある資源」といわれている．これは，人の活動にともなう音声や画像などのデータを蓄積し，それを学習データとして用いることで分類器や予測器の性能が向上し，さらに，それによってより高度なデータ分析が可能となることを含意している．データはこのように価値があるものであるが，個人情報を含むものでもあるため，データは攻撃者によって狙われる存在である．攻撃を受けていったん情報が漏出すると，被害を完全に回復させるのは困難である．メールアドレスなどは変更可能であるが，様々なサービス上の登録情報の変更には膨大な時間を要する．よって，データを収集・分析してそれで終わりとするのではなく，セキュリティという観点でどのような問題が生じうるか理解し，対策を講じておくことが必要である．

14.1　情報の盗聴・改ざん

　ここでは悪意をもった攻撃者が存在せず，正当な手続きのうえでも情報が漏出する可能性があることについて議論する．

　情報の安全性に関して，物理的な保護手段としては，機密性の高い文書を鍵のかかる金庫で保管するといったことが考えられる．また，管理的な保護手段としては，重要な情報の担当者については採用時の審査を厳しくするといったことが考えられる．コンピュータセキュリティに関しては，ハードウェアの保護，ソフトウェアの保護，操作する人間のミスからの保護などが考えられる．コンピュータという単体ではなく，ネットワークセキュリティについても考慮する必要がある．これには，コンピュータをネットワークを介した攻撃から守る，ネットワーク上でやりとりされる情報を保護するといったことが含まれる．

　このように情報の安全性は様々な観点から考えなければならないものであり，

どういう状態を "安全" というのか捉えにく印象をもつかもしれないが，一般的には，情報セキュリティは情報資産の機密性，完全性，可用性の維持を 3 要件としている．なお，**情報資産**とは，情報の内容，情報の作成・利用・管理のための仕組み (ハード，ソフト，ネットワーク，記録媒体) のことをいう．

- **機密性**：情報の内容がその情報にアクセスする権限のある者にしか読めないことを保証すること，
- **完全性**：情報およびその処理方法が正確かつ完全であることを保証すること，
- **可用性**：情報およびその処理のための仕組みが，必要なときにアクセスできるようになっていること．

例えば，パソコンがウイルスに感染して個人情報が漏出してしまったという場合は機密性が侵害されたことになる．外部から不正アクセスにより大学のホームページが改ざんされてしまったという場合は完全性が侵害されたことになる．メールサーバが故障して電子メールが届かず仕事にならないといった場合は可用性が侵害されたことになる．

14.2 セキュリティ侵害

ネットワークセキュリティの要件を考える．登場するのは，図 14.1 に示す送信者，情報，受信者，攻撃者である．ここで満たされるべきことは，正当性と秘匿性である．

- **正当性**：送信者・受信者がその通信において送信者・受信者となる確かな権限をもつことを保証すること，
- **秘匿性**：通信した事実を通信の当事者以外には知られないことを保証すること．

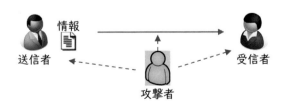

図 **14.1** ネットワークセキュリティ

　ネットワークセキュリティの侵害については，どのような侵害であるか区別して考えることで，対処策等も考えやすくなる．まず，能動的な攻撃は正当性を侵害するものである．**妨害**は情報の送信を遮断するもので，サービス不能攻撃などがこれに含まれる．**なりすまし**は攻撃者が受信者になりすますことである．**偽造**は攻撃者が送信者として振る舞うことであり，通信データを盗聴しコピーして利用する再生攻撃はこれに含まれる．**改ざん**は情報を変更することである．一方，受動的な攻撃は秘匿性を侵害するものである．通信を**盗聴**するまたは**監視**することで，通信の内容を取得だけでなく，通信の相手方の特定や，通信の事実を観測することも侵害に含まれる．能動的攻撃では情報が届かないといった形で侵害が発覚することがあるが，受動的攻撃では発見が困難な場合が多い．

　ネットワークを用いた通信では**否認不能性**が要求される．否認不能性とは，送信者または受信者による伝送された情報授受の否定を防止できることを意味する．日常，あまり意識することはないが，情報が伝送されたとき，受信者は確かにその送信者から送られたことを証明でき，かつ，送信者はその情報を受信者が受け取ったことを証明できることは，情報のやり取りを行ううえでの基本である．否認にはいくつかの形態が考えられる．送信者が送信の事実を否認する場合，送信者の嘘，受信者の嘘，攻撃者による偽造といった原因が考えられる．受信者が受信の事実を否認する場合，送信者の嘘，受信者の嘘，攻撃者によるなりすましといった原因が考えられる．送信者と受信者で伝送された情報の内容が食い違う場合，送信者の嘘，受信者の嘘，両方の嘘，攻撃者による改ざんといった原因が考えられる．相手が嘘をついていることを確信したとしても，そのことを第三者に証明できなければ無意味である．

　個人認証は，情報にアクセスしようとする者がアクセス権限を有する本人であることを検証するものであり，なりすましの防止，否認の防止に役立つ．認証の方法としては，本人がもつ知識を利用するもの，本人が持つ物を利用するもの，本人の身体的特徴を利用するもの，これらを組み合わせて利用するものがある．

　個人認証に本人がもつ知識を利用する場合，例えば，生年月日や両親の氏名は他の人でも知りうるものであるため認証に用いるには不適切である．本人だけが知っている知識としては暗証番号があげられる．ただし，サービスごとの

暗証番号は覚えきれないといった問題がある．これへの対策としては，**シングルサインオン**という，利用者が 1 回のログイン手続きで，認証を必要とする複数のサービスを利用できるようにする仕組みが存在する．

個人認証に本人だけが持つ物を利用する場合，鍵，印鑑，身分証明書，磁気カード，IC カード，USB キー，電子証明書などが考えられる．この方法の課題は，紛失，盗難，破損のリスクに対して脆弱な点である．これへの対策としては暗証番号の併用がある．また，ハードウェアセキュリティモジュール (IC チップ搭載型 IC カードなど) に電子証明書を収納したものも存在はするが，複製を防ぐには高コストとなる．

個人認証に本人の身体的特徴を利用する場合は**バイオメトリクス認証**とよばれ，顔，声，指紋，虹彩，静脈，手書き署名，筆跡などを用いることが可能である．この方法の課題は，誤認識率が高い点である．身体や体調の変化で認識されなくなることがある．また，情報が漏れても暗証番号などと異なり変更できないという点が利用者に心理的抵抗感を抱かせる．

14.3 共通鍵暗号

盗聴を防止する方法として暗号の利用がある．暗号化して外部の人には解読できないものにしたり，偽装によりメッセージの存在そのものを隠したりといったことが可能となる．暗号方式は，暗号化アルゴリズムを秘密にする古典暗号と，暗号化アルゴリズムそのものは公開し，鍵を秘密にする**近代暗号**に，また近代暗号は共通鍵暗号と公開鍵暗号に分類される．

まず，**古典暗号**について説明する．古典暗号の手段として用いられるのは換字と転置である．**換字**は，アルファベットなどの文字表の上で何文字かずらす方法である．例えば，D を A に，E を B にといったように 3 文字ずらすことで暗号文が生成される．"I LIKE BASEBALL" という文字列は "F IFHB YXPBYXII" という文字列に変換される．もとの文を**平文**，暗号化した文を**暗号文**という．このような文字をずらす方法は**シーザー暗号**とよばれる．

転置は文字を読む順番を変更するものである．例えば，"LLBBAASE" という暗号文と鍵 8-7-1-5-6-2-3-4 が与えられたとする．鍵は文字を読む順番を記しており，3 文字目の B，6 文字目の A，7 文字目の S といったように鍵に書かれ

た順に文字を拾っていくと，"BASEBALL"という平文が得られる．古典暗号においては，アルゴリズムと鍵が明確に区別されない．

　次に共通鍵暗号系について説明する．**共通鍵暗号**はデータの暗号化と復号に同じ鍵を使う暗号方式である．図 14.2 に示すように，まず送信者が**共通鍵**を使って平文から暗号文を生成し，それを受信者に送信する．受信者は，送信者との間で事前に共有していた共通鍵を使って暗号文を平文に復号する．

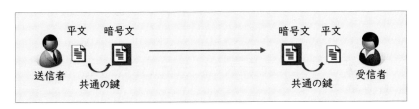

図 14.2 共通鍵暗号系

　共通鍵暗号系の仕様としては，まず **DES** (Data Encryption Standard) があげられる．これは，1977 年に米国 NBS (National Bureau of Standards) により標準化された．暗号化アルゴリズムは換字と転置の繰り返しで，56bit の共通鍵を用いる．しかし，計算機の高速化により，全数探索したとしても実用的な時間内に解読可能なものとなってしまった．この DES に代わるものとしては 3DES (Triple DES) があり，これは DES を 3 回繰り返すことで暗号強度を強化している．2001 年には，AES (Advanced Encryption Standard) という方式が米政府暗号化標準として採用されている．

　共通鍵暗号系の問題点は，送信者と受信者が事前に鍵を安全に共有しておく必要がある点である．鍵自体を送信するとしても，それを安全に送るには事前に鍵を安全に共有しておく必要がある．送信者が一人の受信者としか通信しなければ，受信者のところを事前に訪問するなどして鍵を共有することが可能かもしれないが，受信者が複数いる場合は高コストとなる．また，全部で N 人いる場合，送信者と受信者の組合せの数 $N(N-1)/2$ 個の鍵が全体で必要となり，鍵の管理という点でも問題が生じる．共通鍵の事前共有の方法としては，直接手渡しして物理的に共有する方法，ディフィー・ヘルマン鍵交換法，公開鍵暗号系を用いた共通鍵配送などがある．

14.4 公開鍵暗号

公開鍵暗号系は，データの暗号化と復号に異なる鍵を使用する暗号化方式である．公開鍵で暗号化したデータは対応する秘密鍵を用いてのみ復号可能である (図 14.3)．まず，受信者 B は自分の公開鍵と秘密鍵のペアを生成する．①受信者 B は公開鍵 B のみを安全な方法で送信者 A に配布する．②送信者 A は公開鍵 B を用いて平文を暗号文に変換し，それを受信者 B に送信する．③受信者 B は暗号文を自身のみが保有する秘密鍵 B を用いて平文に復号する．

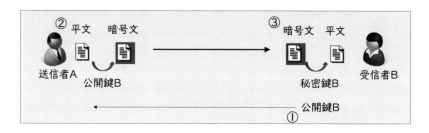

図 **14.3** 公開鍵暗号系

実際にこのようなことが可能かどうか，公開鍵暗号の一つである **RSA** (Rivest-Shamir-Adelman) 暗号の計算法をみてみる．ここでは送信者 A が受信者 B に情報を送信する場合を考える．

①受信者 B は大きな素数 p, q を用意し

$$n = pq, \quad M = (p-1)(q-1)$$

を求めて，M と互いに素な自然数 e を選び[1]，

$$ed \equiv 1 \pmod{M}$$

を満たす自然数 d を計算する．受信者 B は数のペア (n, e) を公開し，(d, p, q, M) を秘密とする．

②送信者 A は，送りたい情報を数字の形で表し，それを m とする．暗号文

$$C = m^e \pmod{n}$$

を計算し，受信者 B に送信する．

③受信者 B は暗号文を受け取り，$C^d \pmod{n}$ を計算すると，

---

1) ここで $A \equiv B \pmod{C}$ は $A - B$ が C で割り切れることを表す．

$$C^d \equiv (m^e)^d \equiv m^{ed-1}m \equiv m \pmod{n}$$

となる. m と $n = pq$ が互いに素であれば, フェルマー・オイラーの定理より

$$m^M \equiv 1 \pmod{n}$$

であるから,

$$m^{ed-1} \equiv 1 \pmod{n}$$

が成り立つ. 以上より, 平文 m が復元されることが示された.

　実際に数値を代入して RSA 暗号の計算例を示す. 受信者 B が 2 つの素数 $p = 3$, $q = 11$ と設定すると,

$$n = pq = 3 \times 11 = 33, \quad M = (p-1)(q-1) = (3-1)(11-1) = 20$$

となる. $M = 20$ と互いに素になる数として $e = 3$ を採用する.

$$3d \equiv 1 \pmod{20}$$

より, $d = 7$ と計算される. $(n, e) = (33, 3)$ を公開し,

$$(d, p, q, M) = (7, 3, 11, 20)$$

は秘密とする. 送信者 A は $m = 17$ という情報を送信したいとする.

$$C = m^e \pmod{n} = 17^3 \pmod{33} = 29$$

より, 29 を受信者 B に送信する. 受信者 B は

$$C^d \pmod{n} = 29^7 \pmod{33} = 17$$

を計算する. 結果, $m = 17$ を復元できた.

　ここまで, 公開鍵と秘密鍵を用いる公開鍵暗号がどのように計算されるかみてきた. さて, ここで公開鍵から秘密鍵が推測されることはないかという疑問が生じる. 公開鍵を用いて, 平文は暗号文に暗号化され, 秘密鍵を用いて暗号文は平文に復号される. このように公開鍵と秘密鍵は逆関数の関係になっており, 順方向の計算は容易だが逆方向の計算が難しい関数を鍵として用いている. 計算する方向によって難易度が変化するものとして, 例えば, 素因数分解を考えてみるとよい. 素数と素数の掛け算は簡単だが, 大きな数の素因数分解は簡単ではない. 公開鍵暗号系の安全性は, RSA 暗号では, 大きな 2 つの素数の積の素因数分解の困難さを根拠とし, エルガマル暗号では, 有限体上の離散対数問題の困難さを根拠にしている. ここで離散対数問題の困難さとは, 素数 p と

定数 g が与えられたとき,

$$y = g^x \pmod{p}$$

を x から計算することは容易だが,y から x を求めることは困難であることを意味する.これらは**計算量理論的安全性**に分類される.

　次に,公開鍵暗号の応用である電子署名について説明しよう.図 14.4 の上段は,これまで説明してきたように,「公開鍵で暗号化したデータは秘密鍵で復号できる」という性質を利用している.さて,公開鍵と秘密鍵には対称性が成り立つ.すなわち,RSA 暗号系などでは「秘密鍵で暗号化したデータは公開鍵で復号できる」という性質が成り立つ.この関係を利用するのが,図 14.4 の下段に示す**電子署名**である.電子署名は,偽造と否認の防止に使用される.

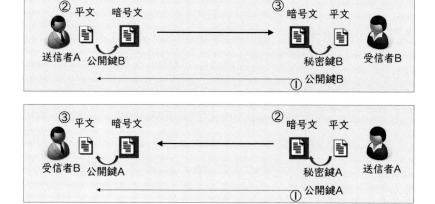

図 **14.4** 暗号と電子署名

　① まず,送信者 A は公開鍵 A と秘密鍵 A を作成する.送信者 A は公開鍵 A を受信者 A に安全な方法で送付しておく.

　② さらに,送信者 A は伝送したいデータに加え,それを自分の秘密鍵で暗号化したものを添付して受信者 B に送る.

　③ 受信者 B は,添付の暗号文を公開鍵 A で復号する.それが送られてきたデータと一致すれば,確かに A が送信したデータであることが確認できる.

　なぜなら,秘密鍵 A と公開鍵 A はペアであり,公開鍵 A で復号できるような暗号化は秘密鍵 A でないとできないからである.このことから,送信者 A の

否認も防止できる．実際には，データそのものでなく要約したものを暗号化して添付する．

　暗号は秘匿性を満たすことが目的であり，電子署名は偽造と否認の防止が目的である．それぞれの目的が異なる点に注意されたい．

14.5　公開鍵認証基盤

　公開鍵暗号の説明において，「受信者 B は公開鍵 B のみを安全な方法で送信者 A に配布する」と述べた．そもそも公開鍵自体は公開するものであり，それを配布する際に安全な方法にこだわる必要があるのかという疑問をもつかもしれない．しかし，ここは安全な方法で配布する必要がある．それは，偽の公開鍵を配布されてしまうと，**なりすまし**が可能であるからである．受信者 B の公開鍵 B が攻撃者 B′ の公開鍵 B′ にすり替えられ，送信者 A が公開鍵 B′ で暗号化して送ってしまうと，公開鍵 B では復号できず攻撃者だけが復号して読めてしまう．また，送信者 A の公開鍵が攻撃者 A′ の公開鍵 A′ にすり替えられ，攻撃者 A′ が秘密鍵 A′ を使った署名付き文書を作成し，受信者 B が公開鍵 A′ を使って検証すると，A からの署名付き文書だと誤認させられてしまう．よって，公開鍵自体は秘密でないが，安全に配送する必要がある．この公開鍵を安全に配布するための方法が**公開鍵認証基盤** (Public Key Infrastructure, **PKI**) である．

　では，PKI の原理について説明する．A と B は初対面であるが，A と B には共通の信頼できる知人 C がいたとする．A, B は C の公開鍵をもっているとする．そこで，A は「安全な方法で」自分の公開鍵を C に渡し，C に署名してもらう (A の電子証明書)．A は自分の電子証明書を B に見せる．C の署名により，B は A の公開鍵を信用することができる．直接の知人がいなくても知人の知人の知人といった連鎖により同様のことができる．このように共通の信頼できる知人がいれば，その知人の署名を介して，公開鍵の安全な配送が可能となる．しかし，実際に情報をやり取りする際，そう都合よく共通の信頼できる知人がみつかるとは限らない．その役割を果たす仕組みが，公開鍵認証基盤である．[2]

---

2) PKI の具体例などについては，PKI 関連技術解説 (独立行政法人 情報処理推進機構) `https://www.ipa.go.jp/security/pki/` を参照．

お わ り に

　本書を学習するうえで有益であると思われる図書をいくつかあげておく.

　本書の姉妹編
　[0] 数理人材育成協会編,「データサイエンスリテラシー＝モデルカリキュラム準拠」,
　　　培風館, 2021
は本書の入門編であり, あわせて読むことでビッグデータや AI への親しみが
深まるであろう. データと社会の変化, 関連する法体系, データの種類を概観
したのちに, 統計検定・グラフ理論・行列についての最低限の説明があり, 数
理統計学の基礎である時系列・多変量解析と, 情報学の基礎である特徴抽出・
テキスト解析・画像解析を扱う. 特に, クラスタリング・回帰分析・ニューラ
ルネットワークについては本書の導入の役割を果たす. さらに,
　[1] 江口翔一・太田家健佑・朝倉暢彦,「やさしく学ぶ 統計データリテラシー」, 培風
　　　館, 2022
は, 初学者向けに, 数理統計の数学的基礎に重点をおいた教科書であり, 本書
との併読を勧める.
　第 4 章の数学準備の「ベクトルと行列」で述べた疑似逆行列については
　[2] G. ストラング,「線形代数とその応用」, 山口昌哉監訳／井上 昭訳, 産業図書,
　　　1978
に詳しい. 行列理論を生み出した連立方程式の解法からはじまり, 工学, 計画
数学, 数理統計学への応用について解説する. 理論と応用がバランスよく融合
した畢竟の名著であり, 原著が出版されてから 45 年以上経過した現在でもその
輝きを失っていない. 最近,
　[2*] G. ストラング,「線形代数とデータサイエンス」, 松崎公紀訳, 近代科学社, 2021
が出版されている. なお, 本書では,
　[3] 室田一雄・杉原正顕,「線形代数 II」東京大学工学教程, 丸善出版, 2013

も参照した．また，数理最適化の参考書としては

[4] 福島雅夫，「新版 数理計画入門」，朝倉書店，2011

[5] 寒野善博・土谷 隆，「最適化と変分法」東京大学工学教程，丸善出版，2014

がある．

より進んだ専門書，教科書としては，分析設計について

[6] Steven S. スキーナ，「データサイエンス設計マニュアル」，小野陽子・長尾高弘 訳，O'Reilly Japan, Inc., 2020

ガウス過程回帰について

[7] C.E. Rasmussen, C.K.I. Williams, *Gaussian Process for Machine Learning*, MIT Press, 2005

[8] C.M. Bishop, *Pattern Recognition and Machine Learning*, Springer, 2006

自然言語処理について

[9] 坪井裕太・海野裕也・鈴木 潤，「深層学習による自然言語処理」，講談社，2017

[10] 高村大也，「言語処理のための機械学習入門」，奥村 学監修，コロナ社，2010

をあげておく．

索　引

執筆者

鈴木　貴
すず　き　　　たかし
現　　在　大阪大学数理・データ科学
教育研究センター特任教授
数理人材育成協会代表理事
理学博士

高野　渉
たか　の　　　わたる
現　　在　大阪大学数理・データ科学
教育研究センター特任教授
博士(情報理工学)

松原繁夫
まつ　ばら　しげ　お
現　　在　大阪大学数理・データ科学
教育研究センター特任教授
博士(情報学)

© 数理人材育成協会 2022

2022年10月11日　初 版 発 行

データサイエンス応用基礎

編　者　数理人材育成協会
発行者　山　本　　格

発 行 所　株式会社　培　風　館
東京都千代田区九段南 4-3-12・郵便番号 102-8260
電　話(03)3262-5256(代表)・振 替 00140-7-44725

平文社印刷・牧 製本

PRINTED IN JAPAN

ISBN 978-4-563-01615-9　C3004